# 『慧』育讲坛

一位校长的教育人生路

张洪舜／著

东北师范大学出版社
长春

**图书在版编目（CIP）数据**

“慧”育讲坛：一位校长的教育人生路 / 张洪舜著
. — 长春：东北师范大学出版社，2021.7
ISBN 978-7-5681-7606-4

Ⅰ. ①慧… Ⅱ. ①张… Ⅲ. ①教育工作 Ⅳ. ①G4

中国版本图书馆CIP数据核字（2021）第140555号

□责任编辑：石　斌　　　　□封面设计：言之凿
□责任校对：刘彦妮　张小娅　□责任印制：许　冰

东北师范大学出版社出版发行
长春净月经济开发区金宝街 118 号（邮政编码：130117）
电话：0431-84568115
网址：http：//www.nenup.com
北京言之凿文化发展有限公司设计部制版
北京政采印刷服务有限公司印装
北京市中关村科技园区通州园金桥科技产业基地环科中路 17 号（邮编：101102）
2021年7月第1版　2021年9月第1次印刷
幅面尺寸：170mm × 240mm　印张：15.25　字数：246千

定价：45.00元

# 目 录

# 第一篇 1

# 点亮教育

# 立德树人，推进新龙中学的发展

## ——2017年9月师德教育讲座

新的时期，习近平总书记强调指出，广大教师既要做“四有”好老师、“四个引路人”，也要坚持“四个相统一”，具体内容如下：

一是做“四有”好老师。“四有”好老师即有理想信念，有道德情操，有扎实学识，有仁爱之心。

二是当好“四个引路人”。即做学生锤炼品格的引路人，做学生学习知识的引路人，做学生创新思维的引路人，做学生奉献祖国的引路人。

三是坚持“四个相统一”。即坚持教书和育人相统一，坚持言传和身教相统一，坚持潜心问道和关注社会相统一，坚持学术自由和学术规范相统一。

### 一、学习习总书记对教师队伍的论述，做合格教师

党的十八大以来，习近平总书记从国家繁荣、民族振兴、教育发展的大局出发，深刻阐释了教育工作和教师工作的极端重要性，明确提出成为党和人民满意的好教师要具有“四有”“四个引路人”和“四个相统一”标准。这些标准一脉相承、系统完整，对广大教师思想、道德、学识、能力、作风、纪律等方面进行全方位的要求，赋予了人民教师神圣的职责使命，是新时期进一步加强教师队伍建设、培养高素质专业化创新型教师的行动指南。同时，也指出了教师队伍在教育事业乃至整个国家和民族发展中的关键地位，并明确了其重大而深远的战略意义。

没有好的教师，就没有好的教育。育有德之人，需有德之师。习近平总书记用“四有”的标准定义了“好老师”，其中“有理想信念”“有道德情操”“有扎实学识”“有仁爱之心”即对师德的明确要求。

教师的职业道德水平决定着整个教育工作的价值方向。教师在道德生活中的任何瑕疵，都会对学生的道德成长产生错误的影响；教师在价值观方面的任何偏颇，都会直接影响学生正确价值信念的形成。因此，在高素质教师队伍建设过程中，必须坚定不移地把师德建设放在首位，建立健全师德建设长效机制；突出教师国家责任感和社会使命感的教育，带头践行社会主义核心价值观；让师德素养内化于心、外化于行；树立爱岗敬业、无私奉献、典型引领，注重感召，以德立身、立德树人的良好现象。

## 二、当好“四有”教师，做学生引路人

### 1. 师德、师风的内涵

教师大计，师德为本。师德是教师的职业道德，是教师和一切教育工作者在从事教育活动中必须遵守的道德规范和行为准则，以及与之相适应的道德观念、情操和品质。师德是教师应该具备的最基本的道德素养，如爱岗敬业、教书育人、为人师表、诲人不倦等。师德是教师工作的精髓，可以用“师爱为魂，学高为师，身正为范”概括其内涵。师德的核心是师爱，即“师魂”。从爱生的角度讲，教师要做学生的良师益友，只有好师德才能培养好教师，好教师才能造就好学生。

师风是教师的行为作风，如尊重学生、关心学生等。师风是教师最基本的道德素养。师德、师风对一位教师来说特别重要，因为教师是学生行动的标杆。其身正，不令而行；其身不正，虽令不从。因此，教师要严格要求自己，处处、时时、事事率先垂范，做出表率，以高尚的人格感染人，以整洁的仪表影响人，以和蔼的态度对待人，以丰富的学识引导人，以博大的胸怀爱护人。只有如此，学生才能“亲其师，信其道”，进而“乐其道”。

2014年，习近平总书记同北京师范大学师生座谈时勉励广大教师要做“有理想信念、有道德情操、有扎实学识、有仁爱之心”的“四有”好老师，同时指出：“教师的职业特性决定了教师必须是道德高尚的人群。合格的老师首先应该是道德上的合格者，好老师首先应该是以德施教、以德立身的楷模。”可

见，具备良好的师德师风是一位合格教师的必备条件。同时，近年来新修订的《中华人民共和国教师法》等法规文件也对教师的道德规范提出了要求，这些都为我们培育优良的师德师风提供了根本遵循。

**2. 教书育人是师德师风的关键所在**

作为人民教师，我们必须忠诚于党的教育事业，有立志献身于教育事业的崇高理想和勤勤恳恳、孜孜不倦的钻研业务的精神，这是由教师劳动的特殊性决定的。

教书育人是教师的天职。教书和育人是相辅相成的有机整体，教书是育人的前提，教书的过程就是育人的过程。教师不仅要教会学生学习，更重要的是教会学生做人。教师既要做“经师”，更要为“人师”，也就是既要向学生传授科学文化知识，更要教会学生做人的道理。教师的本职工作是教书，但教师绝不是照本宣科的“教书匠”。教师应当是先进生产力、先进文化的传承者，教师的工作应该着眼于学生的未来发展和根本利益。祖国的未来，民族的复兴，其责任肩负在人民教师身上。

教书育人是师德师风的关键。教师要把自己的学生培养成为有用的人才，就必须把书教好。这不但要求教师具备渊博知识，更要求教师履行教书育人职责，在传授专业知识的同时，以自身的道德行为和魅力，言传身教，引导学生寻找自己生命的意义，实现人生应有的价值追求，塑造自身完美的人格。要履行好教书育人职责，教师必须按照习近平总书记的要求，努力做一个“有理想信念、有道德情操、有扎实学识、有仁爱之心的好老师”。

所谓言传身教，指教师的言行对学生的思想、行为和品德具有潜移默化的影响，它是一种重要的教育力量。为人师表作为教师的职业道德规范，要求教师必须模范遵守社会公德，衣着整齐得体，语言规范健康，举止文明礼貌，严于律己，作风正派，注意自省。

教师是一种职业，更是一种人生理想，是一个需要以整个生命去拥抱的伟大事业。

**3. 师爱是师德师风的精髓**

师爱是师德师风的精髓，也是教师职业道德的核心，是教师更好地完成教学任务的有效保证，是教育方针的基本要求，是教师爱岗敬业、热爱学生的体现，是教师教学中出自崇高的目的、持久而又深厚的教育之爱。

教师要对学生倾注全身心的爱，以爱的态度、情感和行为来尊重信任学生，关心爱护学生，感化陶冶学生，引导教育学生，用爱滋润、培育每一个学生健康茁壮成长。热爱学生是教师重要的职业道德规范。教师对学生的爱，是教育学生的前提，教育学生是党和人民赋予教师的重任。

教育是个良心活儿，是一个凭良心去做的工作，“没有爱就没有教育”。热爱学生不仅是给学生上好课，它还包含着教师对学生正当的严格要求。教师要尊重学生的人格，平等、公正地对待学生，对学生严格要求，耐心教导，不讽刺、不挖苦、不歧视学生，不体罚或变相体罚学生，保护学生的合法权益，促进学生全面、主动、健康发展。

习近平总书记对广大教师提出了殷切希望，党和人民对好教师寄予了无限的期望，广大教师必须以身作则，身体力行，以总书记提出的“四有”、“四个引路人”和“四个相统一”标准来严格审视自己，做有理想信念、有道德情操、有扎实知识、有仁爱之心的“四有”好老师，静心教书、潜心育人，把自己的青春和智慧奉献给祖国的亿万孩子们，成为实现中华民族伟大复兴“梦之队”的“筑梦人”。

## 三、联系实际，塑造学校和教师的良好形象

### 1. 为人师表，师德为重

既然我们从事了教师这一行，走到了这个工作岗位上，就要安心工作，不要想入非非，而要沉住气，对自己的未来负责，担负起国家和民族未来发展的重担。我们当以具备高尚师德和深厚学识的形象出现在工作、社会中，在工作中要对受教育者起到典范和榜样作用，具体来说体现在以下几个方面：要胸怀大局，以高度负责的态度，踏实做好本职工作，留给学生一个认真、高尚、勤奋的形象；在社会中要以育人的智者形象出现，宣传正义和正气。所以，教育工作任重道远，要求我们具备良好的政治素质和高尚的道德品质，以为党育人、为国育才为己任，关爱学生，踏实做好本职工作，为培养德、智、体、美、劳全面发展的社会主义建设者和接班人尽职尽责，树立为人师表的良好形象，在建设师德高尚、业务精良的教师队伍中展现自身美好的风采。

### 2. 要耐住寂寞，守住底线

当今社会中有形形色色的人，有的人为国家、为事业默默奉献，有的人

为社会创造财富，有的人花天酒地，等等。具体到教务行业，有的教师离开教学岗位，有的转去了民办学校，或许这就叫人各有志，对他们来说不一定是最好的选择，或许很无奈，或许会后悔，但人生确实无须比较。我们的职业有自身的特点，社会上也有不少人羡慕我们教师，所以，我们要从工作中去寻找乐趣和安慰，在我们的行业中去挖掘前进的动力，去创造人生价值，去发挥我们的作用。需要强调的是，我们要耐住寂寞，不要浮躁，要守住我们的底线，不能被眼前的海市蜃楼迷住了眼睛，海市蜃楼毕竟是虚幻的。头脑一定要保持清醒，否则，海市蜃楼就会引你掉进“海”里。作为教师，我们要练就自己的本领，做好教书育人的工作，这才是实在的。

以努力工作来改变人生，成长学生、成就自己。教师的工作是单调的，教师的生活是清苦的，但是教师的生活有自己的特点和乐趣，这是别人体会不到的。例如，我们有寒暑假，我们的工作面对的是生龙活虎的学生，将来我们会桃李满天下；我们中有很多教师利用自己的所学，既教育了学生，也充实了自己的生活，这是其他行业所不能比的。当然，在我们教育系统中也有很多“佼佼者”。不同行业没有可比性，但社会上不同行业有相同的成功经验，所谓沉得深者才能冲得高。作为教师，我们要加强自身建设，要加强教育教学理论和专业知识的学习，夯实功底，不断地进行反思和总结经验，在新的时代探求适应时代的教育教学方法，促进自己早成熟、早见效。肯下功夫、努力工作的人，既能提高自己的工作能力，使自己成长，也能造福学生，成为受学生爱戴、为社会称道的好教师，因此，我们要努力将自己打造成行业的优秀者，抢夺未来教育的发展机遇，给自己的人生带来福祉。

但在我们的教师队伍中也出现了一些不良的现象，如因工资待遇不理想，或感觉入错行，或感觉走错了地方，等等，而对工作产生了消极怠工的态度。我想，我们必须考虑清楚：社会会因为你的消极而改变吗？消极只会贻误学生，践踏师德，害人害己，使自己一事无成，最终什么都得不到。

**3. 学会感恩，奉献社会**

在学校中，教师是学生的标杆，是学生的楷模，教师的言行举止都会影响学生，因此教师从礼仪到行动都要以积极向上的形象去感染、感召学生，树立正面而高尚的形象；在社会上，教师是贤达之士，既受社会关注，也受社会尊重，因此教师要时时刻刻牢记自己的身份，既不要牢骚满腹，也不要怨天尤人，更不能做出与教师身份不相符的事情，要向社会传递正能量。就目前陆丰的教师来讲，从政治待遇到工资待遇都是前所未有的，尽管学校的各种补助没有了，但这是发展趋势，我们要知足常乐。另外，市中心区的教师还享用着各种便利，这一切都是纳税人和政府所给予的，我们应该感到满足，要以我们的努力工作来感恩国家、奉献社会。

对那些拿了国家薪水而不干事儿的人，要想一想你为人民做了什么。连班都不上，你对得起自己的良心吗？还有一小部分教师在外面兼职，把学校的工作当作副业。2015年7月28日，省、市均下发了《严禁中小学校和在职中小学教师有偿补课的规定》，严禁在职教师校外兼职。希望这部分人能自觉，不要赚了钱却丢了良心，要严肃处理好主次关系。

**4. 将心比心，勿昧良心**

科学技术的发展、社会的进步离不开人才，人才的造就离不开学校。教师的工作是塑造人的工作，是一项长效的工作，过程中一旦有闪失，就可能会毁掉人的一生。它不同于工厂，工厂产品质量有问题，可以翻工或按作废处理。而学生在漫长的教育过程中，如果在某个阶段被某个不良老师给耽误了，小则学生的学习兴趣被磨灭，成绩下降；大则学生前途断送，贻误一生。可以说，教育工作来不得半点儿马虎。面对学生，面对着一群渴望知识、渴望美好人生的青少年，面对望子成龙、成凤的家长，我们一定不能辜负他们的期望，要立德树人，工作严谨，脚踏实地，想方设法地用最有效的方法指导学生，教授学生知识，教会学生学习。

另外，我们是过来人，学生时代的我们怀揣着什么样的希望，今天的学生就怀揣着什么样的希望，教师要为学生点燃心中的希望，不要因为你的过失而浇灭了学生希望之火。

**5. 树立大局意识和责任意识，为新龙中学持续发展尽力尽责**

新龙中学今天的办学成果，是17年来师生留下的道德和文化积淀，是全体新龙人努力拼搏的结果。一所学校要发展，就要靠学校的领导、教师、学生同心同德，共同努力，否则便谈不上发展。因此，我们作为新龙中学的一员，不管你在哪个岗位上，都要付出你的努力，做出你的贡献，共同推动学校向前发展。学校离不开你，你也离不开学校，学校是你发展的平台，只有学校有更好的发展，个人才会有更好的发展。因此，全体教师要从学校的大局出发，为保住学校目前发展的良好局面作出应有的贡献。

**6. 讲究方法，用心工作**

教师的职称是技术职称，教育工作是一门技术活。不用心就不会有高明的技术，思路源于思考，“探索、计划、准备、实施、总结、提升”是事业成功的6个步骤，希望教师们谨记并遵守。以下从实际出发，提出几点建议。

第一，热爱学生，激发学习热情。有爱才有动力，才有压力。学生是我们的教育对象，无学生不教育。我们要提高服务意识，加强纪律教育和日常行为规范管理，让学生养成良好的行为习惯；通过感恩教育和理想教育，端正学生的学习态度，培养其学习兴趣；通过学习方法的指导，培养学生良好的学习习惯。同时，要把每个学生都看成可塑之才，多说理、少挖苦、多鼓励，即使再差的学生也要找出其闪光点，对其进行表扬鼓励，树立其信心。总之，对待学生，特别是毕业班的学生，要重鼓励、燃激情，让激情贯穿于整个学习过程，使学生保持奋进的学习状态。

第二，深入了解学生，做到有的放矢。大部分学生在小学、初中教育阶段的基础比较差，难以适应初中、高中的学习生活。很多学生由于受不良社会风气的影响，思想涣散，纪律观念和集体观念淡薄，良好的礼貌和行为有待养成。多数学生的理想和目标不明确，学习缺乏主动性和兴趣，在学习上投入精力不足；相当一部分学生还没有掌握初、高中各科的学习方法，学习效率低，偏科严重；针对我们的生源实际，该采取什么样的措施，值得我们去探讨研究。

首先，要研究我们的教学对象，掌握学生的具体情况，做到有的放矢，如此才能提高教学效果。

其次，以教学目标为导向，因材施教。在教学实施上，一定要根据学生实际，明确课堂教学目标，使之细化并完成。在课前准备上，对教学对象的情况做到充分了解，考虑应该实施什么教学方法与步骤。同时，要加强学习方法指导，让学生会学。在措施上，要以巩固基础知识为目的，加强基础训练。

最后，了解生源实际，不是把生源差当作教育失败的借口，而是要求我们认真思考突破工作的思路，并加倍努力，把基础差的学生教好，才展示我们的教育教学水平。

第三，合理计划，把握进度和质量。由于目前周六不上课，毕业班课时显得特别紧，全体教师应按照学校的要求和行事历的工作安排、每周开课的节数，精细地计算好授课时间，各个备课组要根据学科的情况，制订好教学计划，如三年计划、两年计划、一年计划、一个学期计划，等等，使工作有序推进，把握高考、中考备考的主动权。

能在课堂完成的就不留到课外，但给学生布置一些课外作业也是必要的，可让学生在课后、在周末有事可做。这里特别强调的是，我们一定要落实好教学常规，上课、作业、作文、测试要做到位，各个年级要充分利用早读、午练时间去落实一些教学任务。

第四，加强对新课标理念和教材、教法的学习、研究，熟悉初高中的教学体系，真正掌握初高中的教学方法，努力提高自己的教学水平。从今年开始，高考不再有考纲，主要是以课程标准作为教学的纲领，以落实学科的“核心素养”作为教学目标，希望教师们将新课程理念落实到课堂中，努力培养学生的探究能力和创新精神。

第五，研究高考、中考，将高考、中考的备考方向和方法落实到课堂中去，及早培养学生的高考、中考意识，提高教学效果，贯彻“高考、中考三年抓，抓三年”的思想。

第六，加强考试研究，发挥测试的功能。考试是对师生教与学情况的一种检测与反馈，有助于进一步改进教与学的方法。一是命题研究，命题注重检测和温故知新；二是命题针对性的研究，对照中考、高考的考点和模式，把握考试的正确导向；三是成绩跟踪与分析，针对反映的问题，完善教与学的方法。

第七，发挥教研组和备课组的作用，提高研究水平。教研组和备课组是学校教学研究的基本单位，通过研究可提高教师的教学能力和课堂教学水平，达到资源共享；教研组和备课组也是教师成长的平台，希望全体教师重视教研活动，在教研活动中锻炼提升自己。

第八，教师要进行教学反思和总结，不断完善自己。反思是提高和创新的过程，上完一节课要反思（一节课上多个班的要比较反思），作业要反思，单元要反思，测试要反思（命题和效果），进一步提高自己的教学能力；总结是为了充实自己，积累经验。

# 做最好的自己，点亮自己的前程

## ——2018年10月学生表彰会上的讲话

刚才我们表彰的同学，他们的身上有很多优良品质。他们有良好的社会公德观念，有乐于为社会和学校、同学奉献的精神，为社会和学校奉献了自己的爱心，付出了自己的劳动；他们有大局观念，有服务同学、牺牲自己的大无畏精神，为团组织、为学校、为班集体、为宿舍区付出了汗水，作出了自己的贡献；他们有“咬定青山不放松”的意志、锲而不舍的精神，努力拼搏、刻苦钻研，合理安排自己的学习时间，讲究学习方法，学生成绩不断提高。他们中有志愿者、有学生干部、有三好学生等，他们之所以在各方面都能够取得优异成绩，归根结底，是因为他们懂得如何“做最好的自己”。下面我就如何“做最好的自己”，提出几点要求。

### 一、做好自己的人生规划，确定自己的人生目标

所谓人生规划，就是不管你是高中生还是初中生，从现在起，你必须有自己的理想和对未来目标的认知和规划。历史上的名人，如老一辈革命家从少年时期就立下远大志向，并沿着自己所立下的志向和目标持之以恒，不断学习、努力奋斗，为中国的解放事业作出巨大贡献。我们虽然不一定会有如此伟大的成就，但现在必须立下为国家、为社会作出贡献的志向，并为之努力，这是我们人生成功的基础。也就是说，在立好大志向的前提下，各人根据自己的兴趣、爱好来确定自己将来要从事什么职业，要当教师还是医生，然后就要以自

己确定的目标作为风向标，努力学习，为将来的发展打好必要的基础，逐步向高一级的学校冲刺，不断积累、丰富自己的知识与人生经验，让自己在将来能够发挥才能，做最好的社会主义建设者和接班人，最大化地实现自己的人生价值。

## 二、拥有国家情怀，放眼世界与未来

李嘉诚85岁时，但他仍然在奋斗，仍然在想着为国家做事。我们从这个老人身上看到了什么?

一个人的力量是有限的，一个人要发展还应借助国家的发展。国家的发展是个人发展的坚强后盾，是个人展示的平台，我们要想在将来干出一番惊天动地的事业，真正展示自己的人生价值，必须有为国家发展着想的情怀，有为实现中华民族的伟大复兴发挥个人聪明才智的博大心胸，必须有为国家未来作出贡献和献身的伟大理想，唯有如此才能使自己拥有宽广的胸怀，思维才能更加开阔，才能造就个人的伟大业绩。

随着科技的发展，世界已是一个地球村，每个人都可以在世界各地穿梭与发展。习近平总书记以博大的胸怀、长远而宽阔的眼光，提出了"一带一路"战略目标，要建立一个政治互信、经济融合、文化包容的利益共同体、命运共同体和责任共同体。所以，青年人应该有世界发展大局及共同富裕的眼光，打好未来发展的根基，将来在国际大舞台上去展现自己。

大家也必须认识到未来发展的需要，如此才能让自己有深邃的预见性，让自己能走在时代的前头。牛津大学一项研究显示，20年后人工智能的普及将导致整个社会制造业、服务行业的大量工作被机器人和人工智能系统替代，社会对人才的需求将从知识技能型转为创造设计型。

阿尔法围棋（AlphaGo）可以完败世界围棋第一人柯洁，但是它并不知道围棋之外的世界；它可以写出能媲美优秀诗人的诗句，但它却不能像人一样感受"静夜思"思乡情。使人能够区别于机器，乃至宇宙万物的，是思想，是"定义美好"的能力和"建设美好"的愿力。我们应该把获取思想看成一种责任，我们需要不断地让自己的思维有所创新。同时也一定要努力学习，只有努力学习、认真思考，才能不断地开发自己的大脑，让自己变得越来越聪明。

只有学习、思考，才能创造未来，为国家、世界和人类社会作出更大的贡献，自己的人生也才会更加美好。

## 三、充分用好青春，充实自己的明天

有位哲学家说："为了让自己的明天不后悔，你就要珍惜你的今天，充分用好你的青春。"你们也常听父母说："我们在过去那个年代没有珍惜学习，才导致今天这么辛苦。"那么，今天的你们该如何做？

（1）要遵纪守法，遵守学校纪律，做一个懂规矩的人，学会明辨是非；

（2）要懂礼貌，养成爱清洁、讲卫生、关心别人的良好行为习惯；

（3）现在是你们长知识、打基础的重要阶段，你们要利用好今天在学校学习的有利条件，珍惜美好时光，合理安排时间，充分利用时间，努力提高自己的学习成绩，为将来考上高一级的学校或走上社会打下扎实的基础。青春易逝，逝去的青春是不会再来的，青春是用来奋斗的，不是用来挥霍和糟蹋的，谁糟蹋了青春，将来谁就会后悔。

把你的青春用到极致，你才会有充实而美丽的明天。

## 四、戒掉不良习惯，不要让手机糟蹋了你的梦想

同学们，老师们常说，要毁掉一个学生就给他一部智能手机。每个人都在被智能手机改变着自己的生活。智能手机的应用无处不在，但是，对于学生来说，在长身体、长知识的时候处理不好手机与学习的关系，就会毁掉自己的青春与梦想。针对学生，提出关于手机的使用建议。

（1）手机是用来打电话的，学生不应把手机当作为玩游戏和网络社交的工具；

（2）控制个人情绪，合理使用手机，可以安排周末的时间去感受手机上的精彩；

（3）要以学习为重，以提高学习成绩为先，拒绝手机精彩世界的诱惑。

## 五、加强修养，做一个道德高尚的人

同学们，未来的社会是讲法治、讲文明、讲诚信的社会。一个人要在这个社会立足，还必须具备一个重要的条件，那就是要有高尚的道德情操。我们要有良好的社会公德，要懂得哪些是对社会和人民有益的，哪些是对社会、国

家、人民、别人造成危害的。人是社会的一分子，为了促进社会的进步、推进国家的发展，每个人都要有为社会作出贡献和奉献的情操和胸怀，这样才能站得高、看得远，才能成为一个有成就的人，才能成为一个受社会尊重的人。没有道德，即使有了金钱也不会有价值。

要正确处理好金钱与道德的关系。金钱不是万能的，它不过是身外之物，生不带来，死不带去。金钱可以用来买房子，但是买不到一个家；可以用来买床，但是却买不到睡眠；可以用来买书，但是买不到知识；可以用来买药品，但是买不到健康；可以用来买时钟，但是买不来时间；可以用来买职位，但是买不到尊敬……一个人即使拥有了社会地位、职位、名誉、财富和才干，但如果他没有高尚的道德，便无法获得人们的尊重。

最后我想说的是：什么是成功的人？就是今天比昨天更善良的人，今天比昨天更正直的人，今天比昨天更自主的人，今天比昨天更坚毅的人，尽管人生征途山高路远，但是善良、正直、自主、坚毅的核心品质定将照亮每位新龙人的前行之路，让我们共同努力，志存高远，追求卓越！做最好的自己，点亮自己的前程！

# 知识改变命运，读书使人明理

## ——2018年9月开学典礼发言

尊敬的老师、亲爱的同学们：

大家上午好！首先向全校师生致以新学年的祝福，祝愿大家在新的学年里身心更加健康，思想更加成熟，学习更加努力，成绩更加进步！

春华秋实，初中、高中的新同学们，你们经过努力，以优异的成绩考入新龙中学，首先我们以热烈的掌声欢迎你们的到来，也希望你们继续努力，争取在三年后以突出的表现、优异的成绩升入高一级的学校。

大家刚刚过完自由快乐的暑假，迎来了新的学期和新的征程。回首过去的一年，我们每个人都感到心潮澎湃，难以忘怀。有快乐也有挫折，有欢笑也有失意，但这一切都成了历史的记忆。

新学年伊始，摆在我们面前的一切都是新的，新的起点、新的征程、新的希望，我们要站在新学年的地平线上，珍惜时间、努力拼搏，超越自我、赶超别人。借此我问大家几个问题。

### 一、你为什么来到新龙中学，为何而来

大家肯定会回答“我来读书”，那么，你为什么要读书，读书的目的又是什么？是父母要你读的还是你自己愿意读的？如果是父母要你读的，那么，你有没有思考过父母为什么要你读书？

我们要弄清楚，读书有什么用。日本有一部电影叫作《女王的教室》，说

出了真谛，“读书不是为了考试，而是为了成为出色的大人”。不知道有没有人告诉你这个道理?

可以这么说，现在的社会，不读书无以成为出色的大人。或许你会认为，不见得，当然你也可以举出一些不读书也混得好的例子。我也告诉你，那是过去时，现在与将来不再会发生。

过去，我们也看见过一些没有读书的人，经过自己的努力或抓住了当时的一些社会机遇，活得风风光光的，但是这些人因为知识贫乏，不懂得投资或投资路线错误，很快就把所有的财富花光了；有的人因为缺乏知识，不懂得再投资，不懂得转行升级，守着那点儿财富，很快就被社会淘汰，风光不再；也有些人，过去招摇过市，现在随着社会法制的健全、行业的规范，已经败下阵来，甚至打道回府。而那些有知识、有思想的人，他们懂得利用知识，利用人力资源财富，招了很多大学生、研究生、留学生等成为他们的智囊团，紧跟时代的发展，将事业发展得越来越好。你们也看见过身边一些读书的人，有知识、有文化，不管是从政、从商都发展得很好。当然在三四十年前，没读书的人照样可以当官从政，现在什么都要考，不学习不可成器啊；现在是法治社会，科技发展迅猛，耍小聪明、钻社会空子的机会已经不再有了，近两年，国家在金融界抓了很多蛀虫。所以，现在的时代想不读书便能成为“出色”的大人已经不可能了。

近三十年来，中国的国防、航天技术、互联网等走在国际的前列，涌现出了一批高精尖的技术人才，还有几百万人到国外留学深造，为什么?

因为当今社会的竞争主流是知识和人才的竞争，如果不接受良好的教育，没有丰富的知识，就难以在未来的高科技社会中立足，更谈不上报答父母、奉献社会了，所以你们要端正学习态度，积极主动地学习，发扬顽强拼搏、不怕困难、敢于竞争的精神，勤于思考、善于总结、学会学习、学会创造，为进一步提高学习成绩而努力，通过在新龙三年的拼搏，能为自己成为“出色”的大人打下扎实的基础。

## 二、我们为什么要读书——父母为什么让你读书，父母为什么要将你们从家乡送到县城读书

概括起来，读书有以下五大好处。

1. 读书可以传承中国文化传统——为人类社会作贡献

读书看起来是一件很自我的事情，属于个人行为，看似与别人无关，实际上，读书蕴含着巨大的意义，那就是为人类的进步与发展起到促进和推动的作用，它传承着中国的文化传统。

中国是有着五千年历史的文明古国，中国文化是靠文字传承下来的，没有文字，文化就没法儿传承。正是一些文人、学者、科学家们一代一代地读书、思考、记载、写作、总结，中国文化才得以传承下来。

读书是中国人的一种情结。古人把读书视为一种高尚的行为，“万般皆下品，唯有读书高”。同学们来新龙读书，三年后，或六年后还要上大学接受中国传统读书观念的熏陶。你们的父母不惜经济上的巨大付出，让你们来这里接受更好的教育。

古人说，“书中自有黄金屋”，即让你拥有财富；“书中自有颜如玉”，即在书中可以找你的“爱人”，读书可以丰富你的内涵，使你变得有气质、有风度，正所谓，“腹有诗书气自华”。

2. 读书是获取知识、增加阅历的主要途径

（1）人不是生而知之。每个人都有一个专门的读书期，各类知识都能在书中找到。我们能走到今天，靠的就是知识的积累。上幼儿园学习、小学学习、中学学习，将来要上大学，要步入社会，更要永远学习、终身学习，现在与将来，社会的各行各业都在迅速发展，而且都在发生快速变化和更新，不读书就会落后于时代，落后就要挨打，就会被淘汰。所以说，我们这代人累，你们这代人更累，学习压力过重。但为了获取更多的知识，为了将来能比别人活得更出色、更出彩，不累不行啊！

（2）人的文化差异在哪里，归根结底是读书的差异。我们说，一个人没有知识是文盲，文盲有时也会是法盲。为什么说那些知识渊博的人就明事理呢？就是因为他们有丰富的知识。我认为，现在文化的差异，甚至命运的差异，正是因为读书的差异。社会上的读书人，总比没读书的人活得更加滋润、幸福，哪怕卖猪肉也比别人做得好。我觉得大家应该上升到与命运相关的高度去看待读书。对于现代人来说，更是读书决定命运。

（3）获得知识的途径有若干种，但读书是最经济、最实惠、最低碳、最环保的方式，只有读书才能最大化地获取知识、获得财富。所以，我们要把读书

作为求知、求生存的捷径。

（4）首先，读书可以弥补我们阅历的不足。“秀才不出门，全知天下事”，说的就是这个道理。现在我们可以通过互联网、大数据等了解世界各地在发生着什么事，也能预判社会的发展趋势——未来眼光，为自己的决策提供依据，让自己立于不败之地。其次，读书可以让自己接触很多来自不同地方的人，从不同的文化中学到很多知识，也可以为自己聚集更多的同学、朋友，为自己积累人脉资源。

**3. 读书使人明理，增加智慧**

（1）英国哲学家培根说，知识就是力量。知识就是智慧，有了知识你考试可以考高分，将来就可以上好学校。更重要的是，你将来走入社会，不管你做什么，你的力量会变得更加强大。知识是创造的源泉，是创新的动力。

（2）读书可以开发潜能。每个人都有天分，你是学理工的，也可能有文科天分，或有语言天赋，有艺术的天分。天分可通过两种途径发现：一是从生活中总结出来；二是从读书中悟出来。同学们，如果你觉得自己不聪明，请问你认真读书了吗？你的天分、你的聪明才智都在书里，读书可让你发现天分、挖掘潜能。

（3）读书可以不迷失自我。读有关科学的书，你会知道什么是不科学；读励志的书，你能产生学习与工作的激情，并获得快速成长。“尊师重教”是中华民族的传统美德，也是通过读书、求知才懂得的。大家都知道，“读书破万卷，下笔如有神”的读书谚语，这也是在读书过程中知道的。多读书，才不会迷失自我，知道该做什么、不该做什么，才能是非分明。

（4）读书可以让人充满智慧。如果同学们从现在开始读20年的书，没准也能成为一个领袖，或者能成为科学家、教授等。

（5）读书可润泽心灵。书是灵魂的伴侣、精神的导师、心灵的良医。读书可以增智广才，可以励志修德，可以静心养性、消除烦躁，让你有灵性，获得更大的收获。读书也是心灵运动，读书过程中文字的律动、语言的旋律，会在我们心灵中徜徉、跃动。当我们读到一句很美的语句，心灵会跟着舒畅；当读到一个悲伤的场景时，也会跟着心痛。读书可使心灵更加善美！

**4. 读书可以改变命运**

古时讲究学而优则仕，就是说学习好了才能当官。古人在科举考试中想要考个好成绩，就得头悬梁、锥刺股地去读书，没有捷径可走，必须凭真本事。他们对“四书”“五经”等国学经典都要倒背如流，琴、棋、书、画、吟诗、作对也要样样都会。

大家想想，如果我们不上学，很有可能在家种地，或者打工洗碗，或者在街头发传单、送外卖。我们来到新龙中学，是为了学习，想想还有多少人，因为成绩差或者家庭条件不好等多种原因上不了学。所以，我们应该珍惜现在来之不易的读书条件，发愤读书，将来感恩父母、师长，回报社会。

将来，大家步入社会，许多岗位需要考试，考试考什么，还是考读书。不管是公务员考试，还是事业单位考试，书读得少能答好论述题吗？到了新环境，要想进步，就得在各方面比别人优秀，这就得靠读书来完善。我们不要拼爹，而要拼读书。说到底，岗位的竞争，是读书的竞争。想要事业有成，就必须立下一个终身读书的志向。

**5. 读书是高档次的消遣活动，可以丰富自己的精神生活**

读书一旦成为兴趣、爱好、习惯，就会成为一种娱乐活动，可以娱乐精神。试想你将来跟朋友在一起，有的人通过读书出口成章、吟诗、作对，你该多羡慕。再有，你的朋友或你自己中，通过读书成为各行各业的佼佼者，该有多幸福啊。相反，如果自己不读书，就会矮人半截，该多惭愧，该多后悔。

读书最大的好处之一，是能让你用最低的成本去培养你的眼界和格局。

## 三、来到新龙，我该怎么做

随着全球化程度的不断深入，目前国家对学生的核心素养提出了18个基本点，其中最重要的是健康的体魄、创新与创造力、未来的眼光、国际视野、沟通与交流、团队合作、社会参与及社会贡献、自我规划与管理等素质、提升自己的全面素质与能力，等等。有了这些基本素养才能适应未来社会的发展。针对这些基本的素养要求，给同学们提出以下成长建议。

**1. 确定自己的人生目标**

大家知道了读书的重要性和必要性后，为了使你的学习能够成为一种自觉行为，并持之以恒，就要确定自己的奋斗目标和理想，做好自己的人生规划与管理。首先，要确定自己想考取什么高中或大学，将来是否要读研究生、博士，是否要出国留学深造，以后要做什么工作……这些目标的实现不是一两天的事情，而是漫长的过程，需要养成自我规划和管理的能力与习惯，以更好地管理自己的时间，做好不同学段的学习安排，保障你的目标能够逐步得到落实。目标确定后，要经常提醒自己，当你放松和偏离目标的时候，要不断地给自己敲响警钟，不要放松学习与努力，要知道目标与理想在等着我们去实现。

**2. 养成良好的行为习惯，成就光荣的人生**

教育家叶圣陶说："什么是教育？简单一句话，就是养成良好习惯。"为了适应未来文明法治、科技发达的社会，作为未来世界主人的青年人，要养成如下习惯：一是严格遵守国家法律法规，做合法公民；二是自觉遵守《中学生守则》和学校纪律、班规，做文明守纪的中学生，维护中学生和学校的良好形象；三是弘扬中华民族的传统美德，例如，尊老爱幼、尊师重教、助人为乐、团结互助（大家来自不同的地方，但目的都是求学）、乐善好施、乐于奉献等，养成良好的社会公德，形成道德高尚、有良好操守的人格魅力；四是自觉养成爱护公共财物、热爱集体、爱护公共卫生的品德，形成乐于为学校、为集体、为同学奉献的高尚人格；在这方面提倡"勿以恶小而为之，勿以善小而不为"，如校园里有纸屑、烟头、饮料罐等，我们每个人要能自觉地捡起来，不乱扔、不乱倒剩下的饮料，保持校园的卫生整洁；爱护学校的一草一木，保持良好的环境，这些是善小，但要为之。像在书桌上、墙壁上乱涂、乱写，或把脚印踢在墙壁上，这些虽是小动作，但造成的危害可不小，破坏了学校的环境，这些是恶小，但不要为之；五是养成不怕苦、不怕累、艰苦朴素、勇于拼搏、毅力坚强、刻苦学习、积极向上的人格品质，一个有成就的人必须具备这种素养和品格，否则将一事无成；六是在学习生活中，学会与教师、同学交流，学会换位思考，形成团结合作、积极配合，爱护他人、理解别人、善待别人，胸怀宽广而坦荡的君子风度和团队合作精神，将来走上工作岗位更应如此，航天专家个人做好自己的工作，并保持高度合作与默契，才会有数代宇宙飞船的成功发射。总的来说，就是要加强个人的道德修养，养成良好的品格，把自己修炼成道德情操高尚，有文化涵养、有高雅气质，有作为、敢担当，对社会有贡献的社会主义建设者。

**3. 养成良好的学习习惯，培养终身学习的能力**

习惯是人生最有力的向导，一个学习成绩好的学生，一个在学业上有建树的人，离不开积极向上的学习态度，离不开持之以恒的学习品质，离不开不断学习的习惯。学生发展素养要求具备未来眼光、国际视野、创造与创新能力，这就要求我们要加强学习，为自己的美好未来打下扎实的知识基础，通过不断的学习乃至终身学习，逐步开阔自己的视野，提升自己预知世界与社会发展趋势的能力。例如，我们常说全球化，什么是全球化？一方面，科技的高速发展，发达的交通、语言设备的出现，拉近了不同国家之间、不同人种之间的距离；另一方面，目前经济贸易、科技发展几乎已无国界，现在我们国家有很多企业到国外投资、合作，国外也有在中国投资合作的许多项目。不同国家之间也有很多技术合作项目，出国交流、贸易、合作是家常便饭，别说没文化，哪天不学习，哪天就会成为国际文盲，你的生活将步履维艰，学好外语也是必不可少的。

此外，还要养成以下几种习惯。

一是要根据目标确定自己的学习与行动计划，分为高中三年计划和初中三年计划，包含课内学习和课外学习——提高自己的整体素质。做好一学年、一学期、一个月、一星期、一天的学习计划，然后根据计划管理好自己的时间，并付诸行动；二是养成良好的学习方法——读书“四部曲”，其中要养成会听课的习惯，上课认真听是学生首要应培养的习惯，认真听是专心的一种体现，上课不认真听，课下再努力也只能事倍功半；三是要养成勤思的习惯，孔子曾说过“学而不思则罔，思而不学则殆”，只有在学习的过程中潜下心去思考，才能学得更有效果；四是养成敢说、敢问的习惯，在课堂上要善于和同学争论，甚至要敢于向老师提出争议。养成善问的习惯，发问是开启成功大门的钥匙，在学习过程中遇到疑难问题时，要善于向老师或同学请教，三人行，必有我师焉；五是养成会总结、归纳、梳理的学习习惯，要把知识变成自己能掌握的一条主线；六是建立错题本，吸取经验教训，使自己不犯错，促提高；七是养成艰苦奋斗、持之以恒、敢于挑战的学习习惯；八是养成良好的学习方法，如整体的学习方法、各学科的学习方法等。这些习惯的养成，将使我们终身受益。

聪明出自勤奋，坚持就是胜利。从你的学习经历、你身边的同学中可以看到，他们并不比你聪明，但他们成功的原因就是勤奋和坚持。学习是辛苦甚至是痛苦的，但是，为了你的将来，为了父母和老师的期望，你一定要痛下决心，在艰苦中求发展，今天学习不努力，明天就会后悔莫及。所以，不管你以前的成绩如何，那都已经是过去，你要超越别人，特别高三、初三的同学，只要你从今天开始行动，挺住困难的煎熬，奇迹完全可以发生。

**4. 控制好自己的情绪，养成良好的手机使用习惯**

打开手机，其中千变万化、缤纷多彩的内容，不管是大人还是小孩都会被吸引，玩几个小时都不过瘾。但是，对于学生来说，别说是中、小学生，就是大学生、研究生，都不能肆意地去玩手机，一玩手机，就会忘记时间，浪费了宝贵的学习时间，学霸就会变成学渣。同学们，你们的智商很高、很聪明，但为什么学不好、考不出高分，其实就是被手机害惨了。你们要醒悟过来，不要让手机给你带来第二次伤害。我们也发现，个别同学猫在被窝里玩游戏，不但耽误了学习，断送了自己的前途，而且摧残了自己的身体，现在正是长身体的时候，如果不控制自己的心瘾，就会给自己的身体带来严重的损害，现在看不出，几年后身体就会突变，身体就会变得虚弱、无力。

大家要好自为之，要紧盯自己的人生目标，提高自控能力。目前，你们的手机除了必要的电话联系外，不能带在身上，要摆脱对手机的迷恋，坚决与手机说声拜拜。学校也将研究措施，对那些迷恋手机的学生进行严肃处理，例如不让住宿舍或劝退等。

最后，祝新龙中学的老师快乐工作，教有所得！祝每位学子，爱学习、会学习、学有所获，将来成为国家的栋梁之材！

# 无私奉献，做卓越的老师

## ——2020年8月30日教师会议发言

过去的一年是我们播洒汗水和心血的一年，也是学校取得较大进步的一年。首先，学校通过节流，对校园硬件进行完善，改造了初中厕所，建设了学校监控系统，在办公室和教室装上了空调，自建了变压器，安装了1000兆的网络；其次，学校的制度和机制正在逐步完善，为学校的发展提供了有力保障；最后，绝大多数教师的师德修养得到了加强，教师的工作态度端正、教学认真，教学水平得到提高，学校良好的校风、学风已经形成；中考、高考取得了良好成绩，今年中考取得了较好的成绩，高考成绩在陆丰整体不太理想的情况下，我校本科上线18人，超过了一些老牌中学。在社会上，新龙中学口碑良好，已经成为陆城内继两所重点中学后的第三所人民群众向往的高中学校。在这里，对在过去一年中为学校工作付出辛劳，并为学校发展作出贡献的各位老师表示我最诚挚的感谢。

老师们，未来学校要发展，教师要真正成为受人尊重的群体，对我们的师德和工作挑战很严峻。只有在座的各位尽职尽责、尽心尽力，学校的教学工作才能稳定和发展，教师才会有获得感和成就感。

我们也必须清醒地认识到，目前陆丰公办学校面临着民校的挑战和社会的压力，学校教学工作存在着巨大的困难和压力，还须清醒地认识到，学校在教学管理过程中仍然存在许多不适应形势发展需要的矛盾和问题。例如，①学校遗留问题得不到解决，导致教室和办公场所缺乏的问题；②有了生源，高中教师严重缺乏的问题一直困扰着我们；③虽然我们的生源越来越好，但因材施教的策略还未真正得到落实；④教学方法陈旧，未能与时俱进地进行教育教学改革，导致教学质量整体不理想的问题；⑤拔尖学生和特长生得不到很好培养的问题；⑥教师素质参差不齐、品牌教师和学科带头人少的问题；⑦一些教师对学生教育缺乏耐心、急功近利的思想和做法较严重的问题；⑧一些教职工对工作主动进取精神不足的问题；⑨教辅人员的工作不主动；⑩个别教师重个人利益，轻师德修养的问题；⑪畏难情绪比较重，工作推进特色少的问题；⑫在工作过程中，有矛盾、困难的事就讨价还价，一推再推，工作安排变成了工作“谈判”、工作“交易”，有时甚至变成了上级要求下级的过程；⑬校园中教育科研的文化氛围不高、科研工作仍停留在表面的问题，课改实验步伐太慢、胆子太小、成效太低的问题；⑭坐班、值班制度还没有得到真正落实，制度成了摆设的问题；等等。这些矛盾和问题如果得不到很好的解决，不仅会拉大我们与先进学校之间的差距，而且会给学校今后的发展带来很不利的影响。

新的学年，我们将以办人民群众满意的教育为宗旨，完善制度建设，严格管理，消除阻碍办学的不良现象和影响，树立正能量，弘扬正气，最大限度地发挥新龙教师教育教学的智慧，形成创业的良好氛围；端正办学方向，深化教学改革，从变革中要质量，让新龙走上新时代教育发展的快车道。

为了落实我校的发展目标，实现我校的办学宗旨，我们要把工作当作事业来做；借助学校这个平台，展现能力，成长自己。为此，我要强调以下两个方面的内容。

## 一、教师职业是天职，要树立奉献气节

2014年9月9日，习近平到北师大慰问和看望老师时强调，“百年大计，教育为本；教育大计，教师为本”。他于2018年9月10日在全国教育大会上指出，“教师是人类灵魂的工程师，是人类文明的传承者，承载着传播知识、传播思想、传播真理，塑造灵魂、塑造生命、塑造新人的时代重任”“全党全社会要弘扬尊师重教的社会风尚，努力提高教师政治地位、社会地位、职业地位，让广大教师享有应有的社会声望，在教书育人岗位上为党和人民事业作出新的更大的贡献”。

“三寸粉笔，三尺讲台系国运；一颗丹心，一生秉烛铸民魂。”这是习近

平对教师的高度评价。

可见，教师工作对国家发展，对实现中华民族伟大复兴所发挥的作用是无可替代的，其实一个国家要立于不败之地，说到底靠的还是人才。

同时，习近平总书记对教师也提出了要求，“人民教师无上光荣，每个教师都要珍惜这份光荣，爱惜这份职业，严格要求自己，不断完善自己。做老师就要执着于教书育人，有热爱教育的定力、淡泊名利的坚守”。

为此，我们必须认真学习《中小学教师职业道德规范》，做到爱国守法、爱岗敬业、关爱学生、教书育人、为人师表、终身学习。在这里我谈五个方面的看法。

打亮师德的底色，是每位教师应有的品色。教育落后的地区在很大程度上与教师师德观念淡薄有关系，所以，近年来汕尾市都在加强师德师风建设。8月3日，汕尾市教育局发布了《关于进一步加强师德师风建设的通知》，希望通过整肃师德师风来挽救汕尾教育的落后面貌，所以，大家要认清形势，加强个人的职业道德修养，提高自己的责任担当意识。

**1. 坚定信仰，树立强烈的责任意识**

作为一名教师，我们首先要有强烈的社会责任感。要知道自由并不意味着放任自流，真正的自由意味着担当与责任。我希望大家一定要把沉甸甸的责任时刻放在肩上，走出家门一步，就要肩负着全家荣辱；走出校门一步，就要肩负着学校荣辱。曾经听到过这样一段话：一个孩子的失败，对于一个教师来说，或许只是几十分之一的失败，但对于一个家庭来说，或许就是全部的失败。因为孩子是家长的未来和希望，教师担负的责任重大。对于一位教师来说，或许你出现差错之后可以查找原因重新来过，但是工作中的点滴差错对于孩子们来说却不能重新来过，所以我们要尽量做好自己的工作，避免因为自己的疏忽而造成学生的遗憾。只要面对自己的学生，无论是教1个学期、1个学年，还是3个学年，我们都要为学生的终身发展奠基，这样孩子以及孩子的家长才会感激我们，我们也会从中获得成长和安慰。其实教师的责任心不完全是在轰轰烈烈中展示出来的，更多的是在平凡、普通、细微甚至琐碎中体现的。

**2. 为人师表，树立楷模的作用**

作为一名教师，我们要时时刻刻做学生的楷模、榜样、偶像，我们要从自己的着装、言谈举止来严格要求自己，时刻不能忘记学生就是我们的影子，平时的工作中我们要多说好话、多做好事，凡是要求学生做到的，教师也必须做到，切不可成为“口头上的巨人，行动上的矮子”。要不断提升自己的“人格”，力求超凡脱俗。

**3. 终身学习，提高服务质量**

习近平在《依靠学习走向未来》的重要讲话中指出：“本领不是天生的，是要通过学习和实践来获得的。当今时代，知识更新周期大大缩短，各种新知识、新情况、新事物层出不穷。在农耕时代，一个人读几年书，就可以用一辈子；在工业经济时代，一个人读十几年书，才够用一辈子；到了知识经济时代，一个人必须学习一辈子，才能跟上时代前进的脚步。如果我们不努力提高各方面的知识素养，不自觉学习各种科学文化知识，不主动加快知识更新、优化知识结构、拓宽眼界和视野，那就难以增强本领，也就没有办法赢得主动、赢得优势、赢得未来。”时代在发展，社会在进步，你如果自视“有文化”，停留在过去的知识和技能储备上睡大觉，你终会被抛之于飞速向前的时代列车外，茫然四顾找不到自己的未来。

特别是我们教师，教育改革的步伐和学生的发展变化很快，所以任何时候都不能停止学习和提高。我们必须不断地给自己进行“充电”，这样才能使自己的职业生涯拥有源源不断的“活水”。请记得一个教师能走多远，他的学生就能走多远，所以我们每一位教师都要争当学习型、专家型的教师。

教师的工作是一种服务，服务质量的好坏在于教师水平的高低，水平的高低在于学习，要能跟上时代的发展。新世纪教育领域面对着风起云涌的改革大潮，社会对教育的期望值越来越高，望子成龙的家长们参与学校管理的意识越来越强，无论对学校还是对教师而言，这都是一种新的挑战。家长送孩子到学校来，希望孩子获得知识和技能，教师就要承担起服务、关心和帮助孩子的责任来。这是每位老师必须具备的基本素质。

**4. 努力工作，无私奉献**

全体教师要努力做到讲“人本”。杜威指出，教育，人是目的。学校中的一切都是为了人，为了学生和教师。“人本”的另一层含义就是要有人文关怀，教育就是一种关怀的人生，这就是为什么我们的管理行为和教育活动中要始终充满着“爱”、饱含着“情”。这是教师应该具备的师德。爱学生是教师职业道德的核心。爱学生是做教师、做合格教师的底线。

要尊重、爱护、关爱每一个学生，对学生的发展负责，为学生终身学习打下坚实的基础。建立和谐的师生关系，做学生的良师益友，不放弃每一个学生，关心每一个学生的成长。坚守工作岗位，认真上好每一堂课，做一个名副其实的教育工作者。

如果你讨厌学生，那么你的教育没等开始就结束了。没有爱就没有教育，没有爱也当不好教师，爱就是奉献。在教育学生的问题上要坚持四点，即合乎人性、体现人道、口下留德、手下留情。破坏性的批评是对人不对事的批评；建设性的批评是对事不对人的批评。

**5. 讲纪律，明责任，构建和谐校园**

一所上规模的学校，要做到大而不乱、按部就班、收放自如，就必须讲纪律。有纪律才有秩序，秩序就是规则与规范，就是有令必行、令行禁止。

每位教师都要明确责任、认识大局，自己忙好自己的事，努力做最好的自己。人人恪尽职守，各司其职，各负其责。我们要把主人翁精神转化为“学校发展，我的职责；学生发展，我的责任；自我成长，我的追求”。人人尽好分内之责，就会产生巨大的聚集效应和推动力。责任感还体现在合作与共享之中，资源共享是时代特点。

## 二、做好本职工作，追求卓越

大家要时刻明确自己的身份，清楚自己要做什么、如何做，努力做最好的、最卓越的教师。作为教师，我们首先要打好师德的底色；其次，要明确工作职责，提高自己的业务水平和工作能力。一要依据国家课程方案、学科课程标准，以及我省关于教育教学的政策规定开展教育教学活动。二要精心制订学期（学段）教育教学计划。教育教学计划包括课堂教学计划和课外实践活动教学计划，内容包括教育教学目标和实施方案。三要精心开发课程资源。四要精心备课。五要精心上课。六要精心进行作业教学。七要精心组织考试与评价。八要精心指导学生课外学习与生活。把指导学生的课外学习和实践活动作为教学工作的重要组成部分，纳入教学工作计划，指导学生利用课外时间开展基于兴趣与爱好的读书、学科拓展和社会实践活动。九要进行教育教学反思。定期对课程资源开发、教案设计、上课、作业教学、考试、学生学习与生活指导等教育教学活动进行反思，总结经验，找出问题，明确方向，在不断实践与反思中，明确和形成自己的教育教学特色。坚持写教育教学日志。十要指导学生做好人生规划，为将来发展打下基础。

追求卓越是每个行业、每个人的愿望。厚积薄发、追求卓越的人，功夫在平时、在积累，每一位教师都要沉住气、静下心，在上面所述10个方面的平凡工作中去进取，同时，要积极投身于教学科研工作中来，求实、进取，使自己尽快成长为专家型教师。还要加强学习，与书本对话，利用培训的机会与专家面对面交流，向同行学习，学习别人的长处。

当今社会是现实型的社会，有内涵才有底气，有能力才有价值。充实自己，建设好自身，做一个有作为、受人敬重的教师，乃至成为新一代的教育家，是我们追求的目标。要充分认识教育工作的特殊性，“百年大计，教育为本；教育大计，教师为本”。但教育没有轰轰烈烈的场景，教师的价值是无价而隐性的，要求教师有热爱教育的开心、坚守的恒心、为爱付出的善心、育人的静心、不断提升的耐心、敢于超越的雄心。因此，教师要修身养性，以服务为乐趣，积极投入工作，宽心做事，不断积累，如此必然走向成功。

一个卓越的教师必然是幸福的教师，幸福不是别人赐予的，幸福是自己的一种感觉和境界。一个人幸福不幸福全部写在脸上，幸福就是责任，幸福就是给予，最大的幸福是从工作中找事做、从工作中发现美、从工作中付出爱。钻研教学、关爱学生，从过程中体验愉悦的心情，从奋斗中获得幸福，你就会充实，就会有无穷无尽的力量。你的教育人生会更精彩！

# 第二篇 2

# 管理智慧

# 年级领导（抓级领导和级长）要做哪些工作

随着学校规模的扩大，教育教学效果要提高，管理必须进一步细化和深化，工作也应落实到点，以点促面，提高办学效益。年级管理工作便成了学校管理的重要部分。年级领导（抓级领导和级长）是年级教育教学的直接管理者，也是学校教育教学工作的传导者，学校教育教学措施的实施要通过年级领导去落实，落实情况如何在很大程度上取决于年级领导的认识、理解与配合，取得的效果如何取决于年级领导的执行力度和方法。因此，年级的教育教学管理工作是学校教育教学管理的支撑点，是承载学校发展的基石。

## 一、年级领导要有三年规划蓝图

一般情况下，年级领导接手一个年级就要管理三年、跟踪三年，抓级领导就要在学校总体规划的前提下，做好年级三年的教育教学规划：一是针对年级学生实际特点，确定教育的措施与方法。主要是从感恩教育入手，培养学生高尚的道德情操和远大理想，养成学生良好的行为习惯和学习习惯，并根据不同学段，采取有针对性的措施与方法。二是做好三年的教学计划，力求进度与质量并举。高中三年课程两年完成，初中三年课程力争四个多学期或五个学期完成，确保留出更多的时间进行高考或中考备考复习，赢得备考时间。同时，要考虑如何有效地开展教学，在这三年中，每一年我们要采取哪些教学措施，包括作业布置、月考、周考、晚练、早读、午读等如何开展会更有效。三是做好三年的成绩跟踪，特别是对尖子生的跟踪。从考试成绩中去发现、筛选苗子，要重视和跟踪尖子生的动态，科任和领导共同关注，去培养尖子生的激情，想方设法对尖子生采取一些有效的教育教学策略。四是加强对教师的管理，培养有高尚师德和爱心的教师，调动教师教育教学的主动性、自觉性和能动性，促进教师认真钻研课标理念、教材与教法，努力提高教育教学效果。

## 二、年级领导要提高自己的责任意识，用心思考，形成有效策略

年级是学校的二级管理单位，学校的各项工作要靠年级来落实和传递，不同的年级领导实施管理方案时会有不同的工作效果。首先，抓级领导对年级工作要有主人翁的态度，责任意识要强。年级管理既是磨炼领导组织能力和执行力的平台，也是领导展现本领的阵地，所以，要借助年级管理来提高自己的管理水平。其次，要用心去思考年级管理要做哪些工作，如何开展。学校及各部门布置的工作是纲领性和条块化的，具体如何实施，如何才能执行得更好，对于这些问题，年级领导就要发挥聪明才智，结合实际，厘清思路，把工作落实到位。

## 三、抓好常规管理，规范学生行为，养成学生良好的行为习惯和学习习惯

良好的常规管理是提高教育教学质量的根本保障。年级就是“一所小学校”，抓级领导对年级的管理工作要有主动性和能动性，不要指望和等待学校布置工作后才去做，要根据年级自己的计划和各阶段的工作特点展开相关的管理工作。关键是要武装好班主任这支队伍，把管理工作落实到班主任、落实到班。抓级领导要深入到课堂，掌握管理的第一手材料，对本年级的情况要了如指掌，并将近期年级情况及时反馈给班主任，对好的提出表扬，对存在问题的提出改进措施，让班主任去落实。

## 四、加强教师管理，把好教学质量关

学校的办学宗旨是提高教育教学质量，提高学校的办学水平。学校对教师的管理是普遍性和纲领性的，很难具体地指向哪个教师，只有通过抓级领导去实施具体的教师管理。首先，要抓好教师的师德，树立教师工作的责任意识，唤起教师的道德良知，激起教师的爱心，提高教师的工作积极性和主动性。其次，要鼓励教师守住教育的底线，耐得住生活的寂寞，勉励教师刻苦钻研教

材、教法，研究学生，认真备课，尽力尽责地管理好课堂，按时按质地做好作业、测试、课外辅导等工作，将教师常规落实到位，努力提高教学效果。

## 五、抓级领导要做的日常具体工作

### 1. 开好三种会议

（1）召开教师会议，统一教师的思想。①一般情况，学期初要召开一次教师会议，统一教师的思想，提高教师的思想认识，树立高尚师德，激发教师教育教学的统一性、主动性。②每次月考及期末考前，召开一次简短的教师会议，统一考试认识与要求，发放监考表。每次月考后，统计成绩，召开一次教师会议，分析月考情况，表扬有进步的班级与教师，提醒考得不好的班级与教师，要求进行反思，改进教育教学方法。然后，小结上一阶段教育教学情况，表扬好人好事，指出存在的问题和现象，特别对抓级领导掌握的严重现象提出批评，对个别教师要进行私下谈话，并对下一阶段的工作提出要求。同时，要结合考试情况对班主任工作进行小结与布置。

（2）根据年级教育教学情况，定期召开班主任会议（临时召集也行）。通报学生管理情况或存在问题，统一教育管理思想与思路，提出管理思路与解决问题的方案。

（3）召开学生会议，激发学习热情。每学期至少召开三次学生会议，旨在提高学生的思想认识，养成良好的行为习惯和学习习惯。学生会议的内容主要包括纪律教育、道德教育、感恩教育、文明礼貌、行为习惯教育、安全教育、理想教育等。一般情况下，学期初要召开一次学生会议，以遵纪守法、热爱学习、文明礼貌与安全等教育为主。每次月考及期末考以后，召开一次学生会议，表扬考试成绩好的与上次考试相比有进步的学生，提醒考得不好的班级，着重激起学生学习的积极性；小结上一阶段的教育教学情况，表扬好的班级，以及表现、学习好的学生，指出存在的问题，批评不良行为、现象；对下一阶段的教育教学工作提出要求，对学生进行学习方法指导，可安排考得好的学生介绍经验。

### 2. 加强巡堂，掌握教育教学管理的第一手材料

学校管理是行进中的管理，管理好一个年级的关键是要对年级教师、学生的情况了如指掌，如此才能制订有效的教育教学方案。这些都要通过抓级领导

的巡堂，深入到课堂中去，了解教师的教育教学情况、学生学习与课堂纪律的情况，及时与科任教师和班主任沟通，将班级的情况反馈给班主任，并不断总结，完善年级教育教学管理措施，落实有效的管理措施，对个别存在问题的教师进行私下谈话，促使教师修正错误、改进方法。抓级领导是年级管理的责任人，值日时要巡堂，非值日时也要巡，要带领班主任去巡，跟踪年级的动态。

**3. 动态管理学生，及时解决各种问题**

学生行为是动态的，管理也是动态的。为更好地做好管理工作，年级领导要在巡堂跟班中发现一些问题，及时化解学生之间、师生之间的矛盾，净化年级的风气。同时，要协助班主任与个别学困生、问题学生进行谈话；对年级的优层生进行指导、鼓励，培养其激情，让尖子生更加优秀。

**4. 加强本级常规管理，规范学生的思想意识**

良好的教育教学常规是提高教育教学质量的根本保障。教育无小节，管理无小事。抓级领导要从小处着手，关注各班教室的布置与整洁，舒适的环境能使人心旷神怡，更能让学生养成良好的习惯；重视对学生卫生习惯、仪表、礼貌等的教育与培养，形成规范有序的教育教学秩序，确保教育教学质量稳步提高。

**5. 规范各类考试，做到以考促学**

首先，规范考试内容。要求考试内容和难易度符合学生实际，不同学段的考试内容要规范，如毕业班在进行复习后，每次月考内容原则上现行复习的内容要占70%以上，同时要兼顾前面复习的内容；周考、晚练、早练的内容都要根据目标来确定，这些都需要抓级领导来指导、把握。非毕业班的考试内容可参照。其次，每次月考前，抓级领导不仅要对教师提出要求，还要规范学生的考试纪律，使学生养成良好的应试习惯，培养诚信观念。

**6. 着眼本周，放眼下周与长远**

抓级领导对年级要制订三年、一年、一学期的计划，要有每周的规划，对每周的工作要点要做到心中有数，并将工作要点写在办公室的黑板上或通报给教师，让教师能按年级的安排去落实工作。

**7. 上传下达，当好“二传手”**

上级及学校的各项政治与管理任务的实施，学校工作的布置，将通过年级落实到教师、学生手中，工作成效如何，就要看抓级领导和级长的态度与能力，希望抓级领导肩负起责任，实实在在地把工作下达到位。

**8. 为提高年级的管理效果，抓级领导要发挥主观能动性**

学校的任务是粗放的，具体的实施、细化都在于抓级领导的思考与准备。另外，抓级领导要根据本年级情况，采取灵活的措施，进行灵活的运作，开创性、创新性地开展工作。

# 准确定位　明确目标　努力冲刺

## ——陆丰市甲子中学2011届师生高考备考动员会上的讲话

时间过得很快，转眼间三年的高中生活已过去了两年，现在已经进入关键的、充满希望、充满激情的冲刺阶段，而且时间已不足一年，这个阶段将是人生的一个转折点，为了美好的未来和美满的前程，我们要勇往直前，冲向人生的制高点。

做好高考复习工作，打好高考攻坚战，既是寒窗苦读的学生们个人发展的现实需要，也是含辛茹苦的家长们的殷切期盼，更是我校发展和壮大的第一要务。所以从今天起，希望大家能够认清形势，确定目标，全身心投入学习，齐头并进，使每个人都能取得优异成绩。

近十年来，我校高考成绩年年上升，社会声誉越来越好，这些成绩的取得，是高三级教师辛勤工作、无私奉献的体现，更是历届毕业生顽强拼搏、努力学习的结果。

为确保我校2011年高考再创辉煌，学校将采取一系列有效措施，我们也通过今天的备考动员会，让每一位同学能明确备考思路，配合学校各项措施的落实，把高考备考工作做得更加完善。

### 一、本届高三基本情况

#### 1. 本届生源概况

本届录取分数399分，是近几年甲子中学录取分数线较高的一届，而且高分层的学生较多，其中，600分以上的有102人（理82人，文20人），550～599分的有148人（理108人，文40人），550分以上的有250人；500～549分的有249人（理157人，文92人），500分以上的共有499人；480～499分的有147人（理89人，文58人），480分以上的有646人；450～479分的有202人（理106人，文96人），450分以上的共有848人。免费生14人。所以，这一届是生源素质较好的一届。

**表1　2008级入学时中考成绩情况**

单位：人

| 班别 | 600分以上 | 550～599分 | 500～549分 | 480～499分 | 450～479分 | 420～449分 | 400～419分 | <400分 | 各班人数 |
|---|---|---|---|---|---|---|---|---|---|
| 理科 | 82 | 108 | 157 | 89 | 106 | 77 | 39 | 23 | 681 |
| 文科 | 20 | 40 | 92 | 58 | 96 | 106 | 60 | 32 | 504 |
| 全级合计 | 102 | 148 | 249 | 147 | 202 | 183 | 99 | 55 | 1185 |

**2. 高一汕尾统考情况**

（1）九科总分680分以上的：林伟华中学155人，龙山中学138人，河田中学78人，甲子中学59人，其中甲子中学排汕尾市第四位。汕尾100名内我校有6人。

（2）各科高分人数：英语120分以上的9人，超过启恩中学3人，110分以上26人（启恩中学30人）；100分以上81人，超过启恩中学的79人。

数学120分以上31人，超过龙山中学19人、启恩中学1人；110分以上的54人，超过龙山中学48人、启恩中学7人；100分以上的82人（龙山103人、启恩17人）。

物理90分以上的9人（龙山12人、启恩5人），80分以上的43人（龙山66人、启恩33人）。

化学90分以上的2人（龙山4人、启恩1人），80分以上的12人（龙山33人、启恩9人）。

生物90分以上的3人（龙山1人、启恩2人），80分以上的31人（龙山39人、启恩15人）。

历史90分以上的0人（龙山1人、启恩0人），80分以上的6人（龙山33人、启恩4人）。

地理90分以上的0人（龙山0人、启恩0人），80分以上的6人（龙山20

人、启恩5人）。

政治90分以上的0人（龙山0人、启恩0人），80分以上的5人（龙山15人、启恩11人）。

语文120分以上的0人（龙山0人、启恩0人），110分以上的0人（龙山5人、启恩3人），100分以上的5人（龙山135人、启恩43人）。

总体上看，除语文和政治外，其他科的高分层人数均超过启恩中学，接近龙山中学。

（3）各科平均分：除语文外，数学超过龙山、启恩，其他各科均与两校接近。

**表2　汕尾市2009年高一教学质量测试平均分统计表**

单位：分

| 单位 | 语文 | 数学 | 英语 | 物理 | 化学 | 生物 | 政治 | 历史 | 地理 |
|---|---|---|---|---|---|---|---|---|---|
| 全市合计 | 76.2 | 52.6 | 62.1 | 41.7 | 32.5 | 44.5 | 50.5 | 50.0 | 49.0 |
| 陆丰小计 | 77.7 | 55.7 | 62.5 | 42.3 | 35.0 | 45.0 | 52.2 | 50.2 | 47.7 |
| 龙山中学 | 85.8 | 60.9 | 74.1 | 47.4 | 38.5 | 47.8 | 56.6 | 58.8 | 52.6 |
| 启恩中学 | 81.5 | 50.5 | 64.6 | 45.0 | 38.3 | 46.8 | 56.7 | 51.3 | 48.1 |
| 甲子中学 | 76.2 | 61.0 | 64.5 | 43.1 | 34.1 | 49.2 | 54.2 | 50.3 | 48.8 |
| 碣石中学 | 75.9 | 40.6 | 53.1 | 34.4 | 26.1 | 37.0 | 47.3 | 43.8 | 40.2 |
| 玉燕中学 | 84.2 | 64.9 | 77.0 | 47.2 | 42.2 | 55.7 | 57.1 | 56.3 | 56.8 |

（4）竞赛情况：一是生物竞赛，汕尾市一等奖12人，我校2人；二是化学竞赛，汕尾市一等奖10人，我校3人。

从生源情况看，对比我们的竞赛成绩，说明我们的学生大有潜力可挖，教师们要充满信心，注重方法，耐心挖掘学生的潜力，争取在本届中培养更多的总分和单科尖子生。

**3. 高二汕尾统考情况**

（1）预测上线人数：一是预测上一本线（理510分，文540分）人数，理57人、文2人，共59人，在汕尾市排第四位（第一位龙山195人，第二位河田109人，第三位林伟华106人）。预计明年高考，加上进步的和历届生，上一本线的人数可达到65～70人。

二是预测上二本线（理365～509分，220人；文405～539分，128人）共348

人，在汕尾排第五位。预计明年高考，上二A人数可达到380～400人。二本以上（含二B、二A、一本）人数我校共407人，接近启恩中学，接近林伟华413人。预计明年高考二本线以上人数可达到450～500人。

三是预测上三A线（理305～364分，文360～404分）人数，有257人。

预测上三A以上（含三A、二B、二A、一本）人数共计664人，预计明年高考三A以上人数可达到700人左右。

可见这一届高三是充满希望和激情的一届，每个人都有希望考上理想的大学，对此我们信心十足，共同为创造甲子中学新的辉煌而奋斗，做到学生出名、教师出名、学校出名。

（2）与陆丰两所重点中学平均分比较见表3。

**表3　全体学生平均分比较明细**

单位：分

| 单位 | 语文 | 理科数学 | 文科数学 | 英语 | 物理 | 化学 | 生物 | 政治 | 历史 | 地理 | 理综 | 文综 |
|---|---|---|---|---|---|---|---|---|---|---|---|---|
| 全市合计 | 79.0 | 64.6 | 59.4 | 61.0 | 42.4 | 48.5 | 45.8 | 47.9 | 48.1 | 45.2 | 135.7 | 140.2 |
| 陆丰小计 | 82.9 | 66.2 | 60.7 | 63.4 | 42.3 | 49.2 | 46.0 | 51.5 | 50.4 | 45.3 | 136.8 | 146.0 |
| 龙山中学 | 96.1 | 82.0 | 75.4 | 77.5 | 48.0 | 53.4 | 49.6 | 55.2 | 59.0 | 51.0 | 150.2 | 164.7 |
| 启恩中学 | 82.0 | 61.4 | 63.4 | 65.3 | 47.7 | 48.0 | 47.1 | 52.9 | 51.0 | 49.8 | 142.2 | 152.6 |
| 甲子中学 | 76.1 | 70.3 | 66.9 | 59.9 | 38.8 | 54.2 | 51.2 | 56.5 | 53.0 | 41.6 | 143.9 | 150.8 |

**表4　总分330分以上的学生平均分比较明细**

单位：分

| 单位 | 语文 | 理科数学 | 文科数学 | 英语 | 物理 | 化学 | 生物 | 政治 | 历史 | 地理 | 理综 | 文综 |
|---|---|---|---|---|---|---|---|---|---|---|---|---|
| 全市合计 | 89.0 | 83.3 | 74.1 | 76.5 | 55.3 | 60.8 | 55.9 | 56.8 | 59.2 | 52.5 | 171.9 | 158.4 |
| 陆丰小计 | 91.9 | 85.2 | 73.8 | 76.5 | 54.1 | 60.7 | 55.5 | 59.0 | 59.8 | 51.1 | 170.1 | 160.7 |

续 表

| 单位 | 语文 | 理科数学 | 文科数学 | 英语 | 物理 | 化学 | 生物 | 政治 | 历史 | 地理 | 理综 | 文综 |
|---|---|---|---|---|---|---|---|---|---|---|---|---|
| 龙山中学 | 99.7 | 90.9 | 81.5 | 76.5 | 53.8 | 58.8 | 54.5 | 58.6 | 63.6 | 53.3 | 166.9 | 171.5 |
| 启恩中学 | 88.3 | 75.5 | 69.5 | 76.5 | 59.6 | 57.1 | 53.6 | 58.0 | 56.2 | 52.7 | 170.2 | 159.7 |
| 甲子中学 | 82.7 | 90.9 | 78.2 | 76.5 | 50.3 | 67.5 | 60.3 | 63.1 | 60.1 | 46.7 | 178.0 | 160.5 |

除语文、物理、地理外，其他各科都取得比较好的成绩。这说明我们在高一、高二所采取的教学措施是有效的，我们要继续努力，针对语文、物理、地理三科，我们要改进教学方法，提高备考效率。相信通过努力、拼搏，这三科的平均分会提高。其他各科会继续进步，要逐渐赶上龙山中学。

（3）高分层人数比较见表5。

**表5　高分层人数比较明细表**

单位：人

| 单位 | | 总分前102名 | 理科前100名 | 文科前102名 | 单科分数前3名科数 |
|---|---|---|---|---|---|
| 汕尾市 | | 102 | 100 | 102 | 33 |
| 市直 | 伟华中学 | 34 | 29 | 27 | 7 |
| | 市直小计 | 35 | 29 | 28 | 7 |
| 城区 | 汕尾中学 | 2 | 2 | 1 | |
| | 新城中学 | 4 | 6 | 5 | 2 |
| 海丰县 | 彭湃中学 | 4 | 3 | 6 | |
| 陆丰市 | 龙山中学 | 27 | 25 | 29 | 16 |
| | 启恩中学 | 2 | 3 | 6 | 1 |
| | 甲了中学 | 4 | 8 | 1 | 1 |
| | 碣石中学 | 1 | 1 | | |
| | 玉燕中学 | 7 | 5 | 5 | 3 |
| | 陆丰小计 | 41 | 42 | 44 | 21 |
| 陆河县 | 河田中学 | 16 | 18 | 17 | 2 |

理科前100名有8人（第二十一名蔡晓丽、第三十八名洪梓浩、第四十五

名洪炳星、第五十一名吴东俊、第八十三名陈映丽、第八十六名胡洁尔、第九十九名林思创、第一百名吕泽立），文科有1人（第九十八名许瀛彪）。相信通过以后的努力，尖子生的人数会增加，排位会靠前。特别从人数和排位上一定要超过玉燕中学。

汕尾市理科、文科总分最高分分别为663分和626分，我校理科、文科最高分数分别是618分和554分，单科前3名的只有1人科，总分和各科高分前3名的情况目前还是不理想，希望通过老师和同学们的共同努力，我们会有较大的提高，总分上要逐渐挤进汕尾市前三名，单科前三名的人数要达到5人。

## 二、本届目标（含历届生）

上一本线的达到80人，二本线以上的达到500人，三A线以上的达到750人，三B线以上的达到1200人。大家要加倍努力，讲究学习与考试方法，夯实基础，构建知识网络，提高学习能力，相信每个人都能实现自己的理想。

## 三、本届高三采取的措施和策略

### 1. 调整教师队伍和搭配

学校对本届高三寄予极大的期盼和希望，对本届高三教师进行了调整，尽量让有经验、有能力的教师来把好高三出口关。同时，学校对高三教师提出了严格要求，要求全体教师以学生为本，做到一切为了学生的进步和前途，全力投入到高三的教学工作中，做到每节课都有计划、有目标，不要浪费学生的时间。从暑假上课情况看，大家应该体会到老师们为学生付出无私奉献的精神，希望全体同学与老师配合好，重视每一节课的课堂效果，加强与老师的交流与沟通，遇到不懂的问题要及时请教老师。

### 2. 制订复习计划，加强全面指导

学校高度重视备考工作，随着高考工作的启动，我校及时成立了高考复习工作指导小组，迅速整合一切备考的人力、物力资源，及时组建了高考学科备课组，落实工作责任制。全面指导、督查、评估、反馈教学情况，协调信息收集、资料收集、整理、打印等各方面的工作，制订切合我校实际的高考备考四个阶段工作计划和高考工作行事历，并且细化了每一个阶段的时间区限、复习进度、教学内容、突破方向、任务和目标，真正做到了底子清、方向明。

**3. 弘扬三苦精神，凸显韧的精神，确保复习时间**

高三年级全体教师要从大局出发，以咬定青山不放松的坚韧精神，牺牲节假日、休息日，进行分类辅导和针对性测试。师生们要坚守在清苦的高考攻坚战线上，不松懈、不放弃，一直奋斗到考试的最后一天。

**4. 加强研讨交流，切磋教学技艺，提升教师辅导能力**

为迎接不断出现的高考压力和挑战，营造群体合成作战的良好氛围，我们组织各科老教师认真研究考纲、考题及复习方法，同时学校通过备考组组织教师集体备课和对青年教师进行培训，使青年教师尽快熟悉高考、走进高考，为了兼容并蓄、博采众长，我校将继续派教师参加校外研讨会，聘请高考专家组督导，提高备考效果。

**5. 狠抓过程管理，注重措施落实**

狠抓四个阶段的各项辅导过程的落实工作，重视每一阶段检测考试的演练与质量反馈情况，本学年计划进行质量检测考试10次，召开10次质量分析会，每次检测反馈后，根据学情、教情，及时调整备考策略、教学进度、教学方法等，始终做到过程细实严谨、科学合理。

**6. 加强人文关怀，体现以人为本**

为了提高广大师生的积极性，学校对教师给予阶段性慰问，每次检测考试后，学校都要及时召开师生大会；公开表彰、奖励优秀学生和进步学生，时刻关心学生的思想、学习和生活情况；学校将定期召开各类学生座谈会，给学生打气鼓劲，了解复习计划落实情况。重视不同阶段主题班会等活动，振奋学生精神，调节学生情绪，明确努力方向，以提高复习效率。考前邀请专家做心理辅导。

**7. 强化德育和教育教学常规管理，为高三备考创造一个良好的氛围**

学生要懂得感恩，要理解父母和老师的苦心，养成良好的日常行为习惯，礼貌对待老师和同学，形成牢固的集体观念，确定切合实际的目标，确保自己的心理健康。各班主任要加强家访工作，促使家庭共同关心、支持高三的备考工作，多渠道地把握学生的思想动态，也希望同学们在思想和学习上有任何问题都能主动跟老师交流，消除障碍，确保有一个愉快的心情，以正确的方法来做好高考备考复习工作。

**8. 加强方法指导与研究，做到事半功倍**

教师的教育教学方法要研究、创新，提高教育教学效率。更重要的是要对学生的学习方法进行指导，提高学生的学习效率，介绍高三备考的方法、策略、心理，从时间安排、预复习、听课、课后的强化、合作学习到考试心理和方法等各个环节都要加强指导，从现在开始，及早让学生适应高考的心理和方法训练，促进整个备考效果的提高。

**9. 加强语文、英语两个薄弱学科的考点训练，平衡学科水平，增强竞争力**

及早加强听说训练，力争听说15分，达到省平均水平。从第一学期开始，实验学科就要通过放录像，来弥补我们条件上的不足。

**10. 及早进行分类指导**

（1）加强对尖子生的辅导。暑假召开文、理科尖子生会议，强化其冒尖、拔高意识；第一学期中段进行学科讲座或学科辅导，将名单交给科任教师，责任落实到每个教师身上。

（2）分类指导，平衡学科发展。第一学期对650～700名重点对象按学科情况进行分类指导。扶持上层生的弱科，促进上层生的均衡发展。从第一学期开始将重点班中某些对象的科目和名单交给科任教师，由科任教师进行关注和培养。

（3）第二学期确定450名本科入围对象进行分层指导，发扬其优势；对部分临界生进行扶持。

（4）图、音、体等科在暑假开始辅导。

## 四、建议和要求

**1. 要胸怀奋斗目标**

目标是我们奋斗的方向，是我们前进的动力，大多数同学要将本科入围作为目标；成绩优秀的同学要定位一本目标；激发斗志，磨砺一剑。

**2. 要树立必胜信念**

“信心是基石，拼搏是保障。”充满信心，是决战高考的前提。要相信自己的能力，相信老师、家长和学校是你们最坚强的后盾，勇往直前。只要有信心，就有可能成功；只有树立信心，才能挥洒自如、超常发挥。

**3. 要端正态度**

有人说，“态度决定一切”，积极的态度，是决战高考的保障。十年寒窗，就此一搏，我们要深信“爱拼才会赢”这个道理。所以，大家要遵照老师的指导，抓紧各个阶段的复习工作。我们大多数学生的基础比龙山、启恩差些，所以你们要付出更多的时间和精力，更要努力拼搏，从高一、高二统考可以看出，我们的努力已经取得了成效。

**4. 要有坚强的意志和毅力**

坚定的意志和顽强的毅力，是决战高考的支柱。高考不仅是智力水平的检验，更是非智力因素的较量；心理素质是增强剂，它能使人的各种能力发挥到极致。高考在即，压力难免，竞争难免，但是，响鼓还得重锤敲，你怎样看待压力，怎样看待竞争，决定了你最终的结果。你是把它作为烦恼、包袱，还是把压力化为动力，在竞争中展示你的智慧和才华，来回报自己多年付出的辛劳和汗水？人生能有几回搏，唯有奋力拼搏，背水一战，才能不为庸庸碌碌而后悔。

**5. 要讲究方法和技巧**

科学的方法是决战高考的法宝。为此，我提议同学们要坚持“四管齐下”的策略：一要管好自己的口，不懂就问，不留后患；要加强对语文、英语的阅读；二要管好自己的手，要多做题、会做题，复习过程中只看不做就会出现考试时看到题目题题会做，做起来题题有误的情况，结果眼高手低、失分连连；三要管好自己的脑，提倡独立思考，对同类问题要注意归纳比较，这样才能将知识内化为解决问题的能力；四要管好自己的眼和心，注重课堂效率，使每节课都能学到并记住一些知识和信息。

**6. 做好复习计划，合理安排作息**

根据老师的教学安排，做好自己的复习计划，合理安排休息和学习时间，重视课本、注重基础，构建知识的网络化和系统化，挖掘课本的内涵和外延，消化知识，记住方法，提高解题的能力与方法，培养学习的灵活性和能动性。

**7. 抓考风促学风，以考促练，以考强基，提高教学针对性**

同学们要高度重视本学年安排的10次模拟考试，按照高考的标准严格要求自己，把每次考试都当作高考看待，以答高考题的心态和方法独立完成答卷，把握考试的方法与技巧，确保高考超水平发挥；同时对每次考试都要认真地研究分析，反思自己的学习情况，及时调整策略，提高教学的有效性。

高考近在咫尺，你们的人生将要面临一个重大的选择和转折。把握这关键的9个月，就能实现你们奋斗了12年的梦寐以求的大学梦想，并为今后的人生奠定一个新的辉煌起点。最后，我代表全体教师衷心祝愿每一位同学今后的成绩节节高升，在明年高考中金榜题名、梦想成真！

# 迎接挑战，立足未来

## ——2010年8月31日甲子中学教师会议发言

### 一、认清形势，提高忧患意识和责任意识

（1）随着经济的发展，经济发达地区的办学条件和办学环境日趋完善，教育越办越好，而且教育教学的各个环节都抓得很紧、抓得很好，而我们的基础教育却逐渐滑坡，已经到了人民群众不信任的程度，导致我校高中好生源流失，学生基础越来越差，给我们高中教育带来麻烦和困惑。

（2）民办学校的崛起和重点中学的恶性竞争，抢夺我们仅有的好生源，挤占了我们的发展空间，我们的招生分数越来越低，生源素质越来越差，严重地制约了我们的发展，给我们带来生了严重的挑战。一些地区和学校的滑坡、缩水给我们以启示。

多年来，在全体教师的努力下，甲子中学教育教学质量逐步提高，高考成绩连年攀升，学校声誉好，教师在社会上的口碑好。这个环境促进了很多教师的成长，培养造就了一批优秀教师，给当地群众带来了信心，促进形成了当地尊师重教的风气，教师也得到了实惠，待遇逐渐提高。

相反，如果学校的地位受到冲击，教育教学质量不稳定，造成恶性循环，好生源流失，这就会给我们的教育带来困难，使我们陷入困境，我们的工作就得不到社会的认可，学校培养优秀教师的平台就会消失，教师也就得不到成长，哪怕教师想跳槽都没人要，可见，这对谁都没有好处，这是谁都不愿意看

到的局面。

因此，形势逼人，不进则退，未来我们要优化学校的内部管理，全体教师要同心同德，为共同构建甲子中学这个发展平台作贡献，加大投入力度，加强教育教学研究。针对我们的学生实际，采取有效措施，做到因材施教，继续提高加工能力，优化教学手段，共同把甲子中学办好。教师个人利益与学校利益息息相关，办好学校是保护教师利益的前提。

## 二、深入了解学生，做到教有成德

大部分学生义务教育阶段的基础比较差，很难衔接高中的教育教学。具体来说，相当一部分学生由于受不良社会风气的影响，在基础教育阶段没有养成良好习惯，思想涣散，日常行为习惯不规范，纪律观念和集体观念不强，基本的礼貌和行为习惯有待养成。很多学生在接受了九年义务教育后还没有养成良好的学习习惯，难以将精力投入到学习中去；部分学生虽然进入了高中，但对高中阶段的学习缺乏主动性和兴趣；相当一部分学生还没有掌握高中各科的学习方法，学习效率低；大多数学生的成绩很不理想，高一的平均成绩为319分，除去体育的30分，也就是说，9科共考了289分，高二、高三年级少数学生某些科目的成绩只有几分、十几分、二十几分，偏科严重。别说跟发达地区比，跟陆丰市其他学校比还是存在着差距的，这限制了我们高考成绩的提升。由于学生积累贫乏，语文成绩提高也不容易；部分学生甚至放弃了英语科目的学习；部分学生没有真正掌握数学的学习方法，数学科目的优势不够明显；有的学生对成绩不在乎，缺乏荣辱观；个别学生犯了错还厚颜无耻，等等。这些都给我们的教育教学带来很大的困扰，因此，教师必须深入研究我们的教育对象，有的放矢地开展教育教学工作，提高工作效率。但是，我们不能把客观条件作为挡箭牌，历年来，甲子中学就是在这样的条件下，让本来成绩并不好的学生考出好成绩，并得到社会认可的。总之，压力一年比一年大，这是事实。

## 三、认识自我，改进工作方式，提高教育教学水平

从整体上说，甲子中学的教师职业道德观念强，热爱本职工作，很多教师全身心地投入到工作中去，工作认真、积极，课余时间大多用在业务学习上，不断提高自己的教学水平，大部分教师确实加强了教育教学研究，认真去研究

学生，研究课标、教材、考纲、考试说明，提高了教学的针对性，认真备好每一节课、上好每一堂课；教学计划严谨，有的教师从高一开始就制订了三年的教学计划，教学目标明确，教学方法合适，效率高，这部分老师得到学生和家长的好评，在高考中也取得了成绩，由于工作努力，部分年轻教师所任教的高三学生取得优异成绩。很多班主任的教育方式灵活，跟得上时代，能有效地做好学生的思想工作，挖掘学生的非智力因素，培养学生的学习兴趣，促进学生整体成绩的提高；有的班主任虽然家住在离学校几千米远的地方，但几年来坚持全勤跟班早读，没课的时候坚持巡堂，跟踪学生的思想动态，有效地对学生学习进行指导。这部分工作认真的教师个人能力得到极大提高，个人自身建设得到发展，他们既成就了学生，也发展了自己。

但在上学期学生座谈会与暑假的学生问卷中，少数教师也暴露出一些问题：（1）在课堂上经常接电话，影响课堂教学；（2）在课堂上只上自己的课，不控制课堂纪律；（3）忽视了体育课；（4）课堂准备不充分：一是课堂比较呆板，无拓展，无激情。二是照本宣科，没有给学生以启发和扩充。三是讲课无条理性。四是课堂有时讲错或解题出错。五是课堂缺少互动和探究、设问。六是没有调动学生的兴趣；（5）职业观念不强，时间投入不足，课堂马虎应付；（6）没有介绍学习和解题方法，就题讲题，讲完学生没有受到启发；（7）讲完一节课没归纳，不系统；（8）脾气不好，不关心学生；（9）课堂密度小，效率不高；（10）老师缺乏对学生的引导和鼓励；（11）有些班主任对学生态度暴躁，引导学生无方法；（12）有些班主任没有利用班会课进行教育，班会课三言两语；（13）缺乏家访；（14）让学生练习、测试或作文时，教师离开，没有控制课堂纪律；（15）一些教师监考不负责任、不严格；（16）作业量少，测试的评讲不及时，批改少；（17）有的教师经常迟到，上下班不准时；（18）新教师经验不足，建议向老教师学习等。

在问卷中，有20%以上的学生反映部分教师存在能力不强、准备不充分、缺少指导、没有介绍学习方法、作业不布置或批改不认真等情况。

希望存在这些问题的教师，及时改正缺点，不断进取，新教师要学习，老教师也要学习，要跟上形势发展，针对我们学生的实际，既要教会学生，更要教会学生会学、乐学，弥补学生的不足，为促进学校的发展尽力尽责。

## 四、提出几点要求

（1）加强师德修养，不断进取。我认为，教师的工作虽然是为事业、为学生，更是为了自己的成长与发展。做好本职工作是职业底线，学好本领是自己成长的需求。在教育这一平凡的工作岗位上，只要你学好本领，教育教学能力过硬，便可以走向卓越。守望现在、不断开拓的教师必然给自己创造更大的发展空间。没有等来的成就，辉煌是奋斗出来的。

（2）守住工作底线，不断充实自己。精彩的世界是属于有成就的人的，我们要想在精彩世界中占有一席之地，首先要守住自己，练就本领，在工作中作出奉献、创造成就；另外，快乐由心生，如果你觉得从事这一行业吃亏，不热爱它，那只是自寻烦恼，其实不管从事什么行业，只要你真正地投入，真正钻进去，就能体会到天地广阔，就能领略到其中的精彩，将来你的人生就会更加精彩。自暴自弃、马虎应付工作，只能贻害自己，虚度人生。希望全体教师投入工作，努力做好自己的本职工作，做一个受学生尊重、受社会称道的好教师，让自己的人生价值得到展现。

（3）顾全大局，处理好事业与个人的关系。学校是锻炼、成就你的场所和平台，没有了学校的发展，个人便谈不上有大发展。因此，我们要把事业放在首位，不要本末倒置、舍本逐末，导致集体利益丧失，个人一无所获。

（4）加强对新课标理念和教材、教法的学习，熟悉高中的教学体系，真正掌握高中的教学方法，尽早使自己成长起来。加强教师之间的交流、探讨，主动听取其他教师的课，吸取别人的长处，把握教学要领，提高自己的教学能力。听不进别人的意见，那是底气不足的表现。

（5）研究高考考纲、考试说明和高考题，将高考的方向和方法落实到课堂中去，及时培养学生的高考应试意识，提高课堂效率，特别是高二、高三的教师。

（6）研究教学对象，因材施教，落实课堂教学目标。对于不同的学生采取不同的进度和方法，教学的目的在于学生学会、会学，所以，要根据教学对象明确每一节课的目标，做到进度与效率并举。这就要求教师负责任地、认真地备好每一节课（备教材、备学生、备教法、备目标、备练习与作业），上好每一堂课，切不能浪费学生的时间。

（7）高一的教师要加强学法指导。很多学生不适应从初中到高中的过渡，可能会掉队，教师做好引导工作，让学生自然过渡、适应高中的学习很重要，建议高一各科先上1～2周的过渡课。高二教师要培养学生的高考意识，注重培养学生的能力；竞赛是对教学的强化，要从高一开始实施。高三教师要加强对“三考”的研究，重视课本，考点逐个过关，提高学生的能力，重视课堂密度与效率。

（8）根据我们的实际，高一、高二年级以单元过关为主，以巩固学生的基础，辅以月考的阶段性检测。高三年级以考点和阶段性过关为主，辅以月考的综合训练。

（9）发挥教研组和备课组的作用，加强集体研究。教研组和备课组的活动过程，能扩大教师的信息量，促进教师水平的提高，取长补短，达到资源共享，希望全体教师积极参与教研组和备课组的活动，开阔自己的视野，组长要制订好活动计划，组织本组教师参加。

（10）各个备课组要根据学校的行事历和每周开课的节数，计算每学期、每年的节数，根据学科的情况，计划好本学科的进度，做到工作有序推进。

（11）语文、英语科目的教师要根据语言学科特点和学生实际，研究更有效的办法。

（12）教师要关心学生，在日常教学中，做到以鼓励为主，不要挖苦、打击学生，注重培养学生的积极性，帮助学生养成良好的学习习惯。

（13）班主任工作。①要加强家访工作，跟踪学生的思想，关爱学生，开导学生，帮助学生树立正确的人生观，使其养成正确的日常行为习惯。②要加强成绩跟踪，每次考试后帮助学生分析情况，对进步的要勉励，对考得不如意的也要鼓励，培养学生的斗志和毅力，调动学生的积极性。③不能轻易浪费班会课的时间，班会课要制订计划、确定内容，充分利用班会课进行思想交流和调节，以及方法指导，培养学生的激情。④班主任是学生的精神领袖，班主任的工作要积极、教学要认真，要求学生做到的，班主任一定要做到，利用精神领袖的凝聚力形成有良好竞争力、积极向上的备考氛围。

（14）抓考风促学风，培养诚信考试作风，帮助学生养成良好的习惯。

# 如何做好教研组长（备课组长[①]）

新校区建成后，学校发展为一校两区。学校教研组、备课组应该发挥同等重要的作用，两者互相依存，互相包含，互相促进，在提高学校教学质量中发挥集体功能和推力。教研组、备课组是教师进行集体培训和教学研究的基本组织单位，是教师专业成长的平台，是保障学科教学质量提高的基地。教研组整体研究水平的高低，直接关系到本学科乃至整个学校教学质量的好坏，关系到学校文化品位的高低。教研组长一般是组内业务的“权威”，是学科组的灵魂，在学科领域内是本校乃至全县（区），甚至全市的“领衔人物”。

教研组教学研究的开展离不开教研组长的科学引领，教研组“民主、合作、竞争、进取、和谐”的教研文化的创建，离不开教研组长的精心打造，教研组长应该是学校教育科研思想的落实者，是学科教学活动的组织者，是青年教师的指导者。教研组长的观念决定着一所学校学科发展的维度，教研组长的科研水平决定着一所学校学科教研的高度，教研组长的领导能力决定着一所学校新课程改革践行的力度。教研组长处于学校教学教研管理的最前沿，担负着提高全组教学教研质量的重大责任，除了负责设计周教学整体安排，还要负责引领学科教师的培训和研讨，负责整个组的教学工作的督导落实。因此，教研组长的业务水平、组织才能、合作精神、思想境界、人格魅力等会直接影响教

① 备课组长是缩小版的教研组长，但必须服从教研组和年级组的共同领导和调配，相关内容不再另行阐述。

师专业发展，直接关系到教研组内能否取长补短、相互借鉴、团结协作，关系到全组教师是否能全身心地投入到教学活动之中。教研组长不是行政干部，没有行政权力，但要做的事情比较多，有时处于“两头受气”的中间位置。要想把本职工作做好，只能靠扎实的专业水平服人，靠优秀的教学成绩带动人，靠积极的工作态度感召人，也要能求同存异。

## 一、如何成为优秀的教研组长

### 1. 不断提高作为一位优秀学科教师的素质

优秀学科教师是一名教师成为教研组长的前提和保障，也是教研组长能够起到示范作用并能引领组内教师的基本条件。一般而言，一位优秀的学科教师应具有以下四项基本特质：一是要有比较强的专业水平，对学科的本质理解比较透彻；二是要有丰富的教育教学经验，能根据不同特点的学生因材施教；三是要有比较强的奉献精神，不计个人得失，成为师德模范；四是在学生中有一定的人格魅力，是学生信任的教师。

### 2. 在工作中磨炼自己，提高素质

（1）组织协调和沟通的素质。教研组是一个团队，在这个团队中按年龄分为老、中、青各年龄段的教师，按职称分为高级、中级、初级等不同职称的教师，按行政职务来分可能有校级领导、中层领导等各类学校管理干部，要搞好这个团队的建设并形成合力，需要教研组长具备较强的组织协调能力和沟通素质。从协调这一层面来看，教研组长要协调好本学科内各备课组间的工作，要协调好与学校内各年级组之间的工作，要协调好和学校其他学科教研组间的关系，从而保证教研组工作有条不紊地开展。从沟通这一层面来看，教研组长经常要和以下四个团体进行沟通：一是沟通好组内教师的思想，形成统一的工作思路；二是学校的教学管理部门，教研组所组织的一些活动需要取得学校职能部门的大力支持；三是县、市的教研部门，请相关部门的相关人员对教研组的建设进行帮助和指导；四是兄弟学校的同学科教研组长，借鉴、共享他们的成功经验和资源。

（2）熟知学科教研组建设基本规律。学科教研组建设具有一定的规律性，主要包括以下四个方面：一是学科教师的专业成长。年轻教师的培养，具有一定经验教师的发展，专家型教师的作用发挥，让不同的教师有不同的成长重

点，形成一个既有合作又有竞争的共同体。二是学科校本课程开发。从用教材到形成符合本校学生实际的教案、学案、讲义，到最终形成学校的学科校本课程，这需要教研组长精心组织和长期培育。三是学校优势学科形成。要有一个稳定、积累、优化的过程，要有一套本组成员认可的富有活力的教研组工作体制和机制，要有领军人物和稳定的学科教学质量。四是教研文化的建设，形成教研组全体成员的核心价值取向。

（3）较强的研究素质。在学科教研组建设中，教研组组长要善于分析、归纳、总结教研组建设过程中的问题、经验和规律，及时地对问题和经验进行总结，并以课例或课题的形式组织全组教师进行讨论和研究，最终形成教研组的教育教学特色。当然，在这一过程中，教研组组长除了身体力行外，还必须做好以下五项工作：一是理清研究思路，对课题的进展要有总体的把握；二是落实到位，使组内的教师明确各自研究的领域，有较强的可操作性；三是为组内教师提供展示的机会和平台，为青年教师成长铺路；四是培育学科中的优秀学生，帮助他们在竞赛或大考中展示学科的教学成果；五是及时汇总成文，每一阶段的研究必须积累素材，要有专人组织材料。

## 二、明确应该做什么

作为一个学科的教研组组长，其肩负着以下三大任务：一是提高本组教师的教育教学水平，促进本组内每一位教师的专业发展；二是提高本学科的教学质量；三是积累本学科教学经验，形成本学科教学特色。这三大任务是相互联系的，组织全组教师不断地学习、总结、探索、反思、积累本学科教学经验，才能持续地提高本组教师的教学水平，只有本组教师的教育教学水平提高了、专业发展了，才能实现本学科教学质量的可持续发展。教研组组长围绕上述三大任务应做好以下几个方面的工作。

### 1. 制订本组成员的学习计划

组织本组教师学习，有针对性地选择学习内容，并进行学习效果考核。要设计灵活多样的学习方式，如集中的教育教学理论和先进教学经验的学习，每期推荐一本好书让教师自学，组织观看教学录像或优秀教师教学实录。这样，通过有计划的学习，创新和转变教师的教学观、学生观、质量观、教材观。

2. 组织课堂教学交流

组内教师相互听课、评课、说课，如优秀教师的示范课、新教师的合格课、突出某一特点的特色课，以及探讨某一种课堂结构模式的研究课等，使大家逐步达成共识，产生共情。

3. 组织课题研究

一是对上级教研部门推荐的课题或子课题的推广应用和实验研究；二是根据学校发展需要，确定方向进行实验研究，或是教研组自主开发教研教改课题实验。

4. 培养新教师和帮扶“薄弱”教师

教研组组长可以在组内开展“师徒结对”活动，督促学习能力提高，帮助新上岗教师尽快进入角色，尽早走向成熟，帮助少数“薄弱”教师尽快提高教学水平，以实现全组成员整体水平的提高。

5. 指导集体备课

教研组组长要帮助和指导本学科各年级备课组搞好集体备课，指导备课组教师分析和把握教材，制订切实可行的学期教学计划，指导检查集体备课的质量和执行情况。

6. 搞好考试管理

教研组组长还有一个重要的职责，就是要做好每次月度检测或期中期末考试的命题人员安排，如命题范围、要求的制定、试题的审定等。同时，还要组织试卷的评阅，试卷和学生成绩的分析，问题的归纳总结，改进和弥补措施的思考等。

7. 组织开展学科课外活动

教研组组长要思考、策划、组织开展适合本学科特点，有助于激发学生对本学科学习兴趣，拓宽学生本学科知识面的学科课外活动。

8. 形成教研成果

教研组组长要在日常的教学和教研活动中收集、归纳、总结教育教学经验，积累教研教改经验，最终形成资料成果。

## 三、如何开展工作

**1. 任何一项系统的工作，都必须有计划**

要搞好教研工作，必须有长计划、短安排。作为一个学科的教研组组长，其头脑里要有提高本组教师整体水平和专业发展的长远打算。在这个长远规划的指导下，制订好每一个学期的教研计划，做好每一个阶段的活动安排。

**2. 教研组组长要做有心人**

在平时的教育教学工作中，要注意观察、收集、总结、思考教师“教”和学生“学”中存在的普遍性问题，根据这些问题确定大家研究和努力的方向。设计的活动内容要有针对性、现实意义和研究价值。

**3. 每次教研活动开展之前，教研组组长都要做好充分准备**

如这次教研活动，要学习什么内容、要讨论什么议题、谁做中心发言人、要取得什么效果、解决什么问题、形成什么材料等。

**4. 教研组组长要严肃教研活动纪律**

引导大家认真对待每一次教研活动，激发本组成员的研究兴趣，形成浓厚的教研气氛。

**5. 教研组组长必须是各项工作的践行者**

要求大家做到的事情，自己要率先垂范、身体力行。一是要努力成为学科业务能手。教研组组长是组内的“灵魂”和“权威”，在学科领域内是学校的领军人物之一。教研组组长必须带头学习、研究和反思，使自己业务精湛、具有创新意识，不但成为学生的好老师，更要做教师的“教师”。因为不但要和其他教师共同成长，还要指导、督导其他教师的教学工作，所以教研组组长必须成为既有丰富的教学实践经验，又有深厚的教学理论功底，还是探索创新的开拓性人才。教研组组长这个没有权力的“官”，才能“以技服人”，才能点燃研究之火。二是要努力成为潜心教研的先锋。教研组组长首先必须做学习型、反思型的教师，如此才能更好地带动全组教师参与学习、研究和反思，引领大家由“教书匠”向“研究型教师”转变。教研组长一定要带头参加立项课题研究，平时要带着思想进行教学，要多尝试、多反思、多总结，多撰写教育教学论文和案例。同时，要做好本组教师的学习、研究和专业发展规划，有针对性地选择学习和研究的内容，组织好本组的小课题和高效课堂。三是要努力成为善于学习的楷模。一个优秀的教研组组长应把学习作为日常生活的一部分，要勤于学习、善于学习。不仅可以向同伴学习、向网络学习、向书本学习，还可以通过网络多学习一些优秀课例，通过学习来提高自己的素质，陶冶自己的情操，丰富自己的生活。只有先丰富了自己，才能带动其他教师参与读书学习，让每位教师远离浮躁，静下心来教书育人，潜下心来研究。四是要努力成为协调合作的典范。教研组组长上要管理教导处和年级，下要组织本组教师学习和研究，起到承上启下的作用，所以，一定要做好协调工作，和全体教师共同合作、学习、研讨。在平时的工作中，要随时提醒教师完成好教学和教研常规工作，组织好教师参与集体备课，开展好课堂教学展示交流活动，组织好校内小课题研究和参加上级立项课题研究活动，组织教师参加各级组织的"评优"竞赛活动，组织学生参与学校及上级组织的竞赛活动。

# 关于班主任工作的阐述

## 一、班主任工作的重要性

德育为首，加强纪律和道德教育，规范学生的行为规则，使学生养成艰苦朴素的习惯，培养学生刻苦耐劳的能力和坚韧不拔的意志，从而形成良好的校风和学风。

要知道，良好的班风是提高教育教学质量的根本保障，因此，抓好学校教育教学工作的前提就是要抓好班主任队伍建设。

## 二、做好班主任工作的前提或准备

首先，要围绕高中三个年级的不同特点和任务制订好教育计划，按学校工作和时政工作规划好主题班会，并收集好相关材料以做准备。

其次，要把每个学生看成可塑之才。其实，成绩优秀的学生和成绩差的学生的区别不在智商，而在于学习习惯的不同，只有学生养成了良好的习惯，一切才可以变好，因此，我们的教育归根结底就是要改变学生的不良习惯，使其养成良好的习惯。

最后，要深入研究教育对象的情况，掌握学生的状况和性格特点，这也是做好教育工作的前提（我校学生多数来自乡镇，有文化基础较差、地方与家庭对学生行为习惯的影响存在一些短板，以及思想素质、人文素质有待进一步提高等特点）。

## 三、班主任工作要点

根据德育工作的特点和学生的情况，要做好以下几个方面的工作。

（1）以感恩教育为中心和切入点，教育学生学会“换位思考”。教育的目的是让学生学会做人，学会尊重别人，提高学生的人文素养，让学生懂得感恩，从感恩父母到感恩老师、同学、朋友，才会感恩社会、感恩国家，以及善待别人。这是整个教育或德育工作的关键。这样，最终让学生懂得不好好读书就对不起父母、老师的培养，从而为学习增加了外动力。

（2）加强道德教育。“人之初，性本善”，道德品质关键在于后天的培养。目前由于受不良社会风气的影响，包括一些道德观念不强的家长的影响，一些学生的道德观念模糊，没有是非观念，所以出现了学生难管的情况，同时社会上也出现了很多恶性事件，所以，我们的德育工作就是要让学生明确是非观念，对事情有准确的判断能力。

（3）加强前途理想教育（选取学生熟悉、通俗易懂、浅显而具体的事例）。让学生确定自己的奋斗目标，有自己的信仰，树立正确的人生观和世界观。就现在来说，要教育学生有家国情怀，放眼世界，通过理想教育，使学生有奋斗的目标、学习的动力，从而提高学生的学习兴趣，发挥学生的非智力因素。

（4）加强纪律教育，即帮助学生养成遵纪守法的品格，养成良好的行为习惯，守规矩，讲道理，为学习产生助推力。

（5）重视革命传统教育，以英雄人物为榜样，进行艰苦奋斗的品质教育，培养良好的情商。这一代孩子大多娇生惯养，再穷的家庭、再苦的孩子都不懂得什么是苦，意志力不够坚强，怕苦、怕累，一碰到困难就退缩。因此，让学生养成艰苦朴素的习惯，是非常必要的。

（6）加强学习方法指导，帮助学生养成良好的学习习惯。

（7）加强安全教育，即人身安全教育，包括交通安全、交友安全、网络安全等。

## 四、班主任工作方法

（1）对现在的学生（自尊心强、父母比较溺爱）应以鼓励、关爱为主，以培养学生的激情为教育的支撑点。培养学生守纪的品格，提高学习兴趣；培养学生爱学习、会学习的热情。

（2）关爱、关心学生。每个学生都是可塑之才，他们成才的方向有所不同。为了让学生健康成长，我们对每个学生都要有仁爱之心，要一视同仁，不能歧视任何学生，不能以异样的目光看待任何一个学生。因为班主任是学生的标杆，是学生的精神领袖，一个学生被班主任看不起，就会认为自己一文不值，会对教师怀恨在心，破罐破摔，最后使自己成为害群之马，害人害己，给班级管理带来困难。

（3）班主任要提高自己的教学能力和教学水平，在学生中树立良好的威信。

（4）对违反纪律的学生，首先要采取关心、说服的方式，耐心做好学生的思想工作；对于屡教不改的学生要采取说服教育的措施，或将学生带到政教处教育，或交由学校领导教育，或通知家长教育。

（5）善于发现、挖掘学生的闪光点。包括创造条件让学生做好事，并加以表扬；跟踪学生各科成绩，对有进步的提出表扬，对进步不大的加以激励。

（6）立班规，培养学生自律的习惯，使其变被动遵守纪律为主动执行纪律，把遵纪守法变成学生主动的行为习惯。“班规”不是学校纪律的班级化，“班规”是由全班学生进行讨论后确定的各项条文，以向全班学生倡议的形式产生的。

（7）要加强与家长的联系，让家庭真正参与到学校的教育中来。班主任每一周固定与学生家长联系，汇报其孩子在学校的情况，以介绍学生的优点为主，让家长享受到孩子进步的喜悦，让家长反馈给学生，从而提高学生的积极性，以后如果学生有不良行为再向家长反映，使家长乐意协助学校进行监督和教育。切忌每次跟家长反映就说孩子的不是。

（8）加强与科任教师的联系。从科任教师那里掌握学生的第一手材料，有利于教育学生。

（9）班主任加强巡堂，可搞突击。班主任常巡堂能约束学生，并向学生说明学校领导经常巡堂，要抓一些违纪现象，教育学生遵守课堂纪律。

（10）开好班会课。班会课是教育的主阵地。教育无小事，教师的每一句话都是对学生的教育。教育不会立竿见影，只会潜移默化。因此，教育的成功在于坚持不懈。

用一句话概括，班主任的工作就是要通过以上各方面来培养学生的激情，让激情贯穿于学生整个学习过程乃至整个人生中，如此我们的工作就成功了。

（11）现代人要利用好现代科技作为教育的手段来教育学生，如利用微信群、QQ群发布一些对学生有帮助、有促进作用的文章和事例，向学生传递正能量。主要可在周末发布一些文章，以做一些安全、学习等工作的安排和交代。

第三篇 3

# 聚焦高考

# 科学应考，是高考成功的关键

考试是一门科学，掌握科学的考试方法是得高分不可或缺的因素。有人说，在同一次考试中两个程度相当的学生，会考试的学生要比不会考试的学生高出50～100分，可见，科学应考是高考成功的关键因素之一。科学的考试方法是靠平时训练总结出来的，功夫在平时，成功在高考。平常的考试是高考的练兵，是演习，同学们平时要做到以下几点：一是要把平常的每一场考试都当成高考来对待，认真去训练、去感知试题内容，训练高考的方法，到真参加高考时也就没有什么神秘感了，这叫“平常高考化，高考平常化”；二是要训练速度，高考时间是有限的，要抢得时间就要靠平时的训练，尤其在平时考试中，要学会对全卷中各类题的时间进行合理分配，学会答题先后的处理方法；三是在平常的考试中要培养一种良好的心态和分秒必争、分分必夺的积极态度。

高考并不神秘，最重要的是基础。要明白，高考不会考偏题、怪题，20%是最基础的，70%是中等的，只有10%是真正的难题。只要你抓牢90%，你就成功了。所以，对于最后几道大题，一般有两三问的，只要保证把前两个问题答好，就步步有分！一般前面两问是很容易想明白的！要记住，永远不要丢不该丢的分，凡是你会的，就一定要拿满分！这就要靠你平常的训练去感知，养成良好的考试方法。

学得好不如考得好，要考得好，就要重视平常每次考试后的反思，总结教训与失误，积累经验，在下一次考试中努力克服自己的弱点与不足，形成科学的应考方法。

## 一、高考题的结构与分布

对于任何一套高考题，从难易程度来说，一般可分为基础题（容易题）、中档题、难题，比例是2∶6∶2或3∶4∶3；从认知角度来说，试题可分为一目了然的、经思考可做的、思考后不一定能全做的三类。

## 二、总体考试方法

### 1. 掌握考试时间

通过平常的各类考试来熟悉高考试卷的结构，从而了解答题的时间分配，找到最佳的解题节奏。如数学科有21道题，共120分钟，解答小题（选择、填空）、大题各用几分钟，必须做到心中有数，如果你在小题上耗费了太多的时间，就必然会严重影响后面的答题时间，到了考试结束铃声响起的时候，你会错过后面很多你会做的题，这种遗憾会在那些不懂安排的考生身上出现。

### 2. 先易后难

难易是相对的。有些题目，有人觉得容易，有人却觉得难，反之亦然。因此，做题时应不分先后，易者先做，难者先放（当然要在试卷上对这些未完成的题目标记好，以免遗漏）。就数学来说，如能先易后难，会的先做，一般时间控制在60分钟左右，可完成60%～70%的容易题、中档题（可以得到90～100分），保证会的题目都做，该得的分数能拿到，稳住自己的心情，再用剩下的60分钟去做余下难度较大的题目。这样，可让自己保持一个好心情，从而产生敏捷的思维和灵感，本来不会做的题目也可能做得出，从而夺取更高的分数。题目难易是因人而异的，有的人大题会做，但在小题上就出现卡壳的现象，不管哪类题、哪些题，做不出就在试卷上做个记号，暂时放一放，绝不能恋战、纠缠不休，甚至生气，否则，就会浪费后面的答题时间，或使自己情绪紧张而影响答题效率和准确率。

### 3. 每分必争

高考中的绝大多数试题都是容易题或中档题，绝不会超纲。要冷静应答，绝不轻易放弃每一个得分的机会，有时答案就隐藏在题干和各个问题中。做选择题时，即便完全没把握，也要蒙一个最有可能的答案，不选就完全没机会；做填空题、简答题、论述题时，即使完全没把握，也要尽力写，能写多少就写多少，总比不写要好。做理科试题时，即使得不出答案，也要把解题步骤、用到的公式等写出来，尽量清晰地将思路展现给阅卷人，也能得分；做文科题，若时间有限，不要贪多求全，把答题要点写全或知道多少写多少，写出要点是答题的关键，评卷是按要点来赋分的。

4. 答题规范

学会用学科术语表达，不要使用俗语。复习时要经常将自己的答案和标准答案进行对比，发现表述中不严谨之处就要及时改正。

5. 留出检查的时间

要训练自己的做题速度，以便留出足够的时间来检查。比如数学题，交卷前至少要将选择题和填空题检查一遍。这些题的分值较大，难度较低，又没有过程分，出错是很可惜的。

6. 草稿纸要按题进行

在草稿纸上演算过程时，不要认为是草稿纸就涂得乱七八糟，而要按步骤进行，以备复查时逐题查看。

7. 语文科在考试时间剩下60分钟时写作文

语文考试在结束前1个小时的时候，不管基础题还剩下多少，一定要先写好作文（一般40分钟内完成），作文写好后再去完成其他题目。这样，可以保证作文思路清晰，布局合理，字迹整洁，从而能拿高分；当作文写好后，用剩下20分钟左右的时间去做小题，小题也能做得更好。反之，如果老是纠缠剩下的几道小题，到写作文时只剩下30分钟左右的时间，这样作文肯定得不了高分，小题也无法做好，得不偿失。此外，写作文时要先在草稿纸上列好提纲。

8. 综合科的考试方法

综合科的考试，有的学生是分科去做，做完某一科再去做另一科，这是不科学的。正确的方法是，不要分科，从头到尾地去完成，容易的、能做出的先做，碰到不会做或暂时不能做出的，就在试卷上做好记号，先放一边，做下面的题目，会做的一次性做完；再去做那些通过思考可以做出来的，最后做那些通过思考不一定做得出的题目，能答多少就写多少，这样就能保证得高分。

## 三、注重考后的梳理，提高应试能力

### 1. 在反思中完善

要善于在平常的考试中总结每次考试失败的原因：基础不扎实，就要回去补基础；心态不好，就要调整心态；方法不对或时间分配不合理，就要改进方法……考后还要将考过的题目进行归类总结、加强记忆。

### 2. 随时消化，及时整理

平常每次考试后都要把练过的题目进行消化，错题、好题要总结、归类，各学科建立错题集和好题集；把每次考试中认为是好题的、易错的题目整理到好题集和错题集中，以后每次考试前或高考前拿出来阅看，该记的题要记，该背的题要背；在考试中发现忘记或不懂的知识点要牢牢记下来，尽量做到考过的题目下次再考时不会出错。

### 3. 考试是知识巩固的过程

平时的考试是对我们学习情况的一种检测，通过考试去发现自己的弱点与问题，然后去突破解决，达到巩固知识、完善方法的目的。在任何学科的考试中，选择题的4个选项就是4个知识点，有些学生虽然能答对，但对所有选项却不见得都理解，因此，考试后要认真地去感知、明确4个选项的4个知识点或考点，完全消化该题所涉及的4个知识点或考点，以巩固基础，同时使自己在以后的考试中对同样的考点不会再犯错，从而提高自己的应试能力。

# 三年备考　扎实推进

## ——2014届陆丰备考会议上的发言

各位领导、同行：

大家好！今天我代表甲子中学在这里进行交流发言，我发言的题目是“三年备考，扎实推进”。

在各级党委和市教育局的领导下，全体师生艰苦奋斗，努力进取，我校2013届高考成绩达到预期目标。一本入围25人，三A以上入围608人，超过市任务132人，卓恩弘同学理科综合274分，获该科汕尾市第三名。下面着重谈谈我校2014届高三情况及备考的一些主要做法。

### 一、本届高三情况

本届报考的应届生有1578人，分成14个理科班，11个文科班，当年高中录取分数线280分，6人进入市中考150名内，中考文化分500分以上的只有204人，生源素质差，教学压力大。

由于教师欠缺，本届高三新教师有16人（仅数学科就有5人），上过1年高三的有19人，有7位教师每周承担20节以上的工作量。客观压力是存在的，努力是必要的。过去的两年在师生的共同努力下，这一届高三已经取得了很大进步。

### 二、措施和方法

总体措施是1年高考，3年备考，科研引领，分段落实，扎实推进。

（一）研究高考，高效备考

高考年年考，基础知识始终不变，变的是试题，变的是各个学校的备考方法和各个学校的质量。由此说明，高考是有规律可循的，必须加以研究。高二伊始，我们注重以下几个方面的研究。

（1）以高考为目标，根据生源情况，研究各阶段的教育教学方法，有的放矢地开展工作。

（2）以高考为中心，依纲靠本，通过研究课标理念和教材来把握高考的方向性。

（3）加强对考纲与考试说明、高考真题、高考年报的研究，把握高考范围和规律性。把握知识点、考点，在课堂上讲透，采用多种形式的题型让学生训练，强化教学效果。研究高考真题和《高考年报》，摸索出命题的思路，探索掌握高考的规律和评分标准，提高备考的针对性。

（4）及时研究总结各阶段的教育教学情况，反思学生、教学、效果等问题，及时地调整工作思路与措施，提高备考的力度及效果。

（5）通过备课组的各种教研活动加强课堂教学及效率的研究，着重研究教学对象、学科特点、教学进度、课时规划、教与学的方法、试题研究等，提高备考的精度与效益。

（二）妥善规划，措施到位

针对我校的生源情况，在高中三年中围绕高考备考采取不同的措施，做到关口前移、重心下移，抓好各个环节稳打稳扎。

1. 高一

针对我校学生行为和学习习惯还有待进一步养成的实际，我们着重抓好以下四个方面：一是加强常规教育和理想教育，增强学生的纪律观念，逐步规范学生的行为习惯，促进学生形成为高考、为理想而学习的信念，培养学习的自觉性。例如，从高一第一次月考开始便以高考的要求，严抓考纪、考风，培养学生的良好习惯，以考促学，对考试有一点点进步的学生加以鼓励，让那些本来对自己的成绩不抱有希望的学生看到曙光，树立学生的信心，充分发挥学生的非智力因素；二是加强对学生的学习方法进行指导，培养学生正确的学习方法和学习习惯；三是通过月考的成绩跟踪，放低要求定目标，给学生高定位，让学生看到希望、提振信心，激发学生的学习热情；四是按三年备考计划，推进高一的课程任务，保证不影响三年的备考计划。

2. 高二

主要任务是夯实学生的基础，逐步培养学生对知识的应用能力。教学的着重点是通过增加训练来提高学生对学过的知识的应用水平。我们及早进行高考考点训练，通过训练，让学生在考中练、考中学，巩固和夯实基础知识，逐步形成知识体系，提高学生对知识的应用能力，促进学生学习成绩的提高。

3. 高三

主要任务是构建学生的知识系统和网络，全面培养学生的应试能力。教学的着重点是教给学生备考复习方法，培养学生对知识的综合应用能力。首先，精心安排好三轮复习的时间，严格把握教学进度，有条不紊地开展教学，强化基础，帮助学生形成知识体系。其次，在测试安排上，我们除了全年安排的10次月考外，从9月开始，还分别安排了各科的综合训练、晚练、早练，并规定各类训练的功能，确定命题范围和方式、评讲方法，各种训练交叉进行、互相渗透，提高实战的知识应用能力与心理适应能力。最后是抓优层生培养和临界生提高。

**（三）建设一支师德高尚、团结协作、努力拼搏的教师队伍**

备考的主体是学生，主导是老师。高考是集体战役，任何一所学校和学科的成功，靠的都是上下团结、同心协力、充满激情、努力拼搏。

我校通过以下三个方面培养教师教学的激情：一是加强师德教育，以多种形式引领教师树立正确的人生观和道德观，端正教师的教学态度，强化教师的责任意识，使其全力投入到教学工作中；二是从校长到高三领导小组成员树立模范带头作用，做教师和学生的楷模，引领教师积极向上，并倾听教师的意见，服务教师，给教师以精神上的鼓励；三是尽力提高高三教师的待遇，进一步提高教师备考积极性。

# 真抓实干、依法治校、科学管理，全面提高教学质量

## ——陆丰市甲子中学2005届高考总结



我校教学设备简陋，教学手段落后，办学条件差；生源起点低；教师学历达标率低（包括“五大”本科仅达24%），学科发展不平衡；教师待遇和生活环境都较差。面对这种实际情况，我们在当地党委和上级教育主管部门的具体指导下，发扬艰苦奋斗的精神，团结合作，拼搏进取，切实加强学校管理，注意调动教与学的积极性，确保了教育教学质量的稳步提高。近几年来，我校高考年年有进步，特别是今年高考获得了全面大丰收：共计688人，总入围607人，入围率达88.23%，其中总分700分以上的12人，约占陆丰市的50%，第一批29人，第二批114人，3A线144人，三A以上入围287人；尤其是李冠培同学总分获881分，创汕尾市历史最高分；李振恒同学总分802分，名列汕尾市第二。数学单科5人获800分以上，是汕尾市历年高考中一校一学科的最高成绩，物理和生物800分以上各1名，均为汕尾市单科第一名。汕尾市今年高考总分和单科800分以上的共有18人次，我校有9人次。我们具体的做法和体会如下。

### 一、加强常规管理，促进良好学风、教风、校风的形成

#### 1. 加强养成教育，培养学生良好的行为规范

一所学校常规管理抓得怎么样，直接反映了该校的整个精神面貌。基于这

种认识，我们把加强常规管理作为学校管理的一项内容来抓，持之以恒，常抓不懈。在认真贯彻实施《中学生守则》的同时，我们狠抓学生日常行为规范的教育，逐步培养学生良好的习惯，教育学生自觉遵纪守法，团结友爱，互助协作。我们从抓考勤入手，从早读到课堂、晚修，从课内到课外，一起抓。并且对学生出勤逐天登记，逐周评比公布，发现学生迟到、早退、旷课，班主任、学校领导及时通过电话和家访，与其家长取得联系，查明原因，及时地做好疏导教育工作。对一学期旷课30节以上的学生给予警告或缓慢报名的处分；对全勤生给予表彰，做到赏罚分明。

在抓学生的行为规范过程中，学校领导和全体教师首先做好表率作用，学校领导、班主任带头提前上班，教师上课时坚持提早到教室、按时下课，测试时，教师坚持在场，坚决杜绝发卷走人的现象。轮值教师及学校领导对早读、上课、晚修加强巡查，尤其是注意对上下午第一节课加强检查督促，并形成了制度。

**2. 树典型，激发学生积极向上的状态**

每逢高一新生入学，我们都要进行一次校史传统教育，用我校历年来师生艰苦奋斗、勤奋拼搏、开拓进取的精神及历届学生刻苦钻研、勤学苦练出成果的先进事迹来感染、教育他们，使他们懂得“学贵于勤，勤能补拙”的道理，增强学生的自信心。

**3. 定期召开学生级会，及时总结分析教与学的情况**

我们坚持每月召开一次学生级会，及时地总结分析一个月来教与学，以及纪律等情况，及时表彰激励先进，鞭策后进，指出存在的问题，为学生指引正确的方向，收到较好的效果。

**4. 严要求，狠抓考风促学风**

学校定期进行对作业布置与批改、单元测试等教学常规的检查。同时对单元测试都按高考要求，严格把关。单元测试由年级组统一安排、统一编制试卷，严格监考、严格评讲、严肃考纪考风，反对弄虚作假，以良好的考风促进良好学风的形成。如每天下午放学后，高三近八成学生不愿回家仍坚持在教室自学至傍晚六点多。由于被学生的学习精神所感动，不少科任教师也自觉留下无偿指导学生自学，为学生解惑。

**5. 齐抓共管，构建学校、社会、家庭三位一体的德育网络**

（1）我们坚持每学期请司法部门的领导来校开办法律讲座，加强对学生的法制教育。

（2）长期坚持在清明节前后到烈士墓地进行革命传统教育，并形成制度。

（3）沟通和指导家庭教育。要求每位班主任每学期进行一次全面家访，平常就突发事件及时与家长取得联系，特殊情况请家长到校协助教育，学生取得成绩及时向家长报喜，并引导家长转变教育子女的观念。本届年级组协抓领导陈谋金副主任从高一开始，经常利用晚上时间进行家访或电话联系，加强与学生及家长的沟通，取得良好的效果和社会效应；高三（2）班班主任林文旭老师，在接班后半学期内就走访了全班同学。

**6. 加强前途理想教育，把学生团结在党支部周围**

从高二开始，我们通过推荐优秀团员参加党课学习，鼓励他们向党组织靠拢，使他们坚定信念，并立志为实现崇高理想而奋发学习，优秀团员在班中发挥了模范带头作用。今年98名培养对象，其中有72人入围本科，26人入围3A；全校第一批入围29人，党员占28人，全年级有30人光荣加入中国共产党。

由于我校建立健全了各项规章制度，加强了常规管理，营造了良好的学习氛围，因而有效地促进了良好学风和校风的形成，稳步提高了教育教学质量。近几年，我校基本上消灭了学生吵架、打架的现象，学生犯罪率为零。

## 二、构建和谐工作环境，调动教师积极性

教师是办学之本，只有依靠教师，千方百计地调动教师的积极性，才能办好学校。因此，我们确立以“师”为本的管理思想，充分尊重、关心、理解、信任每一位教师。具体做法如下：

一是实行管理民主化，正确对待、评价教师，坚持把一碗水端平。学校每项工作思路的调整、工作安排等重大事情，都事先征求教师的意见，然后才予以实施。在福利问题上，在原校长纪锡坤的主持下，做到公开、公正、公平，使全体教师感到心情舒畅、虽苦犹乐；二是在政治上关心他们的进步，使他们感到大有奔头。学校党支部积极引导教师靠拢在党组织周围，党的大门随时向优秀教师敞开，坚持成熟一个、发展一个，三年来发展教师新党员16人，党员在教学中发挥了模范带头作用。在教师缺欠的情况下，党员教师都挺身而出，

超负荷承担教学任务，还负责周日和第八节辅导课，但他们毫无怨言，只有一颗奉献之心和使不完的劲；三是在工作上帮助他们，大胆使用，让他们在工作实践中锻炼成长。我们学校的教师青黄不接，学历达标率低。因此，我们只能采用压重担子的办法，大胆起用新秀，分期、分批地让他们在工作实践中锻炼成长。在教学过程中，利用学科带头人进行传、帮、带，使他们不断提高教学理论水平和教学能力。如青年教师张水荣在老教师的带动下，刻苦钻研教材教法，认真改进教学方法，努力提高教学效益，今年他所担任的数学科高考成绩突出，其中5位同学获得800分以上的好成绩；四是在生活上关心教师，为他们排忧解难。学校领导经常深入到教师中去，听取群众的心声和建议，遇到教师或家属生病，学校领导、工会、年级组及时登门慰问，并给予"雪中送炭"，如高三年级的朱文页、郑昌、郑国贤等教师，在领导的关怀下，深感学校大家庭的温暖，病未愈就边治疗边走上讲台。

## 三、明确管理目标，措施到位

### 1. 制订三年计划，长计划短安排

高考的成绩好坏，并不单纯取决于高三这一年，而是取决于高中整个学段以至整个基础教育阶段。因此，我们就制订好三年计划，立足于抓三年、三年抓，确立三年总体目标和各个年级的具体目标，坚持做到长计划短安排，在措施和策略上各有侧重。

在措施上，高一抓"严"，对起始年级坚持高标准、严要求，具体来说就是管理严、制度严、行为规范严，着重树立学生的自信心和自尊自爱，着重培养他们的自治、自理能力，解决学习方法问题；高二抓"活"，学生有自我约束能力和自学能力以后，着重于培养他们的兴趣、爱好和特长，着眼于巩固提高，全面提高学生素质；高三抓"紧"，高三处于总复习阶段，也是向高考发起总进攻阶段，着重培养学生的综合应用能力。

在策略上，我们坚持抓"早、紧、实"三字方针。抓早，从高一开始就强化学生的高考意识，扣紧教材、大纲和考纲，对学生进行素质教育辅导，合理安排授课时间，确保高三有足够的备考复习时间，掌握备考的主动权；抓紧，就是对高中三年的学习时间和工作安排进行合理布局，让学生感到高中阶段的学习既有紧迫感，又有计划、有步骤，紧而不乱；抓实，就是各阶段采取不同

的教学方法，加强查漏补缺，面向高考，稳扎稳打，扎实打好基础。正如李冠培同学在介绍经验时所说："高考要考得好，首先必须学好基础知识。"

**2. 循序渐进、落实目标**

根据各个阶段的管理目标，依照循序渐进的方法，采取有效的措施，抓紧、抓落实。高一着重抓教学常规，严格作业检查，加强基础训练；高二重点是抓知识应用，适当地给学生加点压力，紧扣高考夯实基础，促提高；高三着重培养能力，开拓智力，系统复习，形成知识网络，强化训练，分类指导。2005届综合科从高二开始，注意统筹兼顾，合理地安排测试练习，高二安排测试8次，高三第一学期两周一测，第二学期一周一试，取得较好效果。今年，综合科单科500分以上的比去年增加125人，600分以上的增加33人，700分以上的也有新的突破。

**3. 目标促管理，管理出效益**

我校今年高考取得可喜的成绩，这充分体现了明确管理目标、科学管理的重要作用。学校提出"高考三年抓，向管理要质量"的管理目标，并在此基础上，按照"全面管理、全员管理和全程管理"的新思想，确立了"三年一位"的管理模式，使管理工作进一步深化，具体工作落实到人、落实到位，增强了领导和教师的责任感和使命感。根据大部分班科任三年跟到底的特点，我们将年级的教育教学责任、尖子生培养等任务落实到人，使他们以高度的责任感全程跟踪、全程教育。

## 四、加强领导，以教学领导教学

**1. 更新观念，明确办学指导思想**

领导学校，首先是教育思想的领导，其次是行政上的领导。特别是在当前新形势下，我们注意认真学习领会党和国家的教育方针、政策，明确教育改革的要求和办学指导思想，以新的观念、新的手段加强领导，把好办学方向，树立全校一盘棋的思想，做到一切为教学服务，为高考保驾护航。在师资配备上、在教师报酬上，对高三实行倾斜政策，甚至对学生晚修也给予特别照顾，为高三考生创造良好的学习环境。

**2. 深入教学第一线，以教学领导教学**

学校领导班子主要成员坚持做到"三个一"，即抓一个级、蹲一个教研组或备课组、担一门主课，并经常组织和参与教研活动，参加听课、评课，深入教学第一线，指导教学，并做好传、帮、带的工作，以言传身教去感染带动一帮人。负责教导处全面工作的张洪舜主任，主抓2005届三年如一日，全身心地投入到学校管理和年级管理中去，在处理好全校教学业务工作的同时，将全部时间和精力都倾注到年级管理中去，跟踪教师、学生的思想动态，把年级管理工作落到实处；陈谋金副主任认真配合，以高度的责任感抓好教育教学常规管理，每天每间教室里都留下了他的身影。

**3. 争取各级党委的重视和主管部门的大力支持**

当地党委的重视和上级主管部门的大力支持，对调动教师的积极性和提高教学质量起着重要作用。镇党委主要领导经常深入学校过问高考备考情况，高考期间亲临考场慰问，给高三师生精神上以很大的鼓励；汕尾、陆丰两级教育局领导和教研室同志经常深入学校指导和督导，陆丰市主管教育的林棠棣副市长、教育局余友送局长、林文副局长和教研室主任张木枝主任对我校2005届特别关注，先后委派李毓波副主任、颜振雄同志等对本届语文、数学等学科进行把脉，共同探讨备考思路，张木枝主任与汕尾市教研室程俊雄副主任专程来校指导高三英语备考工作，收效显著。今年我校数学科高考获500分以上的比去年增加93人，英语科700分以上的比去年增加11人，语文科500分以上的比去年增加55人。

**4. 加强领导，科学决策**

在高三的管理模式上，我们形成了以行政为中心、党支部为龙头、班主任为主体，由高三领导小组负总责的管理格局。同时分设两个中心组：一是以班主任为主体的德育中心组；二是以备课组长为主体的教学中心组。这样既加大了领导管理的力度，又增强了决策的准确度。以新的教育管理理念应对高考备考工作，做到早计划、早部署，统筹兼顾，备考工作计划和思路经校长、抓级领导反复商讨后，广泛征求意见，集思广益，然后才确定，并层层分解，责任落实到组、到班、到人。坚持做到领导小组每周一次例会，每月一次教师会和学生级会，总结分析教与学情况，研究布置下一步工作，及时调整教学思路和工作思路，采取相应措施，保证将决策付诸实施。

## 五、加强教学管理，以提高教育教学质量为抓手

教学工作是学校的中心工作，加强教学管理是学校工作管理的重中之重。在教学管理方面，我们主要抓好以下几项工作。

**1. 抓点带面促中层，力争全面提高教学质量**

我校虽然整体生源素质较差，但高一入学时中考成绩（含体育）500分以上的有180人。为了实施因材施教的教学措施，我们还是设置了三个重点班，在教学中，尽量让这部分学生“吃饱”，同时也增强了他们的竞争意识和荣誉感，从而大大调动了他们学习的积极性和自觉性。在抓好重点班的同时，切实加强对普通班的管理。对下层生，我们着重帮助他们克服自卑感，树立自信心，改进学习方法，培养学习兴趣，并以勤奋好学、成绩突出的同学为典型感染教育他们，使他们不断提高学习自觉性，不断提高学习成绩；对中等生，我们采用“扶、帮、促”的办法，帮助他们查漏补缺，落实各科任教师进行重点指导，为其厘清学习思路，促进其学习成绩更上一层楼。

**2. 积极开展教研活动，充分发挥备课组的作用**

根据我校师资特点，在教研活动方面做到纵横并进，一方面健全教研组管理和活动，另一方面各个年级设立了备课组，由教研组长和备课组长作为学科和年级备课组的带头人，组织各层次的教学教研活动，积极开展教学研究，探索教学规律，以低层次教研形式开展活动，人人上试教课，人人上台亮相，互听互评，互相促进，共同提高。教导处副主任李子悦在事务繁忙的情况下，还兼任数学科的备课组长，认真指导高三数学备课组的教学教研活动，使该学科今年高考取得优异成绩；英语备课组长林烈进老师、语文备课组长黄泽镍老师、综合科备课组长郑国贤老师，对各学科备课组工作高度负责，在知识结构、知识分布和知识板块等方面，进一步加强指导，在测试和资料使用上加强组织管理，对各学科的成绩提高都作出了很大的贡献。

**3. 加强备考计划性，落实备考措施**

在高三阶段，我们及早制订了备考计划。第一轮复习是单元过关，时间安排在第一学期至第二学期3月中旬，重点抓基础训练，抓扎实；第二轮是板块过关，安排在3月下旬至4月底，根据各科不同特点，分知识点进行训练，做到题题过关，点点落实，着重知识系统性训练；第三轮是综合训练，安排在5月至

高考前进行，着重巩固和提高综合能力的训练。在备考过程中，一是严格执行复习计划，克服盲目性和随意性，把握好各个时期的各个环节，切实做到心中有数；二是扎实搞好三轮复习工作，从基础入手，扎实过关，确保学生对知识点、知识面、知识横纵关系的巩固提高，使其智力得到完美拓展。

**4. 面向全体，分层指导，发挥特长**

我们坚持面向全体学生，加强分类指导，第一学期第五周即高三第二次月考后，根据以往的经验，列出了400名跟踪对象进行语数英的强化辅导。汕尾调研考后，我们对有望上三A的四科总分275分以上的346人中，语文83人科、数学182人科、英语143人科、综合169人科，各专业中的分数达不到市平均分的，定为薄弱学科，对这些有薄弱学科的学生进行分类，数学分成A、B、C、D四个层次，英语分成A、B、C三个层次，语文分成A、B两个层次，根据学生的层次选好教师，因材施教、因师施教，采用责任制的方式，将具体任务落实到学科备课组，由学科备课组和科任教师包干负责。在优层生培养上，我们根据在高一、高二确定的60名对象，到高三第二学期最后选定40人，加强对他们的思想和心理辅导，进一步树立创名牌意识，并重点加强语文科的拔尖辅导和数学、英语的方法指导。同时结合学生的实际，注意发挥各人的特点和闪光点，从高二开始，我们对体育、美术等学科具有专长的考生进行专门培训，让他们发挥自己的特长和爱好，全面提高教育质量，今年我校体育、美育两个学科进入3A线以上的共10人。同时注意发挥小科优势，在分专业的过程中，充分引导中下层学生报考历史、生物、地理等专业学科，避开强科竞争劣势，发挥他们的优势，今年高考生物和历史两个专业的完成度都大大地超出学校所下达的任务。

**5. 订足教材，精选资料，加强信息反馈**

在教材征订方面，我们按要求订齐、订足教材，扩大学生的阅读面和训练量，使他们扎实打好基础。在资料选择上，由各备课组进行筛选后，确定统一征订、统一使用。在资料使用上，我们提倡教师进入题海、跳出题海，教师接触各方面题型后，进行精选，不让学生盲目做题，确保了资料的适应性和实用性。

在信息反馈方面，一是注意学生学习情况的反馈，同时又注意外地高考信息的反馈。我们积极参加各级举办的高考复习交流会、研讨会，又专门派人员前往梅州、汕头、韶关等地学习他们备考的先进经验，也发动高三教师与兄弟学校联系，互通信息，有效地指导高考备考。

三年来，由于我们坚持依法治校，进一步加强学校管理，调动教与学的积极性，构建良好的工作环境和学习氛围，形成通力合作、齐抓共管的良好格局，出现了教师乐教善教、学生勤学善学的好势头，为提高教育教学质量创造了良好条件。

虽然我校今年高考取得了可喜的成绩，但与兄弟学校相比，与先进地区相比还存在差距。这次在我校召开汕尾市普通高考分析会，是对我校师生的莫大鼓励和鞭策，我校全体师生有决心，有信心面对新的挑战和压力。我们要以这次会议精神为动力，振奋精神，开拓进取，努力提高教育教学质量，向各级党委和当地群众交一份满意答卷。

# 科学规划　扎实备考

## ——2011届陆丰备考会议上的发言

各位领导、老师：

大家好！今天我代表甲子中学在这里发言，我发言的题目是“科学规划，扎实备考”。期待通过今天的发言与各兄弟学校相互学习、相互交流、共谋发展。

在各级党委和市教育局的领导下，在教研室的直接指导下，我校全体师生发扬艰苦奋斗的精神，拼搏进取，2010届高考成绩达到了预期的效果，取得了可喜的成绩。总入围人数为974人，入围率高达81%；三A线以上入围的有525人，超过市下达任务106人，总分600分以上的有21人。李振辉同学理科基础297分，获该科汕尾市第二名；柯景耀同学数学139分，获该科汕尾市第三名。下面着重谈谈我校2011届在备考上的一些主要做法。

2011届高中录取分数为399分。与重点中学相比，生源整体素质比较差；但与我们学校的前后两届相比，还是比较乐观的。现在有应届生1157人，分成10个理科班，8个文科班。

这一届高三年级在全体教师的努力下，教与学已经取得了一定成效。其措施和方法如下。

### 一、面对现实，合理布局

生源状况是客观存在，总是埋怨生源只能挫伤教师的积极性，我们认为把起点低的学生教好才能体现教师的水平。所以，从高一开始，我们就根据学生实际，做好三年的备考规划，合理安排教育教学活动。高一、高二主要是抓常规，养成良好的行为习惯，抓章节、单元过关，夯实基础；高三抓能力提高，精心安排好三轮复习的时间，规划基础巩固、弱科辅导、专题辅导三个阶段，并及早抓优层生培养，力求突破。

## 二、培养师生激情，提高备考效率

**1. 从两个方面培养教师的激情，提高课堂效率**

一是加强领导，形成一个与教师融洽、和谐相处的领导集体。以校长为核心的学校行政，把毕业班的管理工作作为学校的中心工作来抓，高三领导小组成员树立模范带头作用，坚守岗位，深入到教师中去，加强与教师的感情和工作交流，听取教师的意见，为教师服务，解决教师工作和生活上的困难，给教师以精神上的鼓励，学校尽力提高高三教师的待遇。二是加强高三教师队伍管理，强化师德观念。统一教师的思想认识，提高班主任、科任教师的责任意识，做到以生为本，树立教师的主人翁精神，使其胸怀全局，全力投入教学工作中。

**2. 培养学生备考的激情，发挥学生备考的主体作用**

从感恩教育入手，在学生中形成尊师重教的风气，促成师生和谐合作的氛围，加强理想和形势教育，培养学生学习的自觉性。科任教师对每一位学生进行关爱、鼓励、激励，培养学生学习的积极性，从而使学生增加备考激情，让备考成为学生的主动行为。

## 三、养成良好的习惯，提高教与学的效果

**1. 通过备课组活动，加强高考研究和教学方法研究，提高备考的针对性**

以往备课组的功用主要是进度、资料统一。新一届高三备课组主要在“研”上下功夫，备课组活动除了研究考纲、高考题等高考方向外，着重研究教学对象、教学方法、单元及月考试题的命题思路。领导小组成员和备课组长深入课堂，面对面地对教师的教学进行指导，改进教学方法，提高教师的教学水平各课堂实效性。

**2. 加强对学生学习方法的指导与研究，提高学习效率**

要求科任教师在上好复习课的同时，着重对学生高三备考的学习方法进行

指导，培养学生良好的学习方法，学校每月出版一期备考专刊，从高三备考的方法、策略、心理，以及时间安排、预复习、听课、课后的强化、合作学习到考试心理和方法等多个环节给予指导。

## 四、分类指导，平衡科目，促进提高

语文、英语两科及英语听说是我们的薄弱环节，为此，上学期要强化语文、英语的考点训练和听说训练；下学期将对对象中的弱科进行分类指导，平衡科目。在尖子生培养上，上学期选拔学校非高三的骨干教师为尖子生开讲座，开阔他们的视野，拓宽他们的思路；下学期将由高三科任教师进行针对性的指导。

各位领导、老师，上面所谈的是我校本届高三备考的主要思路和做法，提供给大家研讨。敬请大家赐教，我们当虚心学习，希望和大家携手共进，共创新的辉煌。

# 面对现实　分类推进　再创佳绩

## ——2006届陆丰备考会议上的发言

在2006届高考备考中，我校坚持以科学发展观为指导，以2005届汕尾市在我校召开高考总结分析会为动力，针对本届生源起点低的实际，确立面向全体、全方位跟踪备考的策略，力争大面积创收，达到预期目标，再创佳绩。今年参考人数为760人，入围的有606人，入围率达79.61%，在汕尾市排名第四，陆丰市排名第一；三A线以上入围的有334人，比去年增加47人，其中第一批入围34人，比去年提高14.7%；本科线以上入围的有204人，比去年增加61人，并突破了"一、二、三百"：三A线以上入围超过市下达指标近百人、本科线突破一百人、三A线以上入围首次突破三百人关。以下是我们的主要做法。



### 一、根据生源特点，确定备考主攻方向

我校2006届有应届生620人。高一入学时，550分以上的仅有10人，最高分为584分；500～549分的有80人；460～499分的有195人。优层生比例小，且不优；中下层生起点低，综合素质差。因此，我们从高一开始，用全面发展的观点进行反复探讨、分析，确立了这一届备考的主攻方向为"面向全体，分层推进，分段推进"，总目标为力求大面积创收，并有新突破。然后，我们围绕着主攻方向和总体目标开展备考工作。一方面在教学过程中，坚持面向全体，注重双基教学、强化基础训练，确保课堂教学精讲多练、讲练结合，有密度、有强度、有效度，向45分钟要质量；另一方面在辅导中，实行因材施教。我们运

用新课标的理念，采用转差、扶中、促优的办法，以考试成绩及平常成绩为依据，在不同阶段对不同层次的学生进行分类指导。对学困生，重在鼓励，帮助他们克服心理障碍，增强学习信心，并在学习方法上多加指导，在知识点上帮助查漏补缺，突出其优点。对中层生侧重巩固提高，加强分科辅导，采用扶他们一把，送他们一程的策略，力争把他们推到高一个层次上。上层生在注意学科平衡的基础上，组织有丰富教学经验的教师，强化学科的辅导，使他们的优势学科成绩更上一层楼。这样，不同层次的学生都能得到不同的发展和提高，从而达到扶持下层、巩固中层、提高上层的效果。

## 二、精心策划，措施到位

2005届高考取得可喜成绩，但是否能继续保持，成为社会和同行关注的焦点，是学校必须面对的课题。这既是压力，也是动力。面对这种情况，我们在总结经验、教训的基础上，对备考计划和工作部署、措施进行周密研究，加强计划性，突出针对性、实效性和科学性，挖掘我们所长，弥补我们所短，尽最大努力发挥备考的最佳效益。

在制订计划的过程中，我们注意广泛征求意见，做到长计划短安排。这样便使全体教师目标明确、步调一致，避免盲目性。

在计划实施上，我们坚持做到4个结合，注重3个阶段，重视3个层次。4个结合包括单元训练与综合训练相结合、知识技能训练与实践能力培养相结合、思想方法提升与综合素质培养相结合、应试技能的训练与应试心理培养相结合。

3个阶段是指在复习时间安排上分为3个阶段，即三轮复习。

第一轮复习从2005年9月至2006年3月，以知识目标为主，能力目标为辅，着重于夯实基础，使学生对教材的基本知识结构、基本概念和基本规律有清晰的认识。在课堂复习上，我们坚持系统性、全面性、全体性、层次性相结合的原则，在构建学科知识体系的同时，兼顾能力的渗透。在学习方法指导上，我们要求学生以课本为主，充分发挥课本的主导作用，力求弄清每个章节知识点和要求，章节与章节之间的联系。学生不仅要加深对基本概念、基本公式、定理的理解与运用，还要弄清概念、规律的形成过程，并通过复习把所学知识进行综合归纳，连线织网，使之在分析问题、解决问题时能自如提取知识，快捷运用知识。在题目训练上，坚持以知识点带题为原则，根据不同层次班级的特点，精选题目，加强基础训练和章节过关。同时，利用单元测试与月考综合测试进行及时反馈，确保中下层生吃得爽，优层生吃得饱、吃得好。

第二轮复习从3月中旬到4月底，复习目标是以提升能力为主，巩固知识为辅。在复习中以专题复习为主，以题带知识点，归纳题型，总结方法，加强专题训练。同时，对高考的主干知识进行梳理串联，形成科学的知识网络，立足知识交汇点，总结小范围内综合问题的解题方法和技巧，逐步培养分析问题、解决问题的能力，突破重点、难点，消灭疑难点，强调在能力提高上下功夫。在题目训练测试上瞄准中档题，既体现考纲的要求，又有助于学生梳理、整合、归纳，体现了准确性和导向性。对于测试次数与训练强度，坚持从学生的心理需求、学习欲望及接受程度出发，合理安排，防止打疲劳战，确保学生的投入与收益成正比。

第三轮复习从5月初至高考前，以科学的思想方法训练为主，综合训练为辅，引导学生站在更高的层次上分析问题、解决问题。同时，加强对学生的心理疏导和应试能力辅导，强调在应试方法指导、信息方向引导上下功夫。这一阶段是考前冲刺阶段，我们分为两步走：一是先用3周时间进行模拟训练，从知识到能力、心态全面训练，进一步总结解题方法和技巧，培养分析和解决综合复杂问题的能力，并密切关注高考相关信息及走向；二是用1周多时间，让学生自己复习，反思、整理思路，梳理综合知识点。要求学生做好两个“回归”，其一是回归课本，把基础知识再巩固一遍；其二是回归已考过的试卷，小题看“错”，大题进行分类归纳。考试前两天，学生再回校，由教师进行考前指导，为学生答疑解难，加强考试方法的指导，让学生满怀信心参加高考。

3个层次指的是根据各次统考的成绩进行分类排队，把学生分为3个层次，即有希望冲刺名校的，有希望上重点的以及过本科线、能上三A线的。高三一开始，我们就通过摸底，利用课外时间组织分类指导，收到了较好的效果。

## 三、分解指标，落实责任

为了实现高考大面积创收和有新突破的奋斗目标，我们以中考成绩为主要依据，把指标分解落实到班、到人，层层落实责任。制定与备考相配套、相适应的高考激励机制，以奖促教，全方位调动全体教师的积极性，有效地促进备考工作顺利进行。我们在落实责任制的同时，又注重分工合作，突出团队精神，从学校领导到抓级领导和科任教师，形成了一股无形的合力。班与班之间、科与科之间都密切配合，齐抓共管，并肩作战。及时反馈交流信息，做到统一步调、统一指挥、目标一致，防止各行其是的无序备考，有效地促进了教育教学质量的提高。如高三（1）班各学科科任教师默契协作，互相支持、互相促进。该班参加考试的共有77人，语文科500分以上的有67人，英语科有64人，数学科有73人，物理科有48人，综合科有71人，总平均分达到571.1分。该班高考成绩十分显著，创下历史新高。参加考试的77人，入围了75人，入围率达97.4%，其中本科线62人，优秀率达80%。

## 四、加强研究，以教研促备考

加强复习研究是整个备考过程中的重要环节，是确保备考高效，且有针对性、有方向性的重要内容。我们以高三备课组为平台，有计划地开展备考研究。一是加强复习教学的研究，主要解决如何复习的问题。我们采用了互相听课、评课与探究相结合，方法指导与实践相结合的形式，共同探讨，力促提高。二是加强对考纲、考点、考题的研究，把握高考方向。科学地安排教学的进度、广度、深度，有的放矢地开展教学。备考第一阶段，各备课组认真组织学习上一年《高考说明》，研究历年各地的高考试题，从中寻找共性和趋势，并从相同考点的题型设计对比中找变化，从而明确复习方向，提高复习的针对性和课堂效果。下一阶段，针对今年是使用老教材的最后一年，又是向新课标过渡的一年，而考纲没有多大变化的特点，提出要在新老过渡交替的“变”与“不变”中加强探讨。经过探索，大家明确作为最后一年的老课标高考，对题型的设计一般不会有太大的变化，可能保持平稳过渡；但作为新课标实施前沿的广东，在高考命题中我们绝对不会对新课标的理念视而不见。

我们找准研究目标，把今年最后阶段各地的模拟试题作为研究的主要材料，力争在试题的比较中找到动向和新意，从而把握命题的新动向，掌握备考的主动权。同时，在备考中，我们还重视外来经验的交流与渗透。通过“走出去，请进来”的办法，引进别人的备考新理念和备考好方法，取长补短。两级市教研员多次来校指导高考备考，同时组织各科备课组长到邻近市重点中学交流，收集最新备考资料和信息，为高考的最后冲刺做好充分的准备，收到较好效果，确保今年高考达到预期目标。

## 五、加强领导，以优质管理促进备考

备考是集体作战，是一种集体的创造活动，没有一个强有力的领导核心及相应的管理机制，就不可能使高三年级全体教师全力以赴地带着学生们投入高考备考中。高三领导小组的成员身先士卒，带头上好班、上好课，深入课堂、深入教研，既当指挥员又当战斗员，有效地带动了一帮人。我们采用“一头两腿”的组织结构和管理方式，成立高三领导小组和两个中心组。一个是以班主任为主体的德育中心组，侧重常规和德育工作管理；一个是以各科备课组长为主体的教学中心组，主要负责高三的教学教研管理工作。这两个中心组在高三领导小组的领导下展开工作，并根据高三领导小组的整体部署，经常性地召开会议，交流情况，反馈信息，学习研究，每次会议，领导小组成员都到场。一方面，指导、督促中心组按计划开展工作；另一方面，听取大家对备考工作的意见和建议，并及时调整，使他们心情舒畅，积极备考。由于上下一致、职责分明、管理到位，无论是从学生到教师还是从教师到领导，在整个备考阶段大家始终处于健康、积极的氛围中，为实现总体目标发挥了重要作用。

## 六、营造良好的工作和学习氛围，发扬“甲中精神”

在强化学生的德育工作和加强教师师德教育的基础上，我们重点抓好和谐人文环境的创设，营造和谐的工作环境和良好的学习氛围。针对学生，在抓好常规管理、日常行为规范的同时，重点加强前途理想教育，引导学生立志成才，为他们创设良好的学习氛围，使他们专心致志地勤奋学习。在调动教师的积极性方面，我们注意尊重、关心、理解、信任教师，营造良好的教学氛围和和谐的工作环境，使他们虽苦犹乐，心情舒畅。具体措施如下：一是实行民主管理，坚持政务公开制度；二是关心教师生活，尽力提高教师待遇；三是行政领导在处理教师待遇、分Ⅰ等方面，坚持一碗水端平，公开、公正、公平；四是大胆起用新秀，采用压重担的办法，让他们在实践中成长；五是积极发展社会人士集体办学，努力改善办学条件和工作环境。一年多来，集资390.2万元，新建教学楼两栋，教师宿舍楼一栋，建筑面积5900多平方米，使全体教师看到学校发展的良好势头。

由于加强了师德教育，创设了和谐的工作环境，在教师中便形成了艰苦奋斗、努力拼搏、无私奉献的良好风气，如朱文叶老师老当益壮，克服了生活上的困难，执着而忘我地工作。他所负责的语文组教研气氛活跃，他所任教的班级高考中500分以上的占87%，受到全体师生的好评。

在2006届备考中，我们做了大量工作，取得了一定成绩，但离人民群众的期望、上级的要求，还存在着不少差距。今后，我们一定要坚持“以人为本，全面发展”的办学理念，为全面提高教育质量而努力奋斗！

# 创新思路　再创辉煌

## ——甲子中学2011届高考总结

在2011届高考备考中，面对学校与生源的实际情况，以多年沉淀而成的备考策略为指导，科学谋划，创新管理思路，完善备考方法和措施，提高备考的实效性，高考取得了可喜的成绩，创造了新的辉煌。三A以上入围的有715人，比去年增加了190人；应届生超过陆丰市下达任务160人，超任务数占市的44.4%；本科入围的有344人，比去年增加了75人；一本入围的有41人，比去年增加了15人，其中文科一本入围的有5人，这是十年来的又一突破；600分以上的有7人，理科林辉坤同学总分639分，名列汕尾市前茅。下面谈谈本届高三备考的一些做法。

### 一、面对生源实际，创新管理模式

这一届是我市改变高中招生方式的第一年，大大拉开了我校生源与重点中学的距离，但生源状况是客观存在的，不能总是心怀埋怨。我们认为把一般的学生调教成成绩好的学生才能体现我们教师的水平。针对我们的生源情况，采取了以下措施：

**1. 培养学生备考的激情，挖掘学生的非智力因素**

其一，给学生良好的心理暗示，调动学生学习的积极性和自觉性。首先，在班级设置上，从高一开始就扩大了“重点班”，并通过学年考试进行淘汰和流动，到了高三，如理科10个班，设置了“实验”“重点”“次重点”共8个班，这样做增强了更多学生的信心和竞争意识，让更多的学生看到了希望，提高了学生学习的自觉性和积极性，使学习变成学生的自觉行为，促进更多学生脱胎换骨。其次，尽管我们优层生数量很少，但我们还是从高一开始就选出150名“重点”对象进行跟踪，到高三，文科选20人，理科选65人，进行了重点培养，旨在进一步树立他们的自信心，激励他们积极进取。在方法上，一是定期对这些重点对象进行心理和方法辅导，落实专任教师跟踪辅导；二是要求班主任、科任教师关爱学生，激发学生的学习热情。在学生评价上，以鼓励为主，切忌批评、挖苦。在行动上，耐心回答学生提出的问题，突破学科弱点，激发学生的备考热情，创造良好的竞争合作环境（师生合作、学生合作），充分发挥学生学习的主观能动性。

**2. 强化德育和教育教学常规管理，为提高教育教学质量提供保障**

我们一直从感恩教育入手，加强日常行为、礼貌、集体观念、理想、安全教育，促使学生形成良好的行为习惯；班主任加强家访，耐心做好学生的思想工作和心理疏导工作。让全体学生懂得做人的方法和读书的必要性，端正学生的学习态度，形成了积极、勤奋、向上的学风，有效地提高了教育教学质量。

**3. 加强方法指引，让每个学生都能深刻认识高考**

高考是一个系统工程，既与学校、教师、同学有关，也与学生个人精力、意志、学习与考试方法有关。为了让每个学生在高三一年保持良好的学习态度和心理状态，提高学习效率，并学有所长，我们在高三一年中，平均每三周印发1期《高考备考专刊》，全年为学生发行《高考备考专刊》15期。《高考备考专刊》的主要内容是介绍学习方法、考试方法、心理辅导、励志故事，启发、引领学生积极进取的精神，从而提高高三考生的备考效率。

## 二、以研促教，提高课堂效率

高考备考是一门科学，掌握其规律，才能把握高考的针对性和方向性。

**1. 加强对教学对象的研究，使备考有的放矢**

高考在变，每一届的学生也在变，因此，在高三教学中，不但要研究高考规律，更要注重对教学对象的研究。我们通过对学生的研究分析，发现甲子中学的生源素质呈下降趋势，学生学习态度不端正、学习方法欠佳，特别是语文、英语两科成绩更差，于是从高一入学开始，就对学生加强这两科的方法指导，有针对性地加强训练。此时，就这两科来说，我们认为高三一年的备考尚不能弥补学生的不足，必须将这两科的备考提前，因此，从高二第二学期开始，我们就有计划地安排这两科的考点训练，将备考提前一个学期。同样，为了让学生及早适应高考文、理综合的考试，高二第二学期也进行综合科适应性训练。概括起来，针对我们的学生特点，一是教学要循序渐进，打稳基础，不能拔苗助长；二是对“实验班”“重点班”“次重点班”“平行班”要有不同的要求和方法，灵活进行教学，提高教学针对性，使备考达到最佳效果。

**2. 加强教育教学方法的研究与指导，做到事半功倍**

作为高三教师，我们要针对高三学生的特点，研究、更新教育教学方法。在指导学生上，教师重视学习方法指导，介绍高三备考的方法、策略，让学生从学会到会学，从时间安排、复习训练方法、合作学习到考试心理和方法等方面进行全面指导，发挥学生在备考中的主体作用。

以往备课组的功用主要是进度、资料统一，资源基本上共享。这一届高三备课组主要在“研”上下功夫，备课组活动定时间、定地点、定内容，通过备课组活动，做到互相促进、共同提高。一是教育对象、老新考纲、考题、教学方法的研究；二是备考方法、高考方向的研究，对每次模拟考试的情况进行总结、分析；三是加强命题研究，学校每次测试的试题，都要求命题老师对照高考的考点分布、区分度、试题难易进行研究，并在备课组会议上讨论定稿，提高考试的针对性和实效性。



## 三、科学管理，合理计划

**1. 加强领导，优化管理**

高考备考是一种集体性的创造活动，需要有一个极具凝聚力的领导集体及相应的管理机制，以带好高三年级教师队伍，促进教师全身心地投入到高考备考工作中。为此成立了以校长为核心的高三领导小组，抓好班主任和备课组长两个中心，明确了“面向全体，德育先行，常规保障，培养激情，全面提升”的管理模式，确定了“抓中间，促两头”的战略思想。以上层生为龙头，带动中、下层生迎头赶上。

在具体措施上，学校根据高三年级的需要，尽量对高三年级提供物质支持，满足教师的需求，调动教师积极性；领导小组内部根据成员的特点，合理分工，使各项工作得到落实，并身先士卒，在教育教学中做教师和学生的表率，形成“头雁效应”；耐心听取师生对备考工作的意见和建议，了解情况，调整策略，在师生中形成一个和谐上进的备考氛围。

**2. 加强师德教育，让备考成为教师的主动行为**

在备考过程中，学生是主体，教师是关键。学校在物质上对教师给予鼓励，在精神上不断地加强教师的师德教育，组织业务学习，强化教师的责任意识，端正教师的工作态度，树立教师的主人翁意识，使教师胸怀全局，全力投入到教育教学工作中去，为高三备考工作作出应有的贡献。

**3. 统筹安排，精细规划**

进入高三后，制订高三三轮复习计划，落实各阶段的具体目标，安排好全年的行事历，严密制订每阶段、每周的教育教学任务。具体计算到每科的授课时间，如语文除放假、考试时间外，全年约为34×7=238节，各个学科精打细算，制订好学科的复习计划，做到全程按计划进行、落实。高三教学工作精准、稳当，切实提高了教育教学效果。

**4. 合理安排测试，训练学生的适应能力**

全年共进行了10次模拟训练，发挥考试功能，既训练了考生的考试适应性，又对年级和备课组进行认真分析，寻找存在的问题，及时调整思路，把握高考备考的正确方向。同时班主任对学生进行面对面分析，为学生找差距、找平衡点，着力提高其各科成绩。另外，各学科利用每周六下午和第八节课轮流进行阶段性训练；第二学期利用早读课进行语文、英语和综合科3个学科的考点专项训练。经过严密安排，向学生公布任务，让学生有心理准备，学生积极性得到提高，加强了高考的实战性，训练效果较好。

## 四、分层施教，全面提高

根据学生实际情况，教学的总体方向就是立足全体，注重基础，强化基础知识，加强基础训练，以提高学生的基础能力为目标，在课堂教学上讲明练清、讲练结合。同时，注重分层施教，以多次考试成绩为综合依据，对学生进行分层，不同层次学生在不同阶段、用不同的方法进行分类指导。对下层生，克服他们的情绪障碍，重在鼓励，树立信心，着重学习方法指导，巩固基础知识；对中层生侧重巩固提高，加强分科辅导，突破弱科弱点；对上层生在注意学科平衡的基础上，组织有丰富教学经验的教师，强化学科辅导，提高学生能力，争取更高突破。这样就使不同层次的学生得到了不同的发展。具体措施如下：

**1. 加强优层生辅导**

暑假开始组织尖子生85名，其中文科20名、理科65名，定期召开辅导会议，鼓励冲刺；第一学期中段至第二学期开展学科讲座或辅导，选派全校各学科中的优秀教师为高三尖子生辅导。

**2. 分类指导，突破弱科**

高三第一学期，综合几次考试情况，以班级为单位，将750名重点对象分成上层生和上线生两大类，指出这些学生的弱科，提醒学生注意。并把这两类学生的名单交给科任教师，由科任教师进行指导、突破。

**3. 高三第二学期二轮复习以后的策略**

高三第二学期二轮复习以后，上层生主要由高三本级教师进行集体和个别辅导，将任务落实到科任教师身上。对750名重点对象进行分科分类辅导，查漏补缺，促进均衡发展。

以上是我校2011届高三备考中的一些做法。2011届高考虽然取得了一定的成绩，但是面临新的形势，我们会迎来新的挑战，因此我们将虚心学习兄弟学校的先进经验，不断总结，不断创新，努力开创甲子中学新的辉煌。

4

第四篇

# 教学加油站

# 如何挖掘高中化学教材开篇章节内容的引领作用

## ——“粗盐提纯实验”的问题解决式探究教学设计

任何一部教材的编排都是由浅入深、逐渐推进构成体系，而教材体系中开篇内容的设计，应体现两个方面的意图：一是为后续教材奠定基础，与后续教材起到衔接作用；二是为整部教材的设计提供教学模式，起到引领作用。新课程《高中化学必修一（人教版）》教材体现了上述特点。高中化学教师不能忽视教材的开篇章节，要深入研究教材设计的本质和内涵，领会教材设计思路，驾驭教材，引导学生进行探究，培养学生科学探究的思维方法，从而形成对整个高中化学教材的探究思路，以发展每一个学生的科学素养为根本宗旨，促进教学方式的转变，更好地落实新课程的三维目标。

### 一、熟知教材的设计意图，明确教材的地位与作用

新课程改革的一个重要且具体的目标就是改变学生被动接受知识、运用题海战术应对考试的学习方式，倡导学生主动参与，进行探究式学习。普通高中《化学课程标准》（实验）中明确提出：“探究学习是学生学习化学的一种重要方式，也是培养学生探究意识和提高探究能力的重要途径。教师应充分调动学生主动参与探究学习的积极性，引导学生通过实验、观察、调查、资料收集、阅读、讨论、辩论等多种方式，在提出问题、猜想与假设、制订计划、进

行实验、收集证据、解释与结论、反思与评价、表达与交流等活动中，增强对科学探究的理解，发展科学探究能力。”“科学探究能力的培养应紧密结合化学知识的教学来进行，帮助学生掌握知识、技能、方法，体验科学探究的过程，在态度情感与价值观方面得到良好的发展。”

《高中化学必修一（人教版）》第一章“从实验学化学”分为两节：第一节为化学实验的基本方法；第二节为化学计量在实验中的应用。第一节的内容由初中学习过的实验“过滤、蒸发”延伸到“蒸馏和萃取”，很多教师不理解新课标理念，没有厘清教材的编排意图，认为只是介绍几个让学生看起来熟悉的实验而已，因而不重视本节内容，授课时只是将其作为一般的知识介绍，没有达到应有的教学效果。

普通高中《化学课程标准（实验）》中明确提出，“以实验为基础是化学学科的重要特征之一。化学实验对全面提高学生的科学素养有着极为重要的作用。化学实验有助于激发学生学习化学的兴趣，创设生动活泼的教学情境，帮助学生理解和掌握化学知识和技能，启迪学生的科学思维，训练学生的科学方法，培养学生的科学态度和价值观”“引导学生通过实验探究活动来学习化学，发挥实验的教学功能”。

普通高中《化学课程标准（实验）》的教材编写建议中指出，科学探究是一种重要的学习方式，也是高中化学课程的重要内容。编写教科书时，要重视科学探究活动素材的收集和设计，激励学生积极主动地体验科学探究的过程。要积极创设学生自主活动和积极探究的情境，引导学生积极参与探究过程，获取知识，获得亲身体验，学会合作与分享，激发探究欲望；要通过对科学家探究过程的介绍、探究性实验的设计、运用化学知识解决实际问题的活动等，有计划、有步骤地培养学生的科学探究能力。

在整个高中化学体系的开端，《高中化学必修一（人教版）》在第一章编排了初中学过的实验“过滤和蒸发”，不是对初中知识的重复，而是有两个目的：一是做好初高中的教材衔接，让学生能顺利学习高中知识，消除陌生感和障碍；二是让学生在已有的知识基础上进行探究学习，这符合新课程的要求——科学探究能力的形成和发展是一个逐步提高、持续进步的过程。

## 二、厘清教材的编排意图，以问题引导设计探究途径

探究教学最鲜明的特点是问题性。教育家陶行知曾经说过：“发明千千万，起点是一问。”问题是思维的开始。在教学中，教师要善于提炼问题给学生，还要善于引导学生提出问题、形成问题，把学习过程变为提出问题和解决问题的过程。在高中化学教学的实验探究活动中，围绕着核心问题，教师要根据学生的知识基础和经验，帮助学生设置好相关问题，让学生进行实验探究，使学生充满假设预期。而后通过自己的活动或是教师引导的活动收集各种证据，并对证据、假设、问题之间的关系形成科学解释和推理，当问题、假设、证据之间都匹配得当的时候，学生会得到合理的科学结论。所以说，实验探究活动是用科学的方法与手段进行科学问题解决的一种活动。实验探究活动的过程，有利于学生好奇心和学习动力的激发；有利于激发学生原有的认知，这很符合学习规律，在原有经验和认识基础上的教学才是有效教学。由于在实验探究活动中要寻找证据，学生不但要形成假设，还要通过设计方案、收集证据的过程，把假设变为行动，在这一过程中学生不断深化、展示、明确自己的认知，极大地保障了学习的深刻性。实际上，探究教学是有利于知识的落实的。对于同样一个知识，简单地呈现给学生和学生通过一个研究过程得到它，留给学生的印象是不一样的。

以《高中化学必修一（人教版）》教材第一章第一节“粗盐的提纯”为例，教材是这样安排的，第一步安排了“过滤和蒸发”这两个实验；第二步安排了“如何检验粗盐中存在的$SO_4^{2-}$”的实验，实际上是要让学生掌握硫酸盐的除去方法；第三步通过“思考与交流”安排了“$CaCl_2$、$MgCl_2$和硫酸盐的除去方法”的讨论。这是一个很好的实验安排，既是实验过程，也是探究过程，让学生在已有的知识基础上，由浅入深地探究学习，掌握完整的实验方法和科学研究的过程与方法。在进行这一内容的探究活动时，教师介绍社会生活中各种混合物及其分离情况后，采用了问题解决式探究教学设计模式，首先设置了学生所熟悉的问题情境：①海水中存在哪些成分？②海水晒制的粗盐中含有哪些物质？如何将粗盐进行精制？③我们初中学过的“过滤和蒸发”适用于哪些混合物的分离？让学生带着这些问题进行有目的地探究，讨论有关问题、设计出初步的探究方案，教师因势利导，对学生讨论的问题进行分析，确定粗盐精制

的实验原理和方案。这时，进行“过滤和蒸发”这两个实验的演示，同时提出了下列问题：④通过上述操作得到的是纯净的盐吗？你估计其中可能还有哪些杂质？用什么方法可以检验？学生通过讨论得出，上述操作得到的盐只是相对比较纯净的盐，还含有来源于自然界溶解于海水中的可溶性硫酸盐和钙盐、镁盐等杂质，并初步形成了检验$SO_4^{2-}$的方法，再通过实验进行验证。最后是“思考与交流”，讨论“$CaCl_2$、$MgCl_2$和硫酸盐的除去方法”，此时提出如下问题：⑤除去这些可溶性杂质要加入什么试剂？所加试剂的量如何控制才能保证杂质完全除去？加入试剂的顺序如何，才能保证加入的试剂不增加新杂质？结合教材中“一些物质的溶解性”的资料卡片，学生讨论都能得出：除去各种物质应该加入过量的试剂，为了保证加入的试剂不增加新的杂质，加入的顺序是要保证除去$CaCl_2$的试剂$Na_2CO_3$溶液在$BaCl_2$溶液（除去$SO_4^{2-}$的试剂）之后，最后加入过量的盐酸除去所有“过量的”试剂。特别要指出的是，在本课时中总结出“粗盐精制”的实验方案，这是教材隐藏的第四步探究活动，也是教材编排的核心价值体现，要靠教师结合新课程理念进一步挖掘和总结。教材安排非常合理，对探究学习活动设置了合理的梯度，符合由浅入深、逐步推进的学习规律，既为下一课时液体混合物的分离、第二章“物质分类”中“混合物的分离和提纯方法”的分类等学科学习打下了良好的基础，也对整个高中化学体系的学习有一定的指导和引领作用。



通过这种问题解决式探究教学，能挖掘教材编排的内涵，帮助学生掌握“混合物的分离与提纯”一般方法的基本技能，更重要的是使其掌握了“粗盐精制”的整个过程与方法，调动了学生的学习积极性，培养了学生科学探究的能力，养成了良好的科学素养，教学效果非常明显。

## 三、拓展教材的外延，培养学生完整的思维方法

自从2004年实施新课程改革至今，很多教师还没有准确地领会新课程理念，忽视了教材的编排意图，缺乏对教材内涵的挖掘，无法延伸教材中隐藏的第四步探究活动，将探究活动停止在第三步，因而，让探究活动处于悬空状态，无法让学生形成一个系统完整的科学探究思路，这样的教学活动忽视了对学生科学素养的培养。其实，探究活动到了第三步，学生已经掌握了粗盐提纯的全部步骤，教材编排已经为“粗盐精制”的探究活动提供了一个良好的环

境，对新课程理念贯彻得比较扎实的教师，就会有整体探究教学观，只要提出类似“日常生活中的精盐如何制得”等问题，就会点燃学生思维的火种，让学生进行思考、总结、探究，激发学生的学习兴趣，提高学生的探究欲望，这样教材的体系就会显得更加完善。

本课时的探究活动还可进一步地拓展与应用，教师设置了“如何提纯雨水、河水，制得纯净水”“如何利用丰富的海水资源解决淡水缺乏问题”等，让学生在已有的经验上进一步思考、探究。通过学生自己的实验或上网查阅有关资料，既为下一课时的学习提供衔接作用，又完善学生的知识体系，丰富学生的知识面，激发学生科学探究的热情，培养学生的创新精神和实践能力，这是新课程的宗旨。

因此，像对《高中化学必修一（人教版）》教材第一章第一节隐含的探究环节的挖掘，对整个高中化学体系的学习有一定的指导和引领作用。高中化学教师在以后的教学中，要利用好教材，重视对科学探究活动素材的收集、设计和挖掘，培养学生的科学探究能力和良好的研究意识，帮助学生养成科学研究的方法，这既是教材编排的真正意图，也是新课程理念的实施宗旨。这样的活动内容在高中化学各个模块中均有出现，希望教师们能引起重视，认真研究教材，努力挖掘相关的素材，为学生创设较为完善的探究学习环境，让学生掌握科学研究的方法与过程，让新课程成为培养创新型人才的蓝本和平台。

**参考文献**

[1] 中华人民共和国教育部. 普通高中课程方案（实验）[M]. 北京：人民教育出版社，2004.

[2] 中华人民共和国教育部. 普通高中《化学课程标准》（实验）[M]. 北京：人民教育出版社，2003.

[3] 宋心琦. 普通高中课程标准实验教科书《化学①》[M]. 北京：人民教育出版社，2011.

[4] 钟启泉，崔允漷，张华. 解读高中新课程（中册）[M]. 北京：中国轻工业出版社，2004.

[5] 王磊.《必修课教与学》化学 [M]. 北京：北京大学出版社，2006.

# 看懂现在　面向未来

## 一、国家把教育摆在优先发展的战略位置，教育之光将再次熠熠生辉

### （一）习近平总书记高瞻远瞩，给教育、教师一个崭新的高定位



党的十八大以来，习近平总书记特别重视教育和教师，他站在国家发展、民族复兴的新高度上，思考教育、看待教育、发展教育，用独到的眼光论述教育，既朴素又实在，从实质上是关心教师。

2013年4月，习近平总书记在致清华大学苏世民项目启动仪式的贺信中指出，教育决定着人类的今天，也决定着人类的未来，并指出“百年大计，教育为本”。

2013年9月，习近平总书记在联合国“教育第一”全球倡议行动一周年纪念活动上发表贺词时指出，中国将坚定实施科教兴国战略，始终把教育摆在优先发展的战略位置。

2014年9月9日，习近平总书记同北京师范大学师生代表座谈时说，教育是提高人民综合素质、促进人的全面发展的重要途径，是民族振兴、社会进步的重要基石，是对中华民族伟大复兴具有决定性意义的事业。

2016年9月9日，习近平总书记在北京市八一学校考察时说，时代越是向前，知识和人才的重要性就越发突出，教育的地位和作用就越发凸显。

党的十九大报告中关于发展教育事业的表述：“建设教育强国是中华民族伟大复兴的基础工程，必须把教育事业放在优先位置，加快教育现代化，办好

人民满意的教育。”

2019年9月10日是全国第三十四个教师节，全国教育大会就在这一天召开，体现了总书记对教师的关怀。自改革开放以来，中央召开过4次相似的教育工作会议（1985年5月、1994年6月、1999年6月、2010年7月），但这次会议为什么叫教育大会？前几次会议，只对工作，不对人；这次会议体现了“以教师为根本，以学生为中心”的理念不但谈工作，更重视教育中的生命。

全国教育大会，由党中央组织召开，这是第一次。习近平总书记在会上做了长篇重要讲话。正如陈宝生部长所说，全国教育大会是一次可以写入历史、可以改变人类生活、可以开启新时代的大会，是一次可以让我们满怀期望的大会、具有里程碑历史意义的大会。

大会上，习近平总书记强调，党的十九大从新时代坚持和发展中国特色社会主义的战略高度，做出了优先发展教育事业、加快教育现代化、建设教育强国的重大部署。教育是民族振兴、社会进步的重要基石，是功在当代、利在千秋的德政工程。教育是国之大计、党之大计。

习近平总书记再次强调，坚持把优先发展教育事业作为推动党和国家各项事业发展的重要先手棋，不断使教育同党和国家事业发展要求相适应、同人民群众期待相契合、同我国综合国力和国际地位相匹配。

在政策实施上，总书记指出，“各级党委和政府要为学校办学安全托底，解决学校后顾之忧，维护老师和学校应有的尊严，保护学生生命安全”“坚持把教师队伍建设作为基础工作——实实在在提高教师的政治地位、社会地位、职业地位三个地位，教师才能成为人人羡慕和尊重的职业”。

**（二）党和国家对教育、教师高度重视，尊师重教之风将在中华大地再次蔚然**

党中央和国家出台的有关教育教师的政策，体现了以习近平同志为核心的党中央对教育、教师的重视。

**1. 明确教育摆在优先发展的战略位置**

（1）（2017年1月10日）《国务院关于印发国家教育事业发展“十三五”规划的通知》。其中的“基本原则”中第一个是“坚持优先发展”（“十二五”只有“基本思路”，没有“基本原则”，“指导思想”也不同）。

（2）（2017年9月24日）中共中央办公厅、国务院办公厅印发《关于深化教育体制机制改革的意见》指出，党和国家高度重视教育工作。以习近平同志为核心的党中央，坚持把教育摆在优先发展的战略位置。

把教育放在国家发展的重要位置，并将其作为基础工作，体现了国家对教育的进一步重视，从而提高了教育、教师的地位。

（3）2018年1月1日出台了《中共中央　国务院关于实施乡村振兴战略的意见》，对实施乡村振兴战略进行了全面部署，强调提高农村民生保障水平，优先发展农村教育事业。

**2. 确立教师的重要地位——使教师成为让人羡慕的职业**

以习近平同志为核心的党中央将教师队伍建设摆在突出位置，从党委、政府层面做出一系列重大决策部署。

（1）2013年习近平总书记向全国广大教师致慰问信，其中指出，全社会要大力弘扬尊师重教的良好风尚，使教师成为最受社会尊重的职业。

各级党委和政府要把加强教师队伍建设作为教育事业发展最重要的基础工作来抓，提升教师素质，改善教师待遇，关心教师健康，维护教师权益，充分信任、紧紧依靠广大教师。

（2）2014年教师节前夕，习近平总书记在与北京师范大学师生座谈会上的讲话集中反映了他对教师重要性和地位的肯定。他说："教师是人类历史上最古老的职业之一，也是最伟大、最神圣的职业之一。"

（3）国务院办公厅关于印发《乡村教师支持计划（2015—2020年）》的通知。重点是提高乡村教师的待遇和荣誉，《乡村教师支持计划（2015—2020年）》要求各地依法依规落实乡村教师工资待遇政策，依法为教师缴纳住房公积金和各项社会保险费。农村补贴的由来、国家对在乡村学校从教30年以上的教师发荣誉证书等是实际体现。同时，关注教育脱贫，借教育脱贫，教师要先脱贫。这是以往所没有的。

（4）2017年9月24日，中共中央办公厅、国务院办公厅印发《关于深化教育体制机制改革的意见》，其中指出，"要切实提高教师待遇。落实艰苦边远地区津贴、乡镇工作补贴，以及集中连片特困地区和艰苦边远地区乡村教师生活补助政策"。

（5）2018年1月20日，中共中央、国务院《关于全面深化新时代教师队伍建设改革的意见》，是新中国成立以来党中央出台的第一个面向教师队伍建设的里程碑式的政策文件。到2035年，广大教师在岗位上有幸福感、事业上有成就感、社会上有荣誉感，教师成为让人羡慕的职业——社会地位。

明确教师的特别重要地位，表现在两个方面，一是职业地位。“教师承担着传播知识、传播思想、传播真理的历史使命，肩负着塑造灵魂、塑造生命、塑造人的时代重任，是教育发展的第一资源，是国家富强、民族振兴、人民幸福的重要基石。”二是政治地位。“凸显教师职业的公共属性，强化教师承担的国家使命和公共教育服务的职责，确立公办中小学教师作为国家公职人员特殊的法律地位，明确中小学教师的权利和义务，强化保障和管理。公办中小学教师要切实履行作为国家公职人员的义务，强化国家责任、政治责任、社会责任和教育责任。”

待遇上明确规定：“健全中小学教师工资长效联动机制，核定绩效工资总量时统筹考虑当地公务员实际收入水平，确保中小学教师平均工资收入水平不低于或高于当地公务员平均工资收入水平。完善教师收入分配激励机制，有效体现教师工作量和工作绩效，绩效工资分配向班主任和特殊教育教师倾斜。”

领导职责是指各级党委和政府要从战略和全局高度充分认识教师工作的极端重要性，把全面加强教师队伍建设作为一项重大政治任务和根本性民生工程切实抓紧抓好。各级党委和政府要将教师队伍建设列入督察督导工作重点内容，并将结果作为党政领导班子和有关领导干部综合考核评价、奖惩任免的重要参考，确保各项政策措施全面落实到位，真正取得实效。

（6）2018年2月11日，教育部等五部门关于印发《教师教育振兴行动计划（2018—2022年）》的通知指出，教师教育是教育事业的工作母机，是提升教育质量的动力源泉。重视师范教育和教师培训，体现党和政府把教师的作用提高到新的高度，是对教师的重视。

（7）9月10日的全国教育大会上，习近平总书记再次强调，“全党全社会要弘扬尊师重教的社会风尚，努力提高教师政治地位、社会地位、职业地位，让广大教师享有应有的声望，在教书育人岗位上为党和人民事业作出新的更大贡献”。

“随着办学条件不断改善，教育投入要更多向教师倾斜，不断提高教师待遇，让广大教师安心从教、热心从教。”

中华人民共和国成立以来，一个领导人对教育、教师做出那么多的论述，把教育提高到优先发展的地位，同时肯定教师的重要性，这是非常少有的。作为国家行为在这么短的时间内，出台了那么多关于加强教育、教师建设的文件也是少见的。作为教师，我们要理解文件的精神，感受党中央、国家的温暖，领略党中央、国家对教育、教师的新要求，感受时代对教师的召唤，做好迎接教育新时代的准备。

（8）2019年2月23日，中共中央办公厅、国务院办公厅印发《加快推进教育现代化实施方案（2018—2022年）》和《中国教育现代化2035》，指明在“全面加强新时代教师队伍建设”中，“保障教师工资待遇，健全中小学教师工资长效联动机制，实现与当地公务员工资收入同步调整，完善中小学教师绩效工资总量核定分配办法和内部分配办法”。加大教师表彰力度，努力提高教师政治地位、社会地位、职业地位。

## 二、明确教育的目标方向，坚持以德立教

### 1. 全面加强党对教育工作的领导，坚持立德树人

上面所列的几个文件都强调，全面加强党对教育工作的领导，立德树人是教育的根本任务。习近平总书记强调，坚决维护党中央权威和集中统一领导，自觉在政治立场、政治方向、政治原则、政治道路上同党中央保持高度一致。

培养什么人，是教育的首要问题。这就决定了我们的教育必须把培养德、智、体、美、劳全面发展的社会主义建设者和接班人作为根本任务，培养一代又一代拥护中国共产党领导和我国社会主义制度、立志为中国特色社会主义奋斗终身的有用人才。这是教育工作的根本任务，也是教育现代化的方向目标。

我们围绕培养什么人、怎样培养人、为谁培养人这一根本问题，坚持党对教育事业的全面领导，坚持把立德树人作为根本任务，坚持优先发展教育事业，坚持社会主义办学方向，坚持扎根中国大地办教育，坚持党的领导，立志听党话、跟党走，立志扎根人民、奉献国家。

作为教师，我们要拥护党的领导，要对准党的风向标，利用教育阵地传承党的光荣历史，宣传党的路线方针、政策，以小手拉大手，将党的先进思想深入到学校、家庭、社会。

让立德树人真正成为学校教育的使命自觉。教育的使命，在于使人崇德明理、向善向上，学会学习、学会做人、学会做事、学会生活。抓好德育，能使

学生具备正确观念、健全人格、良好习惯和阳光心态，可养成担当精神、规则意识、创新思维和家国情怀，乐学善思，博学笃行，行为自律，学习自觉，学校的智育、体育、美育、劳育工作就会事半功倍，学生的人生航向就不会偏离成人、成才、成器的正确轨道。要真正地把立德树人作为学校的根本任务，坚决纠正德育虚化、弱化、形式化、边缘化等倾向，全面提高德育科学化、生活化、趣味化、常态化水平，为学生健康成长、自由发展保驾护航。

2. 高尚师德是立身、立教之本

习近平总书记表示，要铺好品行底色。育有德之人，需有德之师。要帮助学生扣好第一粒扣子，教师不仅要成为经师、学问之师，更要成为人师、品行之师。

2018年5月2日，习近平总书记在北大师生座谈会上强调，评价教师队伍素质的第一标准应该是师德师风。

《乡村教师支持计划（2015—2020年）》中指出，师德为先，以德化人。

《新时代教师队伍建设改革的意见》中阐明，要突出师德，弘扬高尚师德。《国家教育事业发展“十三五”规划的通知》《关于深化教育体制机制改革的意见》也都强调“健全师德建设长效机制，推动师德建设常态化长效化，创新师德教育，完善师德规范”，引导广大教师以德立身、以德立学、以德施教、以德育德，坚持教书与育人相统一、言传与身教相统一、潜心问道与关注社会相统一、学术自由与学术规范相统一（四个相统一），全面加强教师队伍学风、教风、作风建设，努力建设一支有理想信念、有道德情操、有扎实学识、有仁爱之心的教师队伍（四有好老师标准），全心全意做学生锤炼品格、学习知识、创新思维、奉献祖国的引路人（四个引路人）。

同时均提出，要实施师德师风建设工程。注重加强对教师思想政治素质、师德师风等的监察监督，强化师德考评，体现奖优罚劣，推行师德考核负面清单制度，建立教师个人信用记录，完善诚信承诺和失信惩戒机制，着力解决师德失范、学术不端等问题。接下来的“县管校聘”必然首先看“师德”。

教育部等五部门关于印发《教师教育振兴行动计划（2018—2022年）》的通知中的“目标任务”指出，要落实师德教育新要求，增强师德教育实效性。将学习贯彻习近平总书记对教师的殷切希望和要求作为教师师德教育的首要任务和重点内容。用“四有好老师”标准、“四个引路人”“四个相统一”和

“四个服务”等要求，统领教师成长发展，引导教师以德立身、以德立学、以德施教、以德育德。

党的十九大召开，会上提出要培养高素质教师，加强师德师风，全社会尊师重教。

习近平总书记在全国教育大会上说，建设社会主义现代化强国，对教师队伍建设提出新的更高要求，也对全党全社会尊师重教提出新的更高要求。对教师队伍中存在的问题，要坚决依法依纪予以严惩。

党的十一届三中全会以来，我国先后四次颁布中小学教师职业道德规范。以教育部名义颁布四次，国家对师德建设如此重视，也说明了自从改革开放以来，各种错综复杂的原因导致师德方面出现了严重的问题。

2018年11月14日，教育部同时印发了《新时代中小学教师职业行为十项准则》和《中小学教师违反职业道德行为处理办法（2018年修订）》，明确新时代教师职业规范，划定基本底线，深化师德师风建设。

《中小学教师违反职业道德行为处理办法（2018年修订）》共12条。其中第三条规定，本办法所称处理包括处分和其他处理。处分包括警告、记过、降低岗位等级或撤职、开除。警告期限为6个月，记过期限为12个月，降低岗位等级或撤职期限为24个月。是中共党员的，同时给予党纪处分。其他处理包括给予批评教育、诫勉谈话、责令检查、通报批评，以及取消在评奖评优、职务晋升、职称评定、岗位聘用、工资晋级、申报人才计划等方面的资格。取消相关资格的处理执行期限不得少于24个月。

教师涉嫌违法犯罪的，及时移送司法机关依法处理。师德是衡量教师素质的第一标准，教师要树立国家责任感和社会使命感，带头践行社会主义核心价值观；要求教师将师德素养内化于心、外化于行，营造以德立身、立德树人的良好育人环境。师德是红线。目前国家高层对教师中存在的问题一清二楚，对师德师风建设做了顶层设计，希望全体教师严格履行高尚的师德，敬重师德，在教书育人上，最大限度地履行自己的职责。一个教师要成长，师德是基础，没有师德，什么都不用谈。11月26日，中央政治局召开会议强调，要从企业和事业单位中选派一些素质好的干部去从政，那首选条件必然是师德。

高尚师德表现在以下几个方面：

（1）树立事业心，增强责任感，热爱教育事业；

（2）用无限的师爱，开启每个学生的心灵；

（3）用规范的言行，净化每个学生的心灵；

（4）用奉献的人格，塑造每个学生的心灵；

（5）通力合作，共同教育，做一个让学校满意的教师。

**3. 热爱学习，热爱劳动，打好坚实基础**

2013年9月25日，习近平总书记在联合国“教育第一”全球倡议行动一周年纪念活动上发表的贺词中强调，努力发展全民教育、终身教育，建设学习型社会。

《国家教育事业发展“十三五”规划的通知》指出，从教育领域看，当今世界教育正在发生革命性变化。确保包容、公平和有质量的教育，促进全民享有终身学习机会，成为世界教育发展新目标。教育与经济社会发展的结合更加紧密，以学习者为中心，注重能力培养，促进人的全面发展，全民学习、终身学习、个性化学习的理念日益深入人心。

习近平总书记提出的“六要”中阐明了“十个劳动”，要在学生中弘扬劳动精神，教育引导学生崇尚劳动、尊重劳动，懂得劳动最光荣、劳动最崇高、劳动最伟大、劳动最美丽的道理，长大后能够辛勤劳动、诚实劳动、创造性劳动。

为适应形势的需要，要求全民学习、终身学习，建设学习型社会，这就明摆着教师就是学生或未来的公民学习的引领者。陶行知先生说，“要想学生好学，必须先生好学。唯有学而不厌的先生才能教出学而不厌的学生。”当代教育家、新东方创始人俞敏洪说，中国的中小学老师都不读书，学生怎么能爱读书。

要学生热爱劳动，教师必须做劳动的先行者，如果老师不劳动、不研究教育教学，不认真做好工作，出现对学生、对班级不负责任，不备课，甚至迟到、旷课等违背师德的行为，又该如何去发挥教师的模范引领作用呢？

古人说：“师者，人之模范也。”在学生眼里，教师是“吐辞为经、举足为法”，一言一行都给学生以极大影响。教师思想政治状况具有很强的示范性。教师自己的视野有多宽，学生的视野就有多宽；教师的思想有多深，学生能够达到的思想深度就有多深。要坚持教育者先受教育，拓宽自己的视野，用开阔深邃的智慧与策略去引领学生，要用正确的育人理念去熏陶学生，让教师更好地担当起学生健康成长指导者和引路人的责任。

热爱读书和热爱劳动都是师德的表现。苏霍林姆林斯基在《给教师的建议》一书中提出："教师最重要的是读书。""读书、读书、再读书，教师的教育素养的这个方面正是取决于此。""读书不是为了明天的课，而是出自内心的需要和对知识的渴求。""一些优秀教师的教育技巧的提高，正是由于他们持之以恒地读书，不断地补充他们的知识大海。""教育，这首先是关心备至地、深思熟虑地去触及年轻的心灵。要掌握这门艺术，就必须多读书、多思考。""集体的财富之源首先在于教师的个人阅读。"

我们要把握机会，做好充分准备去迎接教育的春天，让自己在未来葱萃、美丽的教育之林中拥有一席之地，让自己的人生价值得到展现。那么，热爱读书、热爱劳动就是你今天的天职！

## 三、把握教育的正确方向，把握住"人生出彩的机会"

### 1. 紧跟时代，积极投身教育改革

根据以上所述的相关文件，结合习近平总书记在全国教育大会上的讲话精神，学校培养的人才具有的素质可概括为，育有健康的身心、有道德情操和远大理想、社会责任感和有家国情怀、有交流和合作能力、有创新精神和批判性思维、有信息素养和实践能力、有终身学习能力、有未来眼光和国际视野等素质的人。

根据学校育人的要求，学校教育和教师必然会有诸多变革，把握教育的未来方向，就能抢得发展的先机，在新一轮教育改革中立于不败之地。

变化体现在以下几个方面：一是课程设置变化，体育与健康变得最重要（树立健康第一的教育理念）、从中学起要设立"生涯规划"课、语文的地位凸显（新高考、中考提高语文、体育的分值）；二是课程内容变化，要增加中国传统文化教育，坚持文化自信，强化道德教育，完善德育教育体系，增加通识教育内容（国外流行）；三是创新教育理念，创新人才培养方式，重视培养学生的全面素质；四是教育教学方法的改变——如何培养学生的创新意识和实践能力，如推行启发式、探究式、参与式、合作式等教学方式以及走班制、选课制等教学组织模式，着重培养学生的创新思维与实践能力。教师应如何创新教育教学方式、方法？

另外，对于不同阶段的学生要采取不同的教育教学方法，教育部部长陈宝生在北京十一学校考察后讲到的3个"心"，即小学阶段要开心、中学阶段要

活心、大学及研究生阶段要静心，正是教学改革希望达到的效果。李希贵说："小学怎么'开心'？除了课程本身要更加符合孩子在这个年龄阶段的认知规律外，我们还要释放出更多的空间和时间，让孩子们拥有快乐的时光。中学的'活心'，事实上是希望学生能够认识自己、认识世界，把自己打开。大学的'静心'，是希望学生已经通过基础教育，踏上了一条符合其成长的路径，这时候可以潜心去钻研。"

**2. 评价方式的改变，必然带动学校的变革**

上面的相关文件和新高考、中考的文件都显示出学生评价方式的改变带来了招生方式的改变，但我们还在观望，这次全国教育大会，习近平总书记提出了"坚决克服唯分数论、唯升学、唯文凭、唯论文、唯帽子的顽瘴痼疾，从根本上解决教育指挥棒的问题"。近几年高校的招生已经根据政策要求发生了改变。

教育评价方式的改变，将带来两个方面的变化：一是对学校评价方式的改变。那么学校好与坏的标准在哪里？例如，学生的道德水准——第三方评价；学生整体素质优劣，不是完全看考试成绩，还要看参加各类通识大赛、学生创新成果的水平等。学校如何去适应？从高考、中考招生方式的改变去推动学校的变革。现在高校专项的招生已经不是拼裸分了。为了适应未来的招生政策，学校要做出一些改变，具体可有如下措施：一是在学习知识的基础上，适当安排一些通识教育课、中国传统文化课来开阔学生的视野和知识面（文化自信）；二是重视道德和政治思想教育，加强体育和心理健康教育，培养健康人格，开设人生规划课程；三是开设更多的社团活动，培养学生的全面素质，并记录存档；四是在学校建立学生综合评价档案，避免造假；五是提升教师与学生的信息技术能力，建设智能化、数字化的现代化校园，培养学生的科学素养，提高学生的创新、动手、发明能力。

**3. 做足准备，发展学生，成长自己**

中共中央、国务院《关于全面深化新时代教师队伍建设改革的意见》提出，到2035年，教师综合素质、专业化水平和创新能力大幅提升，培养造就数以百万计的骨干教师、数以十万计的卓越教师、数以万计的教育家型教师。这既是创新教师培养的方式，也是拓展中小学教师发展的空间。

这是未来教师发展的利好消息，对年轻教师来说是个难得的机遇。机会是留给有准备的人的，希望我们的年轻教师要自信，胸怀大志，确定一心一意为事业和为学生奉献的目标，加强学习和研究，扎实自己的教育教学理论水平和实践能力，大胆改革创新，展现自我，让自己在主场变革中脱颖而出，相信未来是美好的，无限机会在等着你。

**4. 坚定信念，做一个出色的好教师**

党和国家对教育、教师出台了若干利好政策，教育的春天马上就要到来，不但是待遇提高，更重要的是教师社会地位和特殊的法律地位（政治地位、职业地位）有所提高，这对教师特别利好。

人民教师无上光荣，人民教师要履行好时代赋予的光荣使命，按照习近平总书记对教师的要求严格要求自己。淡泊名利，忠诚于党的教育事业，坚守为国育人的阵地，潜心教书育人。

若想成功就要守望。要做一名好教师就要守得住寂寞。奉劝大家，埋怨毁灭自己，观望拖累自己；埋头做好当下，必然成就自己。胡思乱想，不如理智地为学生着想。我们之所以不成功，不是因为我们没有机会，而是我们没有把握机会。

教师们，有为才有位，无为便颓废。那还等什么呢？该去拼搏了，让自己的人生出彩！

# 探索未来学校教育变革

未来教育的深化改革将给学校带来新的变革。一是新时代对我国教育赋予新的使命，尤其是《深化新时代教育评价改革总体方案》（以下简称《方案》）的出台。《方案》是新中国第一个关于教育评价系统改革的文件，也是指导深化新时代教育评价改革的纲领性文件。《方案》从党中央关心、群众关切、社会关注的问题入手，破立并举，推进教育评价关键领域改革取得实质性突破。二是进入智能化时代，伴随着全球各领域的迅速革新，新一轮改革浪潮正以无法抗拒之势涌现在我们面前，可以说，未来已来。在新的教育时代，学校必须做好应对未来的准备，校长必须高瞻远瞩，创造性、实质性地改革学校的管理和教育教学、评价方式和方法。

## 一、现代学校应具备适应未来的教育理念

习近平总书记在党的十九大报告中关于发展教育事业的表述为，教育就是要全面贯彻党的教育方针，落实立德树人根本任务，发展素质教育，推进教育公平，培养德、智、体、美、劳全面发展的社会主义建设者和接班人。

2018年9月10日，全国教育大会在北京召开。习近平总书记指出，培养什么人，是教育的首要问题。我国是中国共产党领导的社会主义国家，这就决定了我们的教育必须把培养社会主义建设者和接班人作为根本任务，培养一代又一代拥护中国共产党领导和我国社会主义制度、立志为中国特色社会主义奋斗终身的有用人才。这是教育工作的根本任务，也是教育现代化的方向目标。

根据中共中央办公厅、国务院办公厅印发的《关于深化教育体制机制改

革的意见》、国务院印发的《国家教育事业发展“十三五”规划的通知》等文件精神，以及中共中央办公厅、国务院办公厅印发《中国教育现代化2035》的文件（这是我国第一个以教育现代化为主题的中长期战略规划，是新时代推进教育现代化、建设教育强国的纲领性文件），结合习近平总书记在全国教育大会上的讲话精神，学校要以完善人格、开发人力、培育人才、造福人民为工作目标，学校的育人目标概括起来，就是育有健康的身心、有道德情操和远大理想、社会责任感和有家国情怀、有交流和合作能力、有创新精神和批判性思维、有信息素养和实践能力、有终身学习能力、有未来眼光和国际视野等8个方面素质的人，这是德、智、体、美、劳全面发展的社会主义建设者和接班人的具体体现。

明确了这个育人目标，就把握住了教育的未来方向。学校必然面临诸多变革，如果我们能明确改革的路径，就能抢得发展的先机，在新一轮教育改革中立于不败之地。

## 二、学校教育要从关注知识能力转向关注智慧生命的提升

立德树人是发展中国特色社会主义教育事业的核心所在，是培养德、智、体、美、劳全面发展的社会主义建设者和接班人的本质要求。

好的学校教育不仅要传授知识，发展学生的学习能力，还要发展学生的创造能力，挖掘学生的潜能，要尊重学生独特的情感体验，以人为本、以学为本，通过合理的课程设置，建设高效课堂，让每个学生都享受适合自己的教育，把自然人打造成合格的社会人，让每个学生都变得更优秀。

随着教育评价方式的改变，学校要改变过去“为了高考真，一切皆可抛”的错误导向，而要根据不同阶段学生的特点，从课程设置到教育方式都要围绕培养“完整的人、有智慧生命的人”开展，坚持全面育人，提高学生的整体素质。

学校要在下列几个方面进行变化：

（1）课程设置。学校要开足、开齐课程，发展素质教育，增长学生见识，达到全面育人的目标。学校要以培养适应未来的人为出发点，按照国家的教育方针，开足所有课程，改变过去“高考考什么就开什么课程”的错误做法。

体育与健康变得最重要，要树立健康第一的教育理念，保证学生每天在学

校有不少于一小时的体育锻炼时间，让学生有强壮的身体，为参与国家建设做保障。

加强思想政治课建设、从中学起要设立“生涯规划”课，培养有高尚的道德情操和远大理想、社会责任感和有家国情怀的人，帮助学生树立正确的世界观、人生观、价值观和荣辱观，养成勇于奋斗的精神；要引导学生增强做中国人的自信心和自豪感。

增加实践课，在增强综合素质上下功夫，培养综合能力，培养学生正确的劳动观点和创新思维；只会考试的人不是学校的培养目标，学校要对学生的未来负责，培养能动脑，具有较强实操能力和创造力的人才。学校开设通用技术和信息技术课程，增加实验室，给学生的学习、操作提供平台。中小学将与企业合作，将企业作为实践基地，聘请企业的技术人员为指导教师。

语文学科地位凸显，语文是基础学科，语言表达能力是创新人才的基础，强化语文基础学科地位，有利于提高学生的人文素养，为批判性思维的形成打下基础。当然，未来的高考、中考也将突出语文学科的地位。

（2）课程内容变化。突出社会主义核心价值观，增加中国传统文化教育，坚持文化自信，强化道德教育，宣传民族英雄（9月29日，我国举行了国家勋章和国家荣誉称号颁授仪式），提高人才的道德素养，培养为国家奉献的精神，完善德育教育体系。增加通识教育内容，让学生了解过去与未来，了解中国与世界，了解自然与社会，拓宽学生视野和知识面，为培养未来的创新人才打下全面的基础。

（3）创新教育理念。突出以学生为主体的教育理念，创新人才培养的方式和渠道，培养学生的创新思维。如广州中学的“激扬生命教育”，深圳第二高级中学的“以尊重的教育培养受尊重的人”等，各校都在尝试各种特殊人才的培养方式。同时，借助现代教育信息技术和大数据来提高学校的管理和教育教学水平，线上和线下教育结合，推进个性化教育，提高教学的针对性和适应性。

（4）人工智能进入课堂。培养学生的信息素养和创造性思维。学校要设立“创客”教室和机器人实验室等，开发学生的创新思维。未来中小学或许会借助人工智能企业为学校建立创新创造的实习基地，提升学生的信息素养和创新能力。

（5）课堂教学方式的改变。围绕培养学生创新思维和实践能力的核心，落实“自主、合作、探究”的课堂教学理念，培养学科核心素养。新的教育时代，学生的学习方式将产生较大的转变，这也必然引起教师学习和工作方式的改变，如走班制、选课制、小组合作探究学习等教学组织模式，线上与线下教育的结合等。教师必须改变观念，要从关注知识能力转向关注智慧生命的形成，要着重培养学生的问题意识、探究能力和创新精神。教师要加强研修、适应改变，把学习的决定权从教师转移给学生。

（6）对于不同阶段的学生要采取不同的教育教学方法。实施个性化、特征化教学。教育部部长陈宝生在北京十一学校考察后讲到的3个“心”，即小学阶段要开心、中学阶段要活心、大学和研究生阶段要静心。严禁幼儿园小学化。教育不再千篇一律，而要注重实施个性化教育，让不同阶段、不同学生找到适合自己的教育，让教育因生命而发生，因个性而精彩。

（7）学校教育与家庭教育深度融合。为了寻找更适合学生发展的个性化教育，根据学生的个性特点，学校和家长、学生协商一致后，灵活自由地选择在某段时间里到学校上学，然后在某段时间内回到家里自学或参加社会实践教育，但总的状态应该是绝大多数时间都待在学校上课。这样，学校的教育职能将转向服务功能，学校要加强与家庭的联系，跟踪学生的学习情况，为学生提供咨询和把脉。



## 三、教育评价方式的改变，将推动学校的系列改革

《深化新时代教育评价改革总体方案》指出关键要改进结果评价，强化过程评价，探索增值评价，健全综合评价，建立科学的、符合时代要求的教育评价制度和机制，指出了教育评价之真义，对今后教育评价深化改革具有鲜明深刻、意蕴丰富的引领作用。

《方案》释放了一个强烈的信号：新时代的教育必须有内涵丰富、充满鲜明探索精神的开放式科学评价，应该与学生生命的茁壮成长匹配、与精彩纷呈的教育实践匹配，科学的评价观必须与生命的发展同步。人的发展具有自己的特点，应当给予高度的尊重。学生作为学校教育流水线上的“标准件”已成过去，学生将被作为栩栩如生、思想深刻、特色鲜明的人来参与学校活动。

综合评价是针对学生、教师或学校，建立一个进行测评的指标体系，利用一定的方法或模型而做出的总体判断。其核心在于，要对评价对象做出系统、

全面和完整的评判。

这必然带动学校育人方式和办学模式的变革。特别是学校教育要从应试教育转向人的全面素养的形成，重视智慧生命的提升。评价学生的好坏、学校的优劣不能再靠简单粗暴的分数与高考成绩。注重过程评价和过程中的增值评价，学生的高考成绩由学业水平测试、综合素质评价和统一选拔考试的“三位一体”方式决定，从而综合成一个结果。学校不再以分数论“英雄”，要利用增值评价引导学生正确成长。近几年新高考招生方式中的“高校专项”“自主招生”等，均体现了评价方式的改变。

这一评价方式的改变，将带来以下三个方面的变化：一是对学校评价方式的改变。如何评价学校的优劣？评价一所学校会从学校的校园文化、学生的精神风貌、学生成绩提升的情况、学生的道德水准、学生的整体素质，以及参加各类通识大赛、学生的创新成果、考试的综合成绩等方面进行，由第三方评价；二是高考、中考的统一考试成绩不再是唯一的标准，要改变用分数给学生贴标签的做法；三是围绕“破五唯”目标，学校管理将发生改变。方案坚持把师德师风作为第一标准。把师德表现作为教师资格定期注册、业绩考核、职称评聘、评优奖励的首要要求，强化教师思想政治素质考察，推动师德师风建设常态化、长效化。对出现严重师德师风问题的教师，探索实施教育全行业禁入制度。

## 四、教育适应未来，要将新的教育思想落实到学校教育中

未来已来，可我们的出路在哪里？学校如何去应对？我们对未来教育要有思考。思考教育是什么，学校教育的责任和使命是什么，好的教育到底要给学生什么，好的学校、好的教师、好的课堂、好的学生到底有哪些特征，未来社会需要什么样的人才。

中国经济正在转型，经济转型的背后实际上是人才的转型，人才转型说到底是教育的转型，而教育的转型靠什么？我们说要靠教育的思想观念、教育内容、教育方式、人才培养方式，以及评价方式的变革与创新。高考时代，拼的是分数；后高考时代，拼的是想象力、创造力、领导力、合作精神和社会责任感。我们认为有思想的人，一定比有知识的人走得更远。

（一）办学理念的转变

我们的教育要围绕“培养什么人，怎样培养人，为谁培养人”这个教育的根本任务去开展工作。主要注意以下两个方面的内容：一是教会学生向上，做一个积极担当的人；二是教会学生向善，做一个时代的好人。

（二）改变评价方式，树立正确的育人观

教育的目的是生活、生长，是激发与引导学生走上自我成长和自我发展之路。学生是有血有肉的人，因此学校一切工作的出发点和立足点都应该是为了促进学生自我发展，让教育远离名利之争，让教育能够为每一个学生的生命成长负责。要树立“成长比成功更重要”的教育观。一个学生的成功是有条件的，并不是所有的学生都能成功，但是作为一个十五六岁的孩子，他们可以暂时不成功，但是不成功不代表不成长，虽然在我国分数比什么都重要，但是还有比分数更重要的东西，成为一个真正的“人”就比成绩更重要。比如人做好了，不成功是暂时的，但是人要做不好，现在成功也是暂时的，这应成为我们的教育观。

我们的教育要让学生找到自我、自信，发现学习的重要性，从而知道为什么学习、为谁学习，解决学习的动力和动机问题。那么，学校必须开设相关的校本课程，激扬学生的生命，激活学生的内动力，让学生在学习中发现自我。

那么，随着评价方式的改变，未来中考，特别高考招生方式必然也会发生转变，单一拼裸分的时代已经结束。现在的“高校专项”“农村专项”招生虽然是为了让贫困、偏远地区的学生能读好学校，但也体现了学生的能力和素质问题，学校要注意在培养“完整、健全”的人上下功夫。

（三）围绕全面育人，拓展课程

未来时代的教育重在育人、育思想，促进学生“向上”“向善”。其学习方向如下：

1. 加强思想政治课教育

通过思想课来规范学生的行为习惯和规矩，培养学生良好的道德情操和远大理想及社会责任感和家国情怀。结合中国的优秀传统文化和道德观，让学生形成正确的信仰，树立正确的人生观和价值观。

2. 开设生涯教育与素质拓展类课程

通过生涯教育，帮助学生确定人生目标，使其懂得规划人生，找到自己的兴趣和特长，明确人生目标，促进自己成长、成才。其拓展课程可分为人文科学、自然科学以及社会实践三个方面，以培养学生的人文素养和社会责任感，激活创新动力。

实践课如何开设？实践课理应来自生活，以培养学生生存和生活能力为核心，根据生活需要，开设应对未来、应对社会的课程。

**3. 开设一些通识教育课、中国传统文化课，以开阔学生的视野和知识面**

通识教育和传统文化教育，能为学生将来的发展、深造、创新奠定扎实的文化基础和阅历。

**4. 加强体育和心理健康教育，培养健康人格**

我们要以凝聚人心、完善人格、开发人力、培育人才、造福人民为工作目标，要改变过去那种弱化体育的错误思想，不但要开足体育课，还要增加课后大众体育的锻炼项目，开展一些体育竞技活动，来调动学生热爱体育的兴趣，培养学生热爱运动、关爱生命的好习惯。同时，要开设一些心理健康课程和心理辅导讲座，促进学生心理健康发展。

**5. 开设更多的社团活动和课程，培养学生的全面素质**

社团活动应围绕德、智、体、美、劳的全面要求来展开，并应记录存档；组织各种志愿者服务队，将志愿者活动的内容和过程记录下来。

开设艺术与审美类课程，设立艺术社团，达到以美育人、以文化人的目标。结合育人目标和未来人才的发展需要，我们不但要开好艺术及鉴赏课程，还要建立常设的艺术社团，以熏陶、培养学生的艺术素养。

**6. 开设技术课，培养学生的实践能力**

我们要力所能及地开设技术课，建立“创客”和人工智能实验室，培养学生的动手和实践能力，培养学生的信息和科学素养，发展学生的创新能力，鼓励学生参加各项智能和信息技术竞赛，为将来高考招生获取加分元素。学校要建设智能化、数字化的现代化校园，为培养学生的信息技术能力提供帮助。

**（四）改革课堂教学模式，使学生成为学习的主体**

实践证明，知识变成能力才有用，能力作用于知识才有力量。能力将成为知识经济时代支配和操纵社会与人发展的主导力量，人们只有依靠能力才能实现其价值。新课程理念的实施目的就是要培养有批判性思维、创新思维的人才，而实现这一目标的主阵地就是课堂。因此，我们必须坚决改革我们的课堂教学模式，用正确的方法来实现课堂目标。主要可在以下几个方面进行变革：

**1. 落实“自主、合作、探究”的课堂教学理念，培养学生的探究精神**

学校的教学内容、教学方式应该是现代的，我们要从过去的以教师为主体转变为以学生为主体，以学科为中心转变为以学生为中心，跨越学科的边界转变。

传统意义上的教师只是答疑解惑者，而今天的教师应该变成课堂教学的设计者，由教师来设计课堂，组织课堂教学活动，组织学生开展课堂学习。教师要从主讲人、演员变成导演、编导，好的教师要对不同类型的学生进行个性化指导，所以教师是课堂学习的指导者、参与者、陪伴者。教师还要不断激励、发现学生的闪光点，这才是教师的重要功能。这里强调的思想是，“会学比学会更重要”，学会思考比学会知识更重要，要学会终身学习。19世纪德国教育家第斯惠说过，一个坏老师奉送真理，一个好老师则教人发现真理。

要解决的问题主要有以下三点：一是变教师要多讲为放手让学生“自主、合作、探究”；二是让成绩一般的学生能自己探究，在探究中获得成就，培养兴趣和动力；三是创设实施“自主、合作、探究”的环境。如设置导学案、创设情境培养思维能力、启发式教学培养学生的质疑能力等。

**2. 雷夫说，过程比结果更重要——学会学习**

重视在课堂学习过程中，对学生思维能力与思想方法，及发现问题、提出问题与解决问题等能力的培养，关注学生的学习过程。

**3. 关注课堂上的过程性评价，挖掘学生潜能**

教师要重视每一节课中对学生的评价。因此，在备课过程中，教师要时时做到“心中有本，目中有人，胸中有法”，为过程性评价做准备。时时刻刻考虑到课堂教学的主体是学生，学生是课堂教学的主人，教师是课堂教学的组织者，学生主动地学习才是课堂教学的内涵，课堂教学成功与否只能以学生是否真正高质量地参与为标准，而不是以教师向学生灌输了多少知识来衡量。过程性评价恰恰是达到这个目标的有效途径。可包括以下几个方面：

（1）对学生解决问题的能力进行评价。在课堂上，当学生解决一个问题时，教师要及时给予过程性评价，或是对学生解决问题时的态度进行评价，或是对学生的心理素质、动手能力、思维品质和实践能力进行评价。总之，借助这样的过程性评价，促进学生能力的张扬。

（2）对过程进行评价。教师对学生的课堂学习过程进行评价，可以评价学生的操作过程，评价学生的思考过程、合作过程，这样的评价可以鼓励学生的创新意识和创新能力。

（3）对学生的知识理解方法进行评价。在某种程度上，方法比知识更重要。教师可以对学生学习过程中使用的学习方法和知识理解方法进行评价，可以帮助学生找到到正确的方法，发现自己的问题，提升学习效果，培养良好的思维习惯。

（4）对学生放手，解放教师。为了让学生学会学习，必须让学生参与并养成主动探究的习惯，使学生从“听不进去，无所获得”向“动脑、动手、动口，有获得感”改变。课堂组织模式必须改变。

（5）拓展各学科课程，培养学生的发散思维。

（6）利用现代信息技术，加强个性化教学。

（7）改变学校现有的组织架构，提高学校管理效果。如北京市35中将每一个年级改成学部，设立35中科技学院、艺术学院、文学院，开设特色课程。另外，一是实行导师制，除了班主任首席导师制之外，为每位学生匹配了人生导师，帮助学生选课。此外，35中的心理疏导师帮助学生解决难题，规划师帮助学生选择未来职业。二是实行学长制，高年级的学生做低年级学生的学长，让学生带动学生成长。广州中学设立学科主任，佛山高明仓江中学设立两个中心，大大简化了办事流程。

# 致高一新生的一封信

亲爱的高一新同学：

首先祝贺你们光荣地成为新龙中学的一员！高中阶段是学生学习生活中最重要的阶段，也是人生的重要转折时期。同学们度过了适度紧张的初三生活，完成了义务教育，进入紧张而丰富多彩的高中生活，开启了人生新起点。新学期伊始，你们会迎来成长过程的新挑战，要勇于面对，勇于克服各种困难、解决各种问题，尽快适应高中的学习生活。为了让同学们迈好新生活第一步，今天我给同学们提几点建议，请同学们认真阅读并执行。

## 一、为过好高中学习生活，调整好心态

面对新环境、新同学，你们可能会出现无从适应的情况。如果不懂得转变，就将影响自己正常的学习生活。

生活方式改变了，从原来走读制变成寄宿制；学习环境改变了，学习方式也改变了，高考的备考是从高一开始的，不是等到高三才备考的，这意味着从高一开始就要做好规划，就要全身心投入。高中学习科目多，学习任务较为艰巨，学习生活也很紧张。这些改变都是磨炼人的意志、锻炼人的毅力的必经之路，是人生的重要一课。成大事者，“吃得苦上苦，方为人上人”，相信今天走进新龙的你们是有志于成才的血气青年，要及早让自己去适应！

首先，来到高中，多数是新同学，你们要以包容、感恩、理解的心态对待每一位新同学，发现他们身上的优点，把每个人都当成你学习和生活中的朋友，建立良好的人际关系，培养合作交流能力，形成健康人格。

其次，初中知识以形象、识记为主，高中的知识则比较抽象，初中与高中的学习有差别，初中教师和高中教师的教学方法也有所不同。做一个比喻，学校要学生去某一景点参观，在小学阶段，学校会安排几位教师带着一群学生到这一目的地；初中阶段学校只派一两个教师引导着学生走到目的地；高中阶段，教师只会给学生讲清楚目的地的方位，而不会带着学生走。走不走？以什么方式走？你能否根据交通状况选择交通工具？是否有近路可抄？这些都由你自己决定。这就说明高中的学习关键靠自己，课堂上教师“指方向”，你们要认真听，课后要安排时间去加强巩固，没有课后的学习是不会学好的。正因为如此，高中教师内心有时会把你们当成“小大人”来看待，觉得你们进入高中了，长大成熟了，因而从一定程度上忽视了和你们进行心理沟通。所以，在一段时间内，师生都有一个彼此适应的过程。同学们应该敞开心扉，主动和新老师交朋友，交流心情和学习，这样便会很快适应新老师的教学方法。

## 二、为适应高中的学习生活，做好心理准备

升入高一，学生要面对更综合、更抽象、更难以理解的课程学习，要面对更激烈、更紧张的竞争环境，在校时间更长，这些都要求高一新生要树立起一种勇往直前、永不言败的学习意识、高考意识，做好承受压力、经受挫折、忍耐寂寞的心理准备。进入新龙中学，意味着初中阶段的圆满结束，更意味着新的挑战和激烈竞争的开始。新龙中学校风好、学风浓，教师勤教乐教，历年高考证明，优生会更优，中下层生提升快，是一所“低（分）进高（分）出，优进优出”的学校。之所以有这样的效果，是因为学生一进入新龙中学，就能正确认识到高中学习的紧迫性和艰辛性，从而端正态度，及早投入，发扬不怕苦、不怕累的精神，不断改进和完善自己的学习方法，提升自己的学习成绩。高一刚开始，同学们就要摸清高中的学习特点和学习方法，并要正确地看待成绩，保持良好的心态，不要因为一次提升而沾沾自喜，不要因为一次成绩下滑或分数不高而沮丧。有相当一部分同学可能在第一次月考中某些科目的成绩很不理想，这些都属于正常现象，要正确对待，不要持消极态度，要找出问题的原因和对策，为后面的学习找到方法，认为是初中基础差引起的，就争取时间去弥补初中的知识，有不懂的地方，就要问同学、老师，锲而不舍，坚持就是胜利，用无畏的精神和平静的心态迎接各种挑战。有人说，学习的成败关键在

自己，对手也是自己，要明白勤能补拙、“天道酬勤”的道理。事实证明，人的智商是差不多的，你们与重点中学的学生没有差别；如果有差别就是你们没有把更多的时间用在学习上，或者说学习的习惯不如他们。只要肯下功夫，就一定会超越重点中学的学生，最终获得成功。虽不能断言“态度决定一切”，但它的确在我们的学习过程中发挥着至关重要的作用。同时，若想使自己的学习效果更加显著，拥有积极乐观的心态也是必要的。莫为小事而烦恼，即使暂遇风雨，也不应该失去对成功的渴望，也不能丧失昂扬的斗志。只有每天都处在这样饱满的精神状态中，才能学有所获，并乐在其中。

同学们，高中的竞争是激烈的，甚至是残酷的，我们要用坚实的步伐挡住暴风骤雨的袭击，用无畏的精神迎接各种困难的挑战。三年后，当你在美丽的大学校园里焕发青春的时候，你要坚信：只要你努力了、拼搏了，痛苦只能是一种经历，也是人生的必修课，成功才是最后的结局。

## 三、为保障高中学习有序进行，须严于律己

新龙中学作为一所高标准、严要求的学校，在学生管理上，执行规章制度时毫不容情，因此学生应自觉、自律。进入新龙中学之后，同学们要熟知学校的各项规章制度，严格遵守，自觉执行，一旦触犯，学校将按学校及生活区的制度做出严肃处理，应使自觉遵守纪律成为习惯。一是遵守课堂纪律。认真听课，尊重老师，尊重同学，全身心地投入学习。晚自修要按时到达教室，进入学习状态；二是遵守课间纪律。课间在教室内要小声说话，不要影响正在认真学习的同学们。在楼道里不大声喧哗，更不能追逐打闹。内宿生，在没有班主任准假的情况下，不能离开校园。

双休日及课外要安排好学习时间，学习时要全神贯注，不允许自由散漫、耽误时间。

禁止将手机带进课堂，更不能在课堂上玩手机；禁止在宿舍将手机当作玩具，影响他人；宿舍熄灯后，发现玩手机的人，一律没收手机。立志成才的人必须有坚强的意志力，坚决抵御手机的诱惑；玩物丧志，玩手机可以把学霸变成学渣；玩手机可以毁掉一个学生的一生，因为高中的学习耽误了一周，就会对整个学习造成影响，在你们身边就有很多因为玩手机而丧志的人，他们最后一事无成，后悔莫及，你们要吸取教训。

## 四、为证明你比他人优秀，要学会利用时间和懂得学习

新龙中学是以科学管理为第一要务的，尤其是作息时间的安排严格有序，同学们要将读书作为自己的第一要务，对学校的上下课以及休息时间要非常明确，要跟上时间的步伐，以免因违纪引发种种烦恼和惩罚。学会管理和利用时间的人往往便成功了一半。

较之初中阶段，高中阶段学习的难度、强度、容量加大，学习负担及压力明显加重，不能再依赖那种“填鸭式”的授课、“看管式”的管理、“命令式”的作业，而要逐步培养自己主动获取知识、及时巩固知识的能力，科学制订学习计划，养成自主学习的好习惯，要充分利用课余时间，自觉养成预习、听课、复习、阅读、练习、强化基础的好习惯。只有做到“会”学，才能保证学“会”。进入新的学习阶段，应注重培养对学习的自主管理能力，包括制订计划、合理安排时间、养成良好的学习习惯等。学习能力的培养不仅要针对书本知识，更多的是来源于生活实践的积累和课外读物的拓展。新同学应该不断改进学习方法，培养自学能力，锻炼独立思考、独立解决问题的能力，学会学习比学会知识更为重要，学会学习关键要讲究学习方法。

**附：**

### 写给高一新生的八条建议

第一，进入高一后就可以暂时放松吗？不少高一新生认为中考时已经努力拼搏、吃了不少苦头，所以进入高中后就可以适当放松，享受一下高中的新生活了。事实上，高中阶段开设的课程比初中要多得多，学习的要求也高得多，作业量、练习量也大得多，所以，想放松是不可能的。相反，要更加合理地安排时间，更多地利用课余时间，同时还要更能吃苦耐劳，否则，很快就会有吃不消的感觉，成绩就会滑落。

第二，高中三年时间很长吗？高中三年说短不短、说长不长。高一处于一个衔接、过渡和适应的阶段，主要任务是夯实基础，掌握各个学科的基本学习方法，养成良好的学习习惯，要学会自主学习，完成大部分的必修课学习内容。当你感到刚刚适应高一生活与学习的时候，这一年已匆匆过去了。转眼间

就到了高二，这时既要继续完成必修课的学习内容，还要开始选修课的学习，而且即将迎来部分科目的学业水平考试，高二将修完高中三年的全部课程，所以时间也好像不太够用。进入高三，时间就更紧迫了。第一学期要完成一轮复习（高中阶段学过的主干知识）和高考考点训练，有的还要参加春季高考（专科招生），第二学期将迎来第二、第三轮复习和比较重要的模拟考试。到了5月，就进入高考冲刺阶段了。

所以，高中三年，各有侧重，每一年都很重要，不要总是认为高一没学好的学科，可以在高二或高三弥补回来，要知道，高中的学习只有将来时而没有过去时，时间非常紧，没有后悔药可吃。实际上，高中三年只有900天的上课时间。全国一样，高考备考是从高一开始的，绝不是等到高三才备考，赢得了时间就赢得了高考。

第三，细节规范方面不重要吗？对于一个刚刚进入高中阶段的学生来说，你们往往会忽视学习方面的细节与规范问题，比较突出的包括书写随意、卷面不整、随意涂改、经常出现错别字、符号错误、术语不准确，等等。这些问题表面上看并不重要，但一旦养成这些不良的书写和答题习惯，就积重难返了，甚至会严重影响高考得分。事实上，高考中细节与规范都是极其重要的，高考卷面分、印象分会影响考生成绩，尤其是语文中的作文。为此，从高一开始就必须严格要求，规范答题。要从每一次作业和每一次测试做起。

第四，初中阶段的学习优势可以保持吗？不少学生在初中阶段是班上甚至是全校的尖子生，但进入高中后，这种优势很快就不存在了。理由很简单，因为进入高中，大家一开始就是为考上理想大学、为高考而努力的，若一有放松心态肯定就会掉队。再说，高中阶段的学习与初中阶段是完全不同的。如果你进入高中后不再继续努力，就很难保持这种优势，甚至会出现比较明显的后退现象。

第五，高中阶段只要把学习搞好就可以了吗？高中三年是综合素质全面培养与发展的阶段。对于一个高中生来说，必须做到“四学会”“一全面”，即学会做事、学会做人、学会相处、学会求知，以及积极参加各种社团等活动，培养自己的全面素质。其中，学习只是“四学会”的其中之一。如果只是把所有的时间与精力都聚焦在学习上，那么只能不断地给自己增加学习的压力。一旦学习成绩上不去，就好像什么都没有了。很显然，在这种状态下学习是很痛苦的，也无法做到身心平衡、健康发展。

成绩不等于成长，成长比成绩更重要。成长包括身心的健康发展、人格的完善、心智的成熟、良好思想品质的形成等。学习固然重要，但全面发展更为紧要。

第六，要对学习保持一种积极和进取的态度。一是规划自己的理想和目标，把理想和目标牢记在心，确立各阶段学习目标。二是为了高考，从现在开始抓紧学习。三是把学习当作自己的头等大事，认识到学习的意义，不断鼓励自己努力学习。四是一开始学习就要认真地学。基础知识要记，通过解题学会运用基础知识。解题方法要记，要会活用，能举一反三。对将机械记忆含量大的学习材料分成容易掌握的几个部分，对这些短篇材料以反复训练的方式进行经常性的学习，以求牢固掌握。五是带着学习和记忆的意图进行学习。

第七，学习“四部曲”，即预习、听课、复习（回忆）、训练。预习是对将要讲授的内容（一节或一课或一章）进行研读，对这些内容进行思考、概括，本课大概要掌握哪些基础知识（公式、定理、定义或字、词、句等），在大脑中构建轮廓，将主干知识记住；看看例题，初步做做课后的练习题，看能否用所掌握的基础知识来解决这些问题；问问自己还存在什么问题，带着问题到课堂中去解决。

听课包括以下三个方面，一是带着预习中出现的问题到课堂上去听教师的讲授并消化；二是对预习的内容进行重现，加深理解和记忆。通过课堂上的例题，学习解题方法，掌握知识在解题中的应用。对重要的要做笔记（不要整个过程都记，要记重点、难点，记从不理解到会理解的知识）；三是听课时应注意自己是否能理解掌握，是否与教师、教材的思路一致，以提高自己对所学内容的认知能力，及时发现自己思想方法上的不足之处，并及时调整。

复习不是再看一遍书，而是要回忆这一课要掌握哪些基础知识、重点内容（形成主线），有哪些好的解题方法。回忆过程中没有记住或遗漏的，再看书或看笔记。其实，回忆是多次的，每节课下课后就应该开始回忆，回到宿舍或课余再回忆，最终达到熟记程度。

有的人认为刚学不用理解透彻，等到复习时再进行学习就可以，但学习不能等待，复习需要有一定的目的，“温故而知新”。特别是对于理解性的概念、方法、规律的学习，要力求在第一次的学习中就掌握其意义并充分应用，在复习时要能进一步提高。

训练不是见题就做，而是基础知识及其应用掌握了、熟悉了，再去做题（可以是课本上的，重点是辅导书上知识的拓展），以达到强化基础知识，提高知识应用能力的效果，做了题，还要思考、概括和记忆方法。基础未掌握，做题也是无效的。

第八，注意获取关于学习进步情况的信息。一是养成内心（在大脑中回忆）复习的习惯，学完每一段或每一节后立即回忆复习它；经常回忆学习过的概念、术语，牢固基础。二是自己写提纲。方法是：在预习后，自己回想从预习的内容中已经学到了什么，还需要进一步学习哪些东西。三是把新知识同已学过的知识以及将要学习的知识联系起来。具体做法是：在做新作业之前，迅速地回忆复习前一课并把下一课的主题浏览一遍（保持连贯性，有利于记忆）。四是尽力探索掌握知识和解题的一般模式，形成对知识的掌握规律。五是尽力编写所学内容的提纲，并使用提纲进行以后的复习。六是自行举出关于一般规律和原理的具体丰富的实例。七是强调学习的理由和学习的用途（为了什么目的而学习这些知识），这些知识在高考中会怎么考，又该如何应对。

# 第五篇 5

# 教育探索

# 备考策略研究

## 一、如何制订备考计划

### （一）研究教材与《考试说明》

认真研究教材与全国课标卷的《考试说明》，分析近几年全国课标卷的特点，把握高考命题走向，科学制订备考复习计划。

制订高考复习计划的依据有三个：一是教材；二是《考试说明》；三是近几年的高考试卷。在步入高三之时，各学科备课组长要组织本学科教师认真研究教材、全国课标卷《考试说明》，分析近几年高考试题的特点，分析学生实际，科学制订各学科复习备考的目标和计划，尽可能避免备考复习的盲目性。

在复习备考阶段以四个“结合”作为原则：一是踩点复习与板块训练相结合；二是知识技巧训练与能力养成相结合；三是知识技能的培训和心理素质的培养相结合；四是应考技能的训练与应考习惯的培养相结合。这四个“结合”，作为高三复习备考的基本理念，应贯穿高三备考复习的始终。

### （二）整体部署，科学安排，夯实基础，整体落实

#### 1. 复习时间分为三个阶段

第一轮：“基础知识复习和巩固，基本技能训练”阶段（当年8月底至下一年1月）。这一阶段的复习也叫“踩点复习”，即以考点为主线进行系统复习。这一阶段在教学上，要坚持基础性、系统性、全体性、层次性的原则，在构建学科知识体系的同时，兼顾能力渗透。“讲”要突出重点，抓住关键，突破难点；“练”要讲求实效，克服简单重复。

在学法指导上，要求学生以课本为本，充分发挥课本的主导作用，弄清每个章节的知识点和要求，基本规律的来龙去脉，以及本章节内容和前章节内容的关联。不仅要加深对基本概念、基本规律的理解与运用，而且要弄清概念、规律的形成过程。要通过复习对所学知识进行综合归纳，将其连成线、结成网、形成树。要求学生将看书与练习相结合，看书与练习时间的比例分配大约为3：7，练习也应以中低档题为主。语言学科以外的各学科尤其应该如此。复习中备好两个本：一个改错本，一个笔记本。错题本就是把做过的题中，包括平时的考试和自测中，做错的和不会做的题收集起来，认真分析错误的原因，分析问题出在哪，是属于知识缺陷、理解错误，还是由于审题不当，或是计算失误、书写不当等导致的错误，自己有何感受和启发，都详加评述和记录，以后要常看。笔记本不仅是课堂笔记，更重要的是将所学过的知识用自己的理解进行整理，总结形成自己所理解的体系。这一过程是将书本由厚读薄的过程。

第二轮："专项复习、查漏补缺，单项训练、提高技能"阶段（下一年2月至4月10日）。这一阶段的复习也叫专题突破，主要特点为突出重点、突出主干、查漏补缺，以知识专题或题型专题为主要内容。这一阶段的目标任务是提纲挈领，重点复习，归纳迁移，强化能力。本阶段的教学主要以专题复习与训练的形式进行。编写专题时，要遵循"打破章节界限，突出基础知识，分解细化问题，紧密联系现实，加强综合运用，着眼能力培养"的原则，力争做到把相关知识、相关问题互相链接、融会贯通，使知识灵活运用、使问题类化综合。可从以下四个角度来确定复习专题：一是依据各学科知识的内在联系和高考的考查频度；二是依据学生现有知识储备中的薄弱环节；三是依据高考能力要求及题型；四是依据现实热点问题。专题知识的整合，既要符合学生的认知规律，又要适应高考的基本要求，并体现面向全体学生，大面积提高教学质量的思想。既要避免蜻蜓点水、浅尝辄止，也要避免好高骛远、盲目拔高。

**2. 明确第二轮复习与第一轮复习的区别**

（1）明确第二轮复习内容

① 第二轮复习的第一项任务是形成知识网络并强化记忆。明确其与第一轮复习的区别。第一，第一轮复习是对逐个知识点的记忆，初步掌握知识结构；第二轮复习是对系统的知识网络的记忆，熟练掌握知识结构。第二，第一轮复习的记忆倾向于展开，侧重于点；第二轮复习的记忆倾向于浓缩，侧重于

网。第三，第一轮复习是会—记；第二轮复习是记—熟。

② 第二轮复习的第二项任务是在系统把握整体知识的基础上，培养学生综合灵活运用知识的学科能力。明确其与第一轮复习的区别。第一轮复习的特点是“知识单项”“跨度小”“解题思路较为单一”，能力要求为低—中；第二轮复习的特点是“知识多项”“跨度大”“解题思路多变”，能力要求为中—高。

③ 第二轮复习的第三项任务是提高考生解题的速度及准确性。

（2）明确第二轮复习与第一轮复习的区别

与第一轮复习的区别：第一轮复习侧重于做“对”；第二轮复习则既要“对”，又要“快”。

第三轮：“模拟训练、归纳总结、稳定提高，心理调适、考前指导、迎接考试”阶段（下一年4月11日至5月20日）。模拟考评抓纠错（5月21日至6月5日），综合演练，采取限时限量的形式，仿真练习，精心讲评。这一阶段的目标任务是：强化训练，短期突破，活化信息，提高效能。这一阶段要注意以下几点：一是将前一阶段模拟考试中存在的问题融入新的复习中；二是回归课本，知识升华，能力再现；三是优化各类题型的解题方法，规范解题格式，提高解题速度，培养解题能力；四是加强综合实验题的训练和讲解。在高考前最后两周，各科教师一定要留出时间让学生自由复习，教师要注意指导学生培养并加强考感，注意做题程序、审题、书写的规范，引导学生对照考试大纲所规定的知识范围，对各章节所考查的知识点和高考试题的特点、模式，结合前两个月的卷子，反思、整理思路，扫清死角，不留遗憾，同时要加强心理辅导，发挥学生的非智力因素。

## 二、如何进行高考研究

### 1. 对《考试说明》的研究

可以明确的是，《考试说明》年年有变化，但变化的趋向基本是，知识难度逐年稳中有降，能力考查比重逐年增加，稳中求改，稳中求变，稳中求新，其基本知识结构不会变，教材和《课程标准》的基本要求不会变，所以，研究不是求新索异，而应该从《考试说明》整体修订的立意来分析。我们要求，从近三年《考试说明》内容和高考改革新动向预测新《考试说明》的走向，待新《考试说明》公布后再检测自己预测的科学性，及时查找其中的差异，调适自已对高考的认识和对动态的把握。

**2. 对近三年高考命题的研究**

目的是总结规律寻找突破口，从历年高考试题的整体研究中找共性；从各类试题的纵向研究中找趋势；从对相同考点试题的对比研究中找变化；从各种模拟试题的集中研究中找动态和新意，从而跳出凭经验、走老路、程式化复习的框框，开拓性地抓复习备考。各备课组要把近三年的全国课标卷收集起来，人手一份，进行认真分析研究，为高三的复习找准方向。研究高考真题的最佳起点是教师自己独立解题，只有在独立解题的基础上，才可能形成自己对高考命题的独特见解。

各学科研究高考时应侧重以下几个方面：一是历年试题整体研究——找共性；二是近年试题重点研究——找趋势；三是相同试题对比研究——找变化；四是不同试题分类研究——找差别；五是独立命题省市试题集中研究——找新意、找动态。

**3. 对复习教学的研究**

对复习教学的研究主要是解决复习课“炒剩饭”，无趣味、无新鲜感的问题，最大限度地调动学生的学习热情，这就要求教师将旧知识讲出新意来，讲出规律来。平常教学固然能见水平，但复习教学才更见功底。因此，学科备课组要注意发挥骨干教师的带头作用，在各个阶段的复习中都要注意安排有经验的教师给同学科教师上一些研究课、示范课。

高三复习是学生的备考复习，备考复习的主体无疑是学生。只有备考主体的主观能动性发挥出来了，复习、练习、反思才可能内化成学生的解题素养与能力。高三复习备考教师要处理好指导与主导的关系，反对教学上包办代替的做法，反对各学科瓜分所有的时间，反对大包大揽的教师一言堂，反对家长式的教学方法，主张给学生充足的活动空间与时间，让学生有主宰自己、发展自己的机会。

高三复习课堂要做到“做→讲→思→练→评”五步。“做”即在进入一个考点的复习前，将近年该考点的高考考题精选出两三个，在规定的时间内让学生独立完成。“讲”这个环节就是在“做”的基础上，从所练的题目引出考点要求、题型特点、以题带知识点，从学生答题的经验与教训中梳理出思维路径和解题策略，以及答题注意事项。“思”即在“讲”之后，留给学生一个思考回顾的空间。这有利于学生反刍内化该考点的相关知识和解题方法。讲练结合是备考复习课的一大原则，只“讲”不“练”效果不会好。要“练”好，题要精选才能精练。选题的指导原则应该是典型性、目的性、针对性和灵活性。“评”这个环节，就是对前一环节“练”的评讲。这时的“评”要针对学生“练”的问题，进行拓展、巩固知识点，并让学生掌握解题的方法。

4. 抓好对临界生辅导的研究

高三要注意突出抓好对临界生（重点抓好一、二本的临界生）的“一对一”辅导。将临界生辅导任务分配到学科教师手中，以临界生为教学起点，做到任务到人、责任明确，全面关心、全程关注，阶段考核、奖惩兑现。在临界生辅导中要注意以下几个方面的问题：一是基础知识有哪些欠缺，缺什么，补什么；二是基本技能有哪些不足，教师组织题组对其进行专门训练；三是为学生制订阶段性和全程的学习计划，有计划、有步骤地帮助学生落实基础、发展能力；四是对易混易错点，善于为学生“搭桥铺路”，搞好变式训练；五是每个学科每天都要给临界生提出问题，并指导学生解决；六是辅导临界生重在暴露其知识基础和思维过程，和学生一起分析解题思路，帮助学生找到解决问题的方法、途径；七是要注意引导临界生边复习边反思：反思一题多解，领会发散思维；反思一题多变，多角度，多方位地对例题进行变化处理；反思多题归一，感悟学科模型构建的重要性。

## 三、课堂教学

### 1. 加强集体备课，发挥集体智慧

一定要落实备课组的集体备课，针对高考要求，确定重点内容，控制适当难度，讨论重点问题，研究教学方法，安排试题组编。同时加强与兄弟学校的信息交流，取长补短。加强集体备课合作交流，做到既分工又协作，讲求办公效率；要精选资料，安排专人收集平时作业和考试中的倾向性错误；各任课教师要下功夫研究历年高考试题，广泛收集高考信息，整理并使用好相关信息，以提高复习备考的针对性和实效性。备课组订出学期、月，乃至每周的详细活动计划及具体措施。

备课组的另一项重要工作是做好不同阶段试卷的命制，在命制试卷前备课组要对试卷的知识点覆盖范围、题型种类、能力要求、难点设置等进行研究

部署，命题人要根据研究的结论写出考试提纲，向学生介绍此次考试的命题目的、考查知识点、能力要求等。每套训练题由一人命制，备课组长审题，避免同一类型题、相同知识点重复训练现象的发生，尽量杜绝试卷中的知识性错误，增强训练的科学性、针对性和前瞻性。

**2. 加强课堂教学管理，以实现课堂教学最优化**

高三阶段的教学以复习、训练为主，加之学生学习负担相对较重，各教师在课堂教学中应转变观念，落实新课程理念，发扬我校课堂教学改革取得的优秀成果，用科学的、符合学生心理特点及知识特征的方法指导学生学习，使学生在和谐、愉快的气氛中学习，使他们积极主动地参与学习。

（1）坚持“教师为主导，学生为主体，训练为主线，能力为主攻”的教学原则。课堂上该讲的要讲到位，该让学生自主构建、自主探究的要充分地让学生自主构建、探究，使学生对每一个考点都能“记得住、说得清、写得出、用得上”。实现课堂教学生动化、形象化，提高课堂教学效益和质量。

（2）课堂教学要注意“三不讲”，即与考试无联系的不要讲，自己讲不懂的不勉强讲，学生已熟练掌握的不重复讲。

（3）注意把握复习的高度、深度和效度。一是高度。要充分备课，复习课的内容既要抓住每一个考点、知识点，又必须进行精要归纳，要有高度的概括性，处理好“知识细节”与“整体把握”的关系，不得将复习课演变成高中课本内容的新授；二是深度。要认真研究考试大纲，将高考考点了然于胸，教学内容始终把握高考脉搏；选题既要注重基础性，又要具有综合性，力求由浅入深；触类旁通；三是效度。要把知识点的回顾与足量的巩固练习结合起来，做到讲练结合。

（4）高三备课组的教学要防止第一轮复习偏深、偏难的问题，要面向全体，注重基础，循序渐进，教学中要提倡学生积极思维、深刻理解、大胆探索。

（5）教学方法、教学手段现代化。充分利用现代教学设备的优势，利用和设计好多媒体教学，提高课堂教学效率。

**3. 课堂教学是传授知识、培养能力的主要途径，是大面积提高教学质量的关键**

必须向课堂要质量，力争把每节课上得精彩、上出实效。课堂上要处理好讲和练的关系。教学中要围绕提高课堂效率，做到精讲多练、讲练结合，特别要提高习题讲评课的效率。

课堂教学要针对学情，合理确定教学目标和难度，要依据考试说明组织教学。每节课要确定一个中心：围绕中心整理知识，围绕中心设计范例，围绕中心总结方法、规律，围绕中心组织训练。把握重点，讲练难点，突出考点，关注热点，杜绝没有充分准备就上讲台的现象。

### 四、挖掘非智力因素

注重考试的评价与激励作用，考前全力备考、严明纪律，考中进行方法和心态指导，考后认真总结分析，以宣传板报的形式，扩大表扬面，形成良好的优等生群体；通过宣传进步较快的学生，培养学生一切皆有可能、奋发向上的品质。

利用誓师大会和班会进行有效激励，培养学生的激情和动力；科任教师要抓住一切机会对学生进行激励。

# 从心理学角度谈提高化学实验观察效果

化学是以实验为手段来研究物质及其变化的学科，化学实验对化学理论的形成和知识的掌握起着极其重要的作用，学生学习化学是以观察物质及其变化为特征的。一个成功的化学实验要正确观察物质及其变化，而这主要取决于观察效果。因此，在中学化学教学中，培养和发展学生的观察能力就更加重要。

教学实践证明，相对来说，观察力强的学生，一般对事物的感知更加迅速、准确、完整，善于抓住客观事物最主要、最基本的因素，在单位时间内观察到的事物多，表现在学习上就是积累的知识丰富，学习成绩好。而观察力弱的学生，往往对应该观察的事物感知迟缓，有的甚至视而不见、听而不闻，表现在学习上就是大多学习成绩较差。

心理学认为，观察是一种思维性的知觉，它是通过思维在知觉对象和现象上进行有目的、有计划地调查研究和分析判断的。它依存于过去的知识经验和需要、兴趣等个性倾向特征，也受实践活动的制约。因而不同的人对同一现象和对象的观察，甚至同一个人在不同的时间观察同一事物，其结果可能会完全不同或大同小异。这是由人与人之间的个性差异所引起的。例如，对于化学物质颜色的观察就是如此，就蓝色来说，它可以分为浅蓝、蔚蓝、碧蓝、绛蓝、滕氏蓝、普鲁士蓝等，同时蓝色本身又是介于绿色和紫色之间。对于视觉性较强的和那些颜色方面的知识较丰富的人，他们对颜色的分段区间分得较小，观察的结果就更为详尽、清楚。相反，对于那些视觉性较差和对颜色认知经验不足的人，甚至连蓝色、紫色、绿色等颜色也分辨得不是很清楚，就会明显影响观察结果的准确性。

但是，观察也有其规律性。为了更好地培养和提高学生对化学实验的观察力，按观察过程所要求的规律性进行，使观察获得良好的效果，必须做到以下几个方面。

## 一、明确实验目的，瞄准观察对象

心理学研究表明，知觉是一种有意识的注意，它是由任务和目的决定的，它的成功与否取决于所面临的任务及目的的明确程度。因此，在实验时明确实验目的是提高观察效果的先决条件。目的性强的观察者，其注意力才能高度有组织地集中到某一方面、某一环节上，才能区分观察的主次，把握实验的实质，才能获得良好的观察效果。因此，可提出一些问题作为实验的任务和前提，激发观察者产生主动积极的态度去对实验过程中的各个环节进行细致的观察。例如，在为形成化学变化这个概念所做的镁条燃烧的演示实验中，如果学生无目的地观察，则常常只注意到镁燃烧发出的强光，而没注意到白色氧化镁的形成。因此不管是演示实验还是分组实验，指导教师或观察者都应该明确实验的目的是什么，弄清要“看什么”，而后再观察。在制备硫化氢的实验中，观察者自己或指导教师可提出这样的问题：①这个装置由哪几个部分组成？所用的仪器及名称是什么？各部分仪器如何装置？②用什么方法收集这种气体，为什么？③这个装置为什么可制取这种气体而不能用制取氯化氢？哪些气体可用这个装置（启普发生装置）来取？④有毒的硫化氢气体、尾气该如何处理？这些问题提出来之后，学生思路清晰，要观察什么，注意什么都很明了，同时对仪器装置及其操作方法，对实验装置的共性和特性，都能通过对实验的感知了解得非常清楚。上述问题也能通过实验得到解答，直观的认识远远胜于教师在讲台上的“纸上谈兵”。以上是共性的问题，对于不同的实验还得提出一些不同的问题。像制氯化氢，还得提出所用的硫酸为什么要是浓的，这么一来，学生就会对氯化氢易溶于水这点物理性质掌握得更牢固了。由此可知，带着任务地、有目的地对实验进行观察，不但能够提高对实验的观察效果，培养学生的观察能力和实验技能，而且能促使他们对旧知识进行联想回忆，起到温故而知新的作用，培养其良好的思维习惯。

## 二、理论基础扎实，注重实验过程

教育心理学指出，观察是一种有计划的比较持久的知觉，并且是为了实现某种认识目的而进行的，所以它要求观察者有充分准备，事先搜集材料，制订观察计划和方法。相关的知识丰富，观察就会深入和全面。例如一个化学知识丰富的实验员，当他走进实验室时，不仅能对各种药品进行细心地观察，而且能通过物质的颜色、晶型、气味等判断出它们中都有什么物质。然而，一个对化学知识不甚了解的人，他观察到的只是琳琅满目的药品罢了。因此，只有充分准备，将与观察对象相关的知识收集得较全面，做到对所要观察的对象有很好的了解和清晰的概念时，才能将实验过程观察得较为详尽。这就要求我们在做化学实验时，要先熟悉实验的有关内容。对于学生来说，首先应对实验内容进行预习思考，其次要写好实验准备方案，自己在预习中多提“为什么”，这样在实验时才能集中注意力去观察实验过程中出现的现象，才能对实验现象做出合理的解释，并把观察过程贯穿起来，形成有机的联系。不然，有些没有做好准备的学生等到做实验时才边操作、边翻书，必然分散注意力，对实验过程观察得不够细致，中间偶有疏漏，无法做到边观察、边思考——违背观察的客观规律。更有甚者，对实验中的相关知识不够熟悉或模糊不清，其观察效果便会更差，尽管有时也会得到最终结果，但是由于对观察对象了解不够深刻，实验过程中很多东西不会被观察到，因此对结果的来龙去脉没有清晰的理解。这样获得的知识是孤立的，对基本埋论和概念的把握帮助甚微，更不会牢固地贮存于大脑中以指导学习。根据我对学生的跟踪，在实验过程中表现出来的不同类型学生，在各种测试中反映出来的成绩差异非常明显。例如，在NaOH溶液滴$F_eCl_2$溶液的实验中，有的学生对沉淀中的“灰绿色”感知不到，这就很难对$F_e(OH)_2$的强还原性有正确的认识。若结果与理论不相符，则会以假乱真，这对一个化学知识储备不足的中学生来说也是很棘手的，甚至对理论学习和概念的掌握会起反作用。例如，在卤素单质活动性的比较实验中，$2KI+Cl_2=2KCl+I_2$，实验要求氯水的浓度要大一点，量要多一点，KI基本上反应完全，置换出来的$I_2$由于溶解得很少，呈紫色沉淀析出。如果KI过量，生成的少量的$I_2$又溶解在过量的KI中，$I^-+I_2=I_3^-$。这时我们看不到紫黑色的$I_2$析出，只能看到橙黄色的碘的透明溶液而已。又如进行AgI沉淀不溶于硝酸的实验中，要求掌握好KI与$AgNO_3$的量，力求使两者按等物质的量进行反应：$KI+AgNO_3=AgI\downarrow+KNO_3$，但如果KI过量，在后一步加入稀$HNO_3$时就会有如下的反应发生：$6I^-+8H^++2NO_3^-=2I_2+2NO+4H_2O$，反应析出紫黑色的$I_2$而掩盖了AgI的黄色。从上面的事实来看，如果实验操作者不做充分的准备，不将与实验有关的知识弄懂弄透，就不可能对反应中各物质的用量进行合理控制，因而就会将实验中出现的各种假象作为结论，出现记忆混乱的现象，从而干扰知识的形成过程，甚至有时会因“眼见为实”而去否定那些正确结论，这样观察到的结果非但无益，反而是有害的。因此，在实验前进行充分准备是一个良好的观察者必须具备的素质之一，因为只有充分准备才可避免类似情况出现，即使出现类似情况也会了解其发生的原因，从而加深了解，增长知识。

### 三、加强实验的计划性，合理安排实验程序

教育学告诉我们，做化学实验时要有计划性、系统性。我们明确了目的，提出了任务，并做了充分准备之后，对每个完整的实验都要有计划地、合理地安排，做到理论指导实践，又不会使观察者在实验中主次不分、手忙脚乱，从而做到有条不紊，这样观察效果必会提高。具体做法：首先在预习时可将整个实验步骤形成一个系统，最好做成图表形式，这样既可减少复杂的文字叙述，又能使实验者有一个清晰而悦目的感觉，从而以一个舒快的心境增强观察过程的视听感觉和记忆的联想效果，同时还能给实验带来不少方便。其次，一些步骤可进行适当调整，对于那些不需及时观察或在一定时间内无影响的步骤可预先进行。例如，在做胶体性质实验时，需要用到沸水，我们便可在对水加热的同时进行其他步骤；需配制溶液的，可将溶液先配好，以免因实验停停顿顿而使思维得不到科学地联结。有些性质实验，实验者可依自己探索的目的进行适当调整，例如，在硝酸与金属作用的性质实验中，教材上首先安排稀硝酸与锌和铜反应，接着是浓硝酸与锌和铜反应。但是，如果我们的实验目的是观察氮的不同价态的氧化物或为了比较浓稀硝酸与同一金属反应的情况，则可改为锌分别与浓、稀硝酸反应为一组，铜与浓、稀硝酸反应为一组。类似情况，观察者可依观察目的进行适当安排。总之，没有计划的、随意性的实验是不可取的，一方面会使实验者忙乱，另一方面会使观察结果缺乏系统性，从而干扰和影响实验过程的内在联系，不利于理论依据的保存。

## 四、创设问题情境，发展思维能力

观察是一种思维性知觉，观察过程中知觉到的对象和现象必须通过思维分析，才能把握住其本质。认知心理学关于思维的研究表明，探索的过程首先是解决问题的过程。因此，实验过程中不但要做到手操作、眼观察、耳听觉，而且要做到脑动心思，将观察的结果进行比较、分析、综合、解释，从复杂的化学现象中找出规律性的知识联系，使获得的形象更加生动、深刻，促使观察者在脑神经网里形成一种神经联系。带着与实验有关的问题进行实验，以引起学生的好奇与思考，是激发学生认识兴趣和求知欲的有效方法和手段。要把学生引入一种与问题有关的情境的过程，在他们的心理中造成一种悬念，从而使学生的注意、记忆、思维凝聚在一起，以达到智力活动的最佳状态。例如，在做氯化氢的喷泉实验时，观察到的结果是有喷泉产生，但必须思考为什么会形成喷泉，溶于石蕊的水形成喷泉后为什么会变红色。又如在原电池实验中，我们可提出下列问题：①先引导学生把一根铜丝和一根铁丝分别浸入盛放稀硫酸的烧杯中，观察现象。②然后把两根金属丝置于同一盛放稀硫酸的烧杯中，观察现象，并与前面的操作进行对比。③把两根金属丝用导线相连后，置于盛放稀硫酸的烧杯中，观察现象。④把两根金属丝用导线在中间连接一电流表后，置于盛放稀硫酸的烧杯中，观察现象。通过实验操作，提出问题，带着疑问，引导学生分析、讨论，最后得出结论。创设这样的问题情境，一方面能培养学生勤于思考的习惯和思维的灵活性；另一方面能促使学生形成完整、系统的知识体系并贮存于大脑中，将其作为一种信息去指导理论的学习。可见思维在观察过程中是必不可少的条件。

## 五、重视总结过程，形成理性认识

人的心境和观察态度对观察效果的好坏也起着极大的作用。良好的心境会增加人的感觉性，会使观察者对知觉的对象和现象观察得更清楚。要做到这一点，观察者首先要对实验产生兴趣，保持良好的情绪，其次必须将繁多的实验仪器安放得有条不紊，实验台应保持整洁，这也是很重要的。平时的观察表明，那些将仪器摆得横七竖八的，或者某一心理状况不良的人，他们不但对实验的观察结果较差，而且常会打破器皿。此外实验室要保持安静，大吵大闹的结果是会分散注意力，以降低观察效果。观察态度如何会直接影响实验结果，认识到观察的意义和任务，意识到观察的责任，就会唤起观察者的注意，使其对观察对象和现象进行审视倾听，以进行持久稳定的观察，从而提高观察效果。

现代心理学研究表明，人类智力活动的进行与发展必须经历由外部物质活动向内部认知活动的转化过程。实验的最终目的要求，必须将观察结果进行复述表达，并上升为思维结果——理论上去。对学生来说，在每次实验特别是分组实验后，都必须完成一份实验报告，给自己提出一个明确的任务，激发他们以一种积极的态度去观察并将实验结果记录下来，以便为实验报告提供第一手材料。因此，写实验报告是化学实验的一个重要环节，通过写实验报告，既可对问题进行讨论，加深理解，又能使观察结果通过文字表述，形成完整的理论和知识体系，使理论在大脑中再现并形成动力定型，加强记忆；另外，可以对实验中不足的地方加以补充，总结经验、提出新问题，为以后的实验提供良好条件。

最后，每个观察者都应有主见，不要受“先入之见”的暗示，对实验过程中出现的意外现象，要用科学的态度进行分析，查明原因，再进行正确操作，既不要一味否定，也不要过于迁就和膜拜现成的结论，要善于发现问题、解决问题，这是一个优秀观察者应有的气质。综上所述，在实验教学过程中，教师应时刻关注学生的学习心理，掌握学生的心理特点，指导或引导学生养成良好的操作方法和思维习惯，培养和发展学生良好的观察能力，提高实验的观察效果。

**参考文献**

[1] 西南师范学院化学系. 中学化学教学法 [M]. 北京：高等教育出版社，1997.

[2] 全国九所综合性大学. 心理学 [M]. 桂林：广西人民出版社，1984.

[3] 新时期教师丛书《教学心理》[M]. 广州：广东教育出版社，1990.

# 抽象化学概念的教学情境设计分析

《高中化学必修一（人教版）》第一章第二节“化学计量在实验中的应用”是抽象概念比较集中的内容，如物质的量、气体摩尔体积、物质的量浓度等。抽象概念的特点是，学生感到陌生，无感性认识基础，不能用直观演示实验来完成认知过程，是化学教学中的一个难点。

在这些抽象化学概念中，物质的量是一个十分重要的概念，它起着连接化学中微观与宏观、定性与定量的作用，贯穿于整个高中化学学习的始终。教师设计好教学情境，让学生轻松学习并掌握这个概念，有助于激发学生学习化学的兴趣和动力。但对于中学生而言，它依然是相当抽象的一个概念。



## 一、挖掘教材与社会生活的联系，化抽象为具体

《高中化学必修一（人教版）》第一章第二节“化学计量在实验中的应用”的第一课时讲的是“物质的量的单位——摩尔”，学生在学习“物质的量”这个概念时，普遍感到相当困扰且不容易了解或接受，教师也感到不好教，一味地埋怨教材内容抽象。之所以这样，主要是因为很多教师不会挖掘教材与社会生活联系的内涵，不会引导学生结合生活实际进行探究学习。

普通高中《化学课程标准（实验）》中提出，“教师应注意领会每个模块在课程中的地位、作用和教育价值，把握课程模块的内容特点，考虑学生的学习情况和具体的教学条件，采取有针对性的教学方式，优化教学策略，提高教学质量”。

“用好教材，不拘泥于教材。”这是新课标的要求。对于“物质的量的单

位——摩尔”这一课时的教学，历届学生都反映很难理解和掌握，如果教师没有透彻把握教材、用好教材，那么受教材编排的局限，就无法活用教材，结果是教师抽象而无趣地讲，学生无味地听，俱无所获。要提高这一课时的学习效果，同为课程主体的教师要改变灌输式的教学，代之以师生共同探究学习，灵活应用教材，以问题为载体，让学生从主动获得知识、应用知识、分析和解决问题的学习活动中获取直接经验，进一步解放学生的手和脑，让学生逐渐养成自主学习的习惯，培养学生的创新精神，使学生的实践能力得到发展。

新课程理念对教学的要求是，“化学与学生的日常生活紧密联系，与当今社会的许多热点问题密切相关。在教学中教师在呈现课程时应在学生已有生活经验的基础上与课程内容发生关联。精心选择发生在学生身边的科学和技术问题、生活问题等作为教学的切入点，匠心独运地创设学生自主活动和积极探究的教学情境，激发学生积极参与科学探究的求知欲”。

在这一课时的设计上，首先让学生回忆初中学过的两个反应，提问反应式中系数代表什么意义。（1）$2H_2+O_2 = 2H_2O$；(2)$2Na+Cl_2 = 2NaCl$；学生回答，系数代表1个分子或1个原子。接着提问：在化学实验中，1个分子或1个原子如何取用？我们在化学实验中如何取用各种物质？学生思考后，认为必须将微观粒子和可称量的宏观物质联系起来。再问：如何将它们联系起来？粒子虽然肉眼看不到，那么数量多了有什么变化吗？（学生答，聚集多了就变成可见的宏观物质）那么，如何衡量粒子的多少？也就是说用什么“物理量”可以来衡量粒子数量的多少？借助教材中的“资料卡片”，在学生已有的生活和学科经验上设计表格进行类比探究，如表1所示。

**表1　类比探究明细**

| 计量目的 | 物理量及符号 | 单位名称 | 符号 |
|---|---|---|---|
| 距离 | | | |
| 物质轻重 | | | |
| 时日长短 | | | |
| 电量大小 | | | |
| 冷热程度 | | | |
| 光的强度 | | | |
| 粒子多少 | | | |

此时，学生已讨论、总结出了物质的量及其单位的意义。这就解决了“物质的量”作为物理量的抽象问题，同时也让学生明白了“物质的量”的意义是用来计量粒子多少的。

最后设置日常生活中学生熟知的问题：质量的单位千克、长度的单位米是多少，又是如何规定的？讲述1971年，法国为了改变质量单位混乱的局面，在规定了长度单位是米的同时，规定了$1dm^3$纯水的质量在4℃时的质量是1kg，并用铂（pt）制作了标准千克原器，保存在法国档案局。同样，“物质的量”作为国际单位制的物理量，其单位也要有个规定，从而提出了“摩尔”这个单位的标准——国际上规定，1mol粒子集体所含的粒子数与0.012Kg$^{12}C$中所含的碳原子数相同，约为$6.02\times10^{23}$，从而得出了阿伏伽德罗常数（NA）——1mol任何粒子的粒子数，用$6.02\times102^{31}mol^{-1}$表示。

从本课时的教学过程来看，整个探究学习过程通俗易懂，联系了学生已有的经验与知识，巧妙地引入问题情境可将学生的探究活动一步步引向深入，并通过图表加以清晰地展示，强化学生“化学来源于生活又服务于生活”的意识，培养了学生热爱生活、热爱化学的情感与价值观。

《高中化学必修一（人教版）》第一章“从实验学化学”的教材处理特点，首先是根据学生已有的学习经验和社会生活知识，确立问题情境，给出驱动性问题，让学生感受到将要探究的问题是有价值的，并围绕驱动性问题，明确具体探究任务，在进行探究活动时要把教材的意图很好地体现出来，针对学生探究活动中直接探究不能注意到但又是非常核心的内容进行拓展。其次是灵活处理教材，将教材中陌生的、抽象的问题，设计为熟悉、具体的、有层次、有梯度的探究问题，激发了学生的探究热情和兴趣。再次，根据高中化学新课程的特点，强调过程性、体验性目标，让学生在主动参与、亲身实践、独立思考、合作探究的活动过程中实现自主学习、合作学习和探究学习，培养学生自主学习的能力。这种教学设计让学生在探究、发展等主动学习的过程中体验科学探究的历程，通过学生的实验、操作、调查、信息搜集与处理、表达与交流等，自主、独立地发现问题所在，培养其收集和处理信息的能力，获取新知识、构建知识意义的能力，分析和解决问题的能力，在获取知识和技能、发展情感与态度的基础上激发学生学习化学的兴趣，促进学生学习方式的转变，培养学生的创新精神和实践能力，实现了教育和教学在课程实施过程中符合目的与符合规律的统一。《高中化学必修一（人教版）》第一章作为新课程高中化学教材体系的开端，应该对以后各个模块的学习发挥引领作用。

## 二、重视“过程与方法”维度目标，设置认知冲突

以“气体摩尔体积”的教学为例，我在2004年第一次教授该课时，由于受老的教学方法的影响，仅由教师介绍有关知识，学生难以理解且无法应用。为了让学生真正地掌握、理解概念的本质，提高知识的应用水平，后来在这一课时的教学中，我设置了有关问题让学生进行探究。首先导入上一课时的学习，通过物质的量可将微观粒子和可称量的物质联系起来，那么，我们能否将微观粒子与气体的体积联系起来？通过问题来确定学习“气体摩尔体积”的目标，让学生有目的地进行探究学习。接着演示“电解水的实验”，演示前提出了下列问题：

（1）你了解电解水的原理吗？由学生写出。

（2）从“电解水的实验”中，你观察到了什么？生成的$O_2$和$H_2$的体积比是多少？

（3）填写下表（提示列化学方程式计算）。

| | 质量 | 物质的量 | $H_2$和$O_2$的物质的量之比 |
|---|---|---|---|
| $H_2$ | | | |
| $O_2$ | | | |

（4）结合实验和推算能否得出：在相同温度和压强下，1mol $O_2$和$H_2$的体积相同吗？填写下表。

| | 密度/g.l$^{-1}$ | 1mol物质的体积 |
|---|---|---|
| $H_2$ | 1.429 | |
| $O_2$ | 0.0899 | |

（5）填写下表，你能得出哪些结论？如何解释这些结论？（认知冲突问题）

| | 密度/g.l$^{-1}$ | 1mol物质的体积 |
|---|---|---|
| Fe | 7.86 | |
| Al | 2.7 | |
| $H_2O$ | 0.998 | |
| $H_2SO_4$ | 1.83 | |

实验结束后，学生分组讨论后基本上能得出如下结论：

（1）在相同的温度和压强下，1mol气体的体积基本相同。

（2）在相同的温度和压强下，1mol不同的固态或液态物质的体积不同。

（3）同样是1mol物质，气体和固体、液体的体积相差很大。

接下来又提出了如下认知冲突的问题：①为什么同样1mol的物质由于状态不同，体积的差异这么大？②1mol气体的体积基本相同吗（在相同的温度和压强下）？

学生讨论后得出了结论：

（1）决定物质体积的大小有粒子数目、粒子大小、粒子之间的距离这三种因素。

（2）对于固体和液体来说，粒子间的距离非常小，其体积主要取决于粒子本身的大小；对于气体来说，粒子扩散后，粒子之间的距离远远大于粒子本身的直径，其体积主要取决于粒子间的距离。

（3）由于任何气体粒子都很小，粒子的距离只受温度和压强的影响，只要温度和压强相同，粒子之间的距离相等，因此，粒子数相同的任何气体都具有相同的体积——阿伏伽德罗定律。

最后，得出了“气体摩尔体积”的定义和相关知识。教材的设计凸显了知识的生成过程，教师在教学时，应充分发挥各栏目作用，创设好的教学情境，促进学生认知能力的提升。这一过程中通过设置一些认知冲突问题，使学生形成了思路，并运用方法，把事实、实验和概念结合起来，这样就能够深化学生对气体摩尔体积的认识，会对阿伏伽德罗定律迁移为应用。实验探究教学能够支持核心知识的理解和能力转化。这种学习方式要求学生亲自动手动脑，改变了学生被动接受知识的习惯。探究教学与其说是让学生掌握科学知识，不如说是通过知识的构建过程，让学生理解和掌握科学的探究过程与科学方法，从而全面提高学生的科学素养，这才是科学探究教学的基本价值所在。

## 三、利用联系对比的方式，加深对陌生概念的理解

普通高中《化学课程标准（实验）》中明确提出，“科学探究能力的培养应紧密结合化学知识的教学来进行，帮助学生掌握知识、技能、方法，体验科学探究的过程，在态度情感与价值观方面得到良好的发展”。

为了使学生更好地理解陌生而抽象的化学概念，教师在教学中要寻找与之相关的概念，通过对比相关概念的异同点，增强学生对陌生概念的认识，变抽象思维为思维具体，在对比中形成概念的知识体系，提高对化学概念的探究效果。在“物质的量浓度”这一概念的教学中，找出学生熟悉、与之相关的溶液中“溶质的质量分数”这一概念，引导学生对两个概念的特点和溶质、溶液、数学表达式等方面进行比较探究（如表2所示），有利于学生对“物质的量浓度”这一概念的理解。

**表2　学生比较研究明细**

| | 溶质的质量分数 | 物质的量浓度 |
|---|---|---|
| 溶质表示 | 溶质的“质量” | 溶质的“物质的量” |
| 溶液表示 | 单位质量溶液中 | 单位体积溶液中 |
| 溶质单位 | g | mol |
| 溶液单位 | g | L |
| 数学表达式 | w=m（溶质）/m（溶液）×100% | Cn=nB×V |
| 特点 | 用于“质量”计算，溶液的质量和质量分数相同时，溶质是质量相同，但溶质的物质的量不同 | 用于“物质的量”计算，溶液的体积和物质的量浓度相同时，溶质是物质的量相同，但溶质的质量不同 |

通过与已熟悉的溶液中“溶质的质量分数”概念的对比、分析过程，学生轻松地理解、掌握了“物质的量浓度”这一概念、计算公式及其特点，取得了良好的教学效果。同时，还可进一步拓展，引导学生思考、探究“溶质的质量分数”与“物质的量浓度”的关系，推导出相互转化的计算公式，加深学生对概念的理解和发展。这种设计方式，有利于培养学生科学探究的过程与方法，调动学生学习的积极性，发展学生的情感与价值观。

## 四、深化和发展概念，构建概念知识网络

从多年的教学经验得出，学生对抽象概念的学习和掌握，不可能一蹴而就，需要靠时间的磨炼来化解其抽象性，变陌生为熟悉，最后达到熟练使用的程度。这就要在概念应用上下功夫，通过对概念的应用，弄清每个概念自身的上位概念和下位概念之间的联系，形成由个体分散的概念所组成的相互关联的

概念系统，丰富对抽象概念的认识水平，从而达到应用自如的程度。

如《高中化学必修一（人教版）》第一章第二节“化学计量在实验中的应用”，学生在熟悉了各个个体概念后，通过训练强化，提高了对概念的应用能力，构建起以“物质的量”为中心，联系“粒子数”“质量”“气体摩尔体积”“物质的量浓度”的知识网络图（如图1所示），并以练习的形式归纳出“粒子数”“质量”“气体摩尔体积”“物质的量浓度”之间的相互转化关系，确定转化的核心。而不再只是将概念停留在个体的字义和注解上，因而，让学生熟悉个体概念之间的相互联系，挖掘概念的内涵和外延，提高其对概念的整体认识，强化其对概念的理解与掌握，进一步将概念进行深化和发展，巩固概念的应用水平。

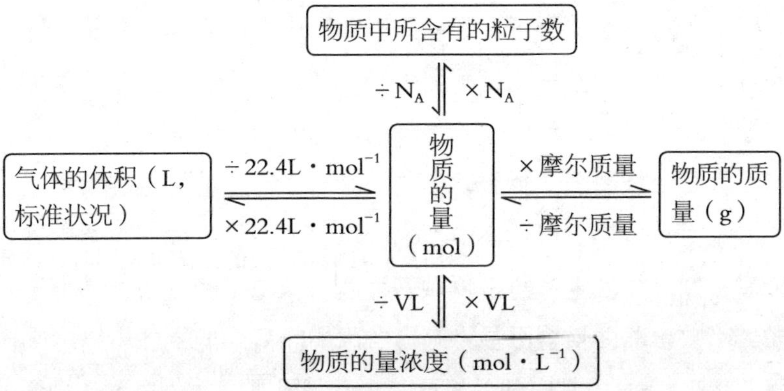


图1　物质的量关系转换图

由此可见，在抽象概念教学中，为了提高学生对概念的理解水平，强化概念的应用能力，从核心概念展开构建化学概念系统和网络是非常必要的。

（发表于《中小学教育》2011年第12期）

**参考文献**


[1] 中华人民共和国教育部. 普通高中课程方案（实验）[M]. 北京：人民教育出版社，2004.

[2] 中华人民共和国教育部. 普通高中《化学课程标准》（实验）[M]. 北京：人民教育出版社，2003.

[3] 宋心琦. 普通高中课程标准实验教科书《化学①》[M]. 北京：人民教育出版社，2011.

[4] 蒋敦杰，杨四耕. 高中新课程理念与实施（第二卷）[M]. 海口：海南出版社，2006.

[5] 罗秀玲，钱扬义. “化学概念”研究角度的反思 [J]. 化学教育，2006（8）.

[6] 詹海鹏. 浅谈抽象化学概念的教学方法 [J]. 甘肃教育，2007.

[7] 方舟. 抽象化学概念的教学方法概述 [J]. 百度文库，2011.

# 略谈高中化学授课方式的改变

教育观念是一个时代的产物。新课程标准下的新化学教材要求我们不断更新落后的教学方式，始终以学生为主体对化学课程进行一系列的讨论、合作、探究，并且教师要学会利用网络等多样化的教学方法来进行教学。而在知识信息迅速发展的今天，“活到老学到老”是非常必要的，学校早已不是学习知识的唯一场所，教学思想在慢慢发生着变化，教师的教学方式也渐渐趋于生活化。这是为了让学生可以通过自已的理解和经验对知识进行归纳和总结。

## 一、培养学生的独立学习能力，使其自主掌握课本中的知识体系

现今，大多数学校的教学总体仍偏向于传统的教育方式。单调的教学模式，总是教师讲、学生听，教师写、学生做笔记，教师提问、学生回答。这种被动型的教学方式，让学生习惯逆来顺受的学习方法，没有思维的创新，其思维拓展受到了很大的阻碍。要想提高学生独立学习的能力，就必须给学生足够的思维空间去任意想象，并意识到学习知识的主体始终是他们自己。古人云：授人以鱼，不如授人以渔。要想提高学生的自学能力，并不能用一种统一的简单的教学方式。教学方式应该因人而异，根据不同的学生设计出不同的自学提纲，在课间提问时也要考虑不同学生的特点。如此一来，学生被提问在回答出正确答案的同时也提升了自身成功感，从而激发学生继续奋发学习的兴趣。自学的能力通常表现在以下两点：一是培养阅读能力，比如许多单质或者化合物的物理性质；二是加强必要的学习方法训练。

## 二、增加教学实验的次数，提高学生动手动脑的能力

化学不能仅限于纸上谈兵，实践的实验教学也非常重要。每一个理论或公式的结论都基于实验之上的。每次实验前的准备需要教师首先明确该实验的目的，需要解决的问题是什么，需要探究的问题又是什么。不能一味地让学生机械性地反复操作之后再单纯地记录结论，实验的意义何在却一问三不知。这种被动的教学方式，让学生习惯了只接受记住结果，却忽视了过程的由来，同时也扼杀了学生的创新和动手动脑的能力。例如，我们在讲解碳酸钙的化学性质时，就可以通过一个小实验让学生有一个深刻的记忆：取一小块碳酸钙投入到装有盐酸溶液的小试管中，会有大量的气泡产生，这种现象必然会激起学生的好奇心。若条件允许，可以分组实验并进行讨论。培养学生自我创新的意识，把更多的时间留给学生自己动手、动脑，对于提高学生的发散性思维有着积极的作用。

## 三、调动学生的学习积极性，提高参与意识，造就轻松的学习环境

要让学生对学习充满积极性，教师们首先要以饱满的精神状态去面对学生，用一颗宽大的心去包容和爱护学生。一项调查表明，中学生普遍喜爱的教师都是那些对待同学非常友善和蔼的。在学习的过程中，学生对于教师的感情需求大大超过了对于知识本身的需求。在日常生活中的辅导和教学中，倘若每一位教师都能用饱满的激情为学生讲解，用宽容的心爱护学生的话，那么他们所讲授的课堂内容就更容易引起学生的注意。而教师这种饱满的精神状态也能把整个课堂气氛调动起来，学生在受到这个氛围感染时，思维也会变得相对敏捷灵活起来，进而对化学的学习兴趣也会越来越高，从而逐步提高化学成绩，使教学的效果更尽如人意。

## 四、课堂教学中要以学生为主要载体，教师要配合并用正确的方法去引导

在当今的教学过程中，以学生为主要载体显得越来越重要。当前社会信息更为多元化，学生不再单一地通过教师的授课来获得知识，而会通过丰富的网

络信息来更快地获得自己想要掌握的知识，这会使学生的大脑思维得到进一步提升，学生通过自己的方式获得知识也会使学生对此产生极大的兴趣，从而使学生的学习动力更上一层楼。但是，这中间也需要教师的引导，教师的正确引导可以使学生更容易通过多元化的方式来获取自己所需要的知识，并且能少走弯路。教师也需要掌握现代化的信息传递方式，跟上时代的步伐，多元化的信息获取方式可以使教师的知识得到进一步扩展。同时，学校也需要定期组织教师进行深造学习，使教师们能够了解现今教学方式的转变。以学生、教师、学校的共同努力来形成良性循环，使学生的成绩和教师、学校的教学绩效都得到提高。

要想让化学的教学方式更容易被学生接受，我们还有许多方法可以尝试。例如，在高一的化学教学中，教师可通过细致的教学，使学生掌握扎实的化学基础，使学生在以后的化学学习中能够顺利地接受更高一层的化学知识。在教学过程中，教师讲课的内容太抽象而导致学生很难理解的时候，可以尝试利用现代化的多媒体手段，使学生通过直观的感受直接获取精确的知识内容。平时注重细节上的规范，加强分子式及化学方程式书写的规范，将学生书写的规范和正确与否和成绩的高低关联起来。

总而言之，对高中化学的情感、行为、认知等一系列方面的态度，从各种方面影响着学生学习化学的总体效果。在教学过程中，教师应该充分利用现代化的科技将化学与现实生活联系起来教学，给学生一个直观易懂的感受，从而培养学生科学学习的良好习惯，将以往的被动学习模式逐渐引导为主动学习的方式。唯有如此，才能使成绩大幅度提高。

**参考文献**

[1] 陈连. 通过化学实验培养学生创新能力 [J]. 化学教育，2008（4）.

[2] 巫万生. 优化实验教学　培养学生创新能力 [J]. 中学化学教学参考，2009（1）.

[3] 陈幸福. 开放化学讲堂　培养学生的创新能力 [J]. 化学教育，2008（6）.

# 化学概念的教学之我见

中学化学基本概念是中学化学教材中广泛应用的概念，如何使学生清楚、准确、深刻地理解并掌握这些基本概念，对于学生学好化学是十分重要的。同时，化学基本概念又是学生学习基础理论、元素化合物、实验和化学计算，以及有机化学等方面化学知识的基础，没有这些基础，要想学好化学是不可能的。传统的概念教学往往是教师讲定义、学生背定义，看上去似乎听得懂，但忘得也快。为了搞好化学概念的教学，教师在教学中，不仅要重视基本概念的讲解，还要教给学生对基本概念的学法、用法。因此，重视和加强化学基本概念的教学是提高化学教学质量的关键。下面介绍概念教学中的一些探索。

概念的内容和形式是多种多样的。依据不同的标准，可以将概念进行分类。苏联心理学家维果茨基根据概念形成的来源，把概念划分成日常概念与科学概念两种：日常概念也称前科学概念，是指未经过专门教学，而是人们在日常生活中逐步形成的概念；科学概念是指在有计划的专门教学条件下形成的概念。当然，日常概念可能是正确的，也可能是错误的。例如，学生在日常生活中观察木炭和煤的燃烧，认为它们燃烧后质量减少了，怎么能使燃烧前后质量不变呢？这就是个错误的日常概念。心理学研究表明，影响学生理解和掌握概念的重要因素是学生头脑中已有的知识。特别是日常概念的正确与否直接影响到科学概念的建立。而那些错误的日常概念在学生头脑中往往是根深蒂固的，这就要求教师在讲授概念之前，除了要认真分析概念的名称、定义、实例和属性外，还必须认真分析学生头脑中与这个概念有关的已有知识是什么，特别是要找出学生头脑中存在的那些不正确的日常概念。在此基础上，采取一定的措施，通过具体生动的科学实验或事实资料，帮助学生建立起正确的概念，并澄清其头脑中错误的认识。只有这样，学生才能真正理解、掌握并灵活运用科学概念。否则学生在运用概念解决有关问题时，必然要受头脑中错误的生活概念影响，从而导致错误。例如，在讲授质量守恒定律时，一方面要通过科学实验，引导学生初步形成质量守恒的观念，但是绝不能到此为止，还必须针对学生头脑中已有的错误概念，联系日常生活中的实际现象，分析相关问题。通过对具体问题的分析，澄清学生头脑中的错误认识，使学生掌握质量守恒定律的条件，学会分析问题的方法。然后再从微观结构上进行分析，使学生进一步理解质量守恒定律的实质，最后通过练习解决实际问题。

化学的基本概念可粗略地分为物质的组成、物质的结构，以及物质的性质、变化、化学量、化学用语、化学实验技能等多方面内容，它们之间既有联系、互相补充，也有区别、相互独立。对化学概念教学中的不同概念应该使用不同的教学方法：①运用直观教学方法，帮助学生形成概念；②善于解剖概念，把握概念的内涵与外延；③弄清概念异同，防止模糊概念；④概念教学要注意阶段性和发展性；⑤调动学生已有知识，同化、理解新概念；⑥弄清概念间的关系，逐步编织概念网络；⑦练习巩固，强化理解，运用概念。



## 一、运用直观教学方法，帮助学生形成概念

讲授概念时要遵循学生的认知规律，从感性到理性，从具体到抽象，因为中学生思维能力的发展正是从形象思维到抽象思维的过渡时期，形象思维多于抽象思维。讲授概念时要做到从直观入手，通过观察、感受、分析、抽象概括而引出概念。一是引导学生联系生活经验去认识化学概念，如讲授分子时可以从糖溶于水、氨气扩散、湿衣服晾干等日常生活现象切入，说明分子的客观存在，再用比喻的方法描述分子的大小，这样就可把摸不到的分子深深印在学生的脑海里。二是利用实验、模型、挂图、录像、多媒体等直观教具认识概念。如开始学习化学时对物理变化、化学变化、物理性质、化学性质等概念的传授，即可通过实验对比的方法进行教学，研磨硫酸铜晶体和将硫酸铜晶体中加入氢氧化钠溶液两个反应两种现象加以对比，先让学生指出其不同之处，再加以总结、归纳，得出物理变化、化学变化的结论，学生会对这类概念理解得透彻，记忆得深刻。有关物质的性质、变化、实验技术等方面的概念，例如，初

中化学中催化剂、溶液、饱和溶液与不饱和溶液、化合、分解、吸热反应、放热反应、质量守恒定律、溶解、结晶这些概念，都是通过实验的途径引出来的。

## 二、善于解剖概念，把握概念的内涵与外延

化学概念具有严密的科学性，因此概念教学应让学生准确地把握概念的内涵与外延，掌握概念的实质。在教学中经常采用下列三种解剖方式：一是咬文嚼字理解概念。如催化剂中的改变二字，就隐含着加快和减慢两层意思。二是剖析词语含义。如溶解度的概念，讲解时可把定义中的四个句式分解开来：①在一定温度下；②在100g溶剂中；③达到饱和状态时；④在上述情况下溶解溶质的克数。三是强调关键字词，从而浓缩概念，凸显概念实质。如催化剂的概念，可对学生强调“一变、二不变”这一关键；又如，在讲电解质概念时对定义中的溶、熔或能导电、化合物这些字词要给予强调。

## 三、弄清概念异同，防止模糊概念

在化学概念中，有些概念之间可能既有本质不同，又有内在联系。所以在教学中可以采用对比的方法，将既有联系又有区别的概念进行对比，使学生弄清概念的异同，防止模糊概念。例如，物质的分类是学生学习中的难点，大多数学生都存在分类不清的问题，对此我们可以将单质、化合物、氧化物、纯净物等概念进行比较，首先寻找联系点——单质、化合物、氧化物都是纯净物。再寻找各自不同的个性特征——单质是由同种元素组成的纯净物；化合物是由不同种元素组成的纯净物；氧化物是由两种元素组成，其中有一种是氧元素的化合物。又如氧化剂与还原剂，它们的联系点都是指反应物，并存在于同一个反应体系中。不同点是还原剂得到氧，氧化剂失去氧。还有氧化物、酸性氧化物、碱性氧化物等，都是既有联系又有区别的概念。在教学中可有的放矢地运用对比的方法进行教学，使学生正确理解概念。进行这类概念的教学时，可采用类比法，通过类比法，使学生真正找出其区别的根本所在，帮助学生理解和记忆。

## 四、概念教学要注意阶段性和发展性

注重教学的阶段性就是要根据初中学生的特点，依据义务教育课程标准

的要求，掌握好知识处理的分寸，准确把握知识的深广度，在不同阶段对学生提出不同的要求。如氧化反应、燃烧、饱和溶液、电离等概念，均属于过渡性或阶段性概念，这些概念只是为了学习某些比较重要的定义性概念而铺路搭桥的，教学中不能不顾及学生的实际能力，而过分追求科学性和完整性，将概念随意扩展和深化。但有些概念是需要教师给予一定的扩展的，以备学生以后更好地学习。

### 五、调动学生已有知识，同化、理解新概念

当新的概念形成的时候，人的大脑中要把新旧概念进行同化。中学生大脑里的知识结构比较简单，同化新概念的能力不强，这就要求教师努力调动学生已有的知识，调整学生头脑中的认知结构，帮助学生加强新旧概念间的联系，同化、理解新概念。

### 六、弄清概念间的关系，逐步编织概念网络

根据概念的抽象程度，美国心理学家加涅将概念划分为具体概念与定义性概念两种。具体概念是指能通过直接观察获得的概念，如书、桌子、上、下、左、右等概念；定义性概念是指不能直接通过观察，必须通过定义才能获得的概念。定义性概念比较抽象，它不是单一概念，而是涉及几个概念的关系。研究表明，掌握这类概念的前提是必须理解构成这个概念定义的有关概念。例如，对于溶解度的概念，其在一定温度下，某物质在100g溶剂里达到饱和时所能溶解克数，叫作这种物质在这种溶剂里的溶解度。在这个定义里，饱和溶液的概念直接影响学生对溶解度概念的理解，学生必须知道什么是饱和溶液，能判断饱和溶液和不饱和溶液，如此才能真正理解溶解度的概念。化学概念不是孤立的，它总是处于与其他概念的相互联系中。使学生弄清概念间的关系，对于他们更深刻地把握概念的内涵与外延，辨析概念间的区别与联系，编制概念网络具有重要作用。从逻辑关系来讲，化学概念间存在下列关系：①同一关系：例如乙醇和酒精；②并列关系：例如盐酸、硫酸和硝酸；③交叉关系：例如取代和置换、化合与加成；④主从关系：例如酸类和硫酸，烯烃和丁烯、丙烯、乙烯；⑤对立关系：例如酸与碱，氧化剂与还原剂；⑥否定关系：例如电解质和非电解质、氧化还原反应与非氧化还原反应。需要注意的是，随着学习

的深入，要教会学生不断对概念网络进行补充与完善。

## 七、练习巩固，强化理解，运用概念

学生运用概念的主要形式是做习题，因此布置习题时要有目的，适量精选，由浅显的简单题入手再到复杂的综合练习。特别是对概念的综合运用，教师要帮助学生总结出带规律性的东西，达到对概念深刻理解和融会贯通的目的。有时候也可以举出反例，有意引导学生从反面或侧面去分析。例如，针对电解质和酸的概念，可以提出这样的问题：①金属能导电，是不是电解质？②碳酸氢钠溶于水时有H+生成，它是一种酸吗？通过这种方法，学生能从不同角度去理解每一个概念。

总之，化学基本概念教学，不仅要使学生准确地理解与掌握概念，而且要注意让学生掌握研究化学问题的方法、思路，以及应用概念解决化学实际问题的能力。加强对化学基本概念的教学，因学习对象的不同，基本概念的内容、难度不同，方法和形式也应该是多种多样的，亟待我们共同探讨，以便不断提高化学基本概念教学的质量。

参考文献


[1] 张毅强，乔敏. 元素化合物教学设计的行动研究——“氮气和氮的固定”的教学设计探索 [J]. 化学教育，2006（1）.

[2] 马敏，成晓琳，于清江. 对初中化学教材中溶质一词用法的商榷 [J]. 化学教育，2006（1）.

[3] 罗秀玲，钱扬义. “化学概念”研究角度的反思 [J]. 化学教育，2006（8）.

[4] 夏立先，吴殿更. 对化学概念的形成研究 [J]. 中学化学教学参考，2007（1）.

# 回归教育本真，培育良好的社会公德

此前社会上出现的一幕幕类似“小悦悦事件”和“跌倒的老人无人帮扶”等让人寒心的事情，引发人们对社会存在的问题和社会公德问题进行广泛评论和反思。我认为更应从学校教育的角度加以反思，当今社会的每个公民，几乎都是从校园走向社会的，那么，这无情的世道和冷漠的世人，是由怎样的道德观和人生观构建的，难道我们的学校教育对受教育者就没有一点点的人性反思吗？这是值得我们学校教育思考的一个课题。



## 一、教育的误区，误了一代人，使国家发展滞后了一个世纪

改革开放以来，我国经济飞速发展，在带来物质富裕的同时，也出现了人们功利思想膨胀、社会信仰缺乏、道德缺失、人与人之间赤裸裸的金钱关系凸显等问题。这其中既有社会的责任，也有教育的责任，教育不再是圣地，功利思想把教育引入了死胡同。多数地区特别是落后地区，“教育”被片面地理解为“教学”，而忽视了教育的本质。我们经常听到一些学校提出的培养目标：“不能让学生成才，就要让学生成人。”“成才”者是德才兼备者，“成人”者是有道德、懂礼节者。然而，多少年来，这却成了学校的口号，德育工作被多数学校弱化、淡化。造成此现象的原因，主要有以下几个方面。

（1）教育主管部门对学校提出的要求是，“德育为首，教学为主”。然而，近些年来各级教育主管部门都没有重大的举措来加强学校的德育工作，更没有采取具体措施来检查学校德育工作是否落实到位，偶有对学校德育工作的考核，也无非就是发些表格填写了事。渐渐地，学校德育被淡化，忽视了教育

的本真，也淡化了教师的职业道德。

（2）升学率成了教育主管部门对学校的评价主流，很少有人谈学校教育的主流——德育工作。上仿下效，学校只抓升学，使学生变成了只会应付考试的机器，德育工作被放到一边，无人顾及，有些学校的德育无计划、无内容、无落实，甚至班会课被占用或成为摆设。语文课本中的道德教育案例被删除，多数农村地区的小学“思想品德”不开课，“思想品德”课本本应作为启蒙教育阶段小学的主流课程，却几近瘫痪。

（3）做德育工作的教师在学校没有认同感。现在学校评价一个教师的业绩时，只会说某某老师所教的学科取得了怎样的成绩，不会说某某老师转化了多少个学困生，德育工作成了学校教育的附庸品。

（4）由于受功利思想的影响，多数教师的工作违背了教育的特点——“教育不会有立竿见影之效，只在潜移默化”，急功近利，只重视学科教学，对这些烦琐、吃力不讨好的工作从意识淡薄到不愿意做。

（5）教师弱化了学生的思想工作，只教不导，多数教师只谈学科知识的提高，不谈学生的心理成长，认为学生的思想品德教育是空洞的说教。教师对德育工作的不重视，随便应付，导致德育无时代气色、无新意、无内容。

（6）由于学校没有重视德育工作，我们正确的教育观、思想观没有占据学生的思想阵地，使学生的思想受社会各种不良倾向的侵蚀，导致学生不能形成正确的道德观。

有人曾在中学生中做过调查，当问及他们个人利益与集体利益发生冲突，是否愿意牺牲个人利益时，19.3%的中学生表示不愿意或基本不愿意，32.1%的学生认为，人应该及时行乐，不要顾及其他；45.4%的学生崇拜的是文体明星，24.6%的学生崇拜革命伟人。另外，在社会公德方面，有些学生存在着行为和认知上的脱节，认为社会公德可有可无，甚至还有人认为社会公德是一种没有必要的束缚，限制了人身自由；有的学生对帮助他人和参加社会公益劳动态度冷漠。

这种危害的后果，从个体来说，导致现代的青年人不适应社会的需要，缺乏合作精神、服务意识、感恩意识、社会公德，道德观念淡薄，是非不辨，没有理想、没有追求，更没有信仰；从大局来说，对整个国家的发展产生了严重的影响，这些思想混乱、国家大局观念和道德观念不强的青少年学生学习的目的不是为国家、为人民，而是实实在在的利己行为，他们不但缺乏一种为国家和民族奋斗、为科学和事业献身的精神，相反还会出现一些不利于国家发展的思想和行为。正如钱学森多次指出的：为什么现在中国培养不出像他那样的拔尖人才？为什么从中国名牌大学出去的留学生有60%不回来？关键是人的思想在作怪，这跟我们现行的教育脱不了干系。针对这种现状，笔者以为加强青少年优秀传统文化道德教育刻不容缓。

## 二、回归教育的本真，还原学校的教育功能

“道”与“德”是实实在在的物质生命，是成就万事万物的根本。仁义道德教育贯穿了五千年的中国文明史，“文以载道，以道化人”是中国文字的意义和教育的目的。中国古代教育中的识文断字，是以明理和明德为目的，贯穿于对仁心与义理的理解和实践的整个人生过程的。

从教育的本真看“教”，无“孝”不成“教”，“教”是先“孝”后“文”。因此，要求教育者有“孝”（即德，师德），还要有“文”（即知识水平、业务能力），才能成“教”；“教”首先要让受教育者懂得“孝”，“孝”即感恩（感恩父母、亲人、老师、学校、同学、社会、国家），感恩是礼、是德，有礼才有节，树人先树德，然后要让受教育者懂得“文”（知识）。（注：因而我们的德育要以感恩教育为切入点进行教育）

“育”同“毓”，甲骨文字形象为妇女生孩子，表明母爱无疆。《说文》中指出，“育，养子使作善也”。所以，“育”要付出爱（没有爱就没有教育），要使学生“善”，其师必先有“善”——道德高尚、大爱无疆，学识深厚、积极进取的行为规范，即要做学生的表率。

新课程标准的精神为，教育是为了提高全社会的素质，为社会培养有道德、守纪律、文明、有社会责任感的劳动者和建设者。

要为社会培养合格公民、合格的建设人才，关键在学校、在教师，这就要求教师既要重视对学生的道德教育，又要加强自己的道德修养，为人师表。邓小平同志说：“一个学校能否为社会主义建设培养合格的人才，培养德、智、体全面发展，有社会主义觉悟的、有文化的劳动者，关键在教师。”教育的目标是“德才并重，以德为主”。“德”是赋予人灵魂的基石。道德的培养和提高，不管是对教师自身还是对学生都是尤为重要的。

作为学校、作为教师，教会学生做人，教会学生明辨是非，帮助学生树

立正确的人生观比教会学生知识更加重要。教育改革家魏书生说过："教育是帮助学生培养良好习惯，习惯形成品质，品质决定命运。"树人先树德，有道德、有理想、有信仰、有正确的人生观和世界观的人，才有为事业、为社会奋斗的精神支柱，才有创新精神，才能为事业作出应有的贡献。要不然，我们培养的现代书生却多为"文盲"，表面看识字率比古代社会高得多，但是，识字不识礼，甚至会对社会造成危害。

因此，我们的教育、我们的学校，都应该按教育的本真、教育的规律去履行我们的职责，如此才能做到全面育人，才能为社会培养合格的人才。

## 三、遵循教育规律，提高公民的道德素养

青少年学生作为国家的未来，是国家建设的生力军，因此，提高学生的道德素养，关系到整个国民道德水准和社会公德的提高，对促进国家和社会的良性发展，使国家达到长治久安十分重要。

要提高公民的道德素养，就要从学生、从学校抓起，这就要求我们的教育要抛弃急功近利的思想，以国家和民族的利益为重，遵循教育的内涵和本真，践行教育规律，理性地办好教育。

**1. 教育主管部门是道德教育力量的关键**

国家的教育主管部门要对国家、对教育、对每个公民负责，要对教育、对学校进行正面的主导和引导，要把学校的育人目标和道德教育列为重要的工作条例，并作为学校的常规检查项目，特别是在考试指挥棒一统学校的时候，如果没有教育主管部门的正确主导，学校必然会因为考试的压力而忽视教育的主流工作——德育，使受教育者变成没有灵魂的考试机器，从而有失我们学校的育人标准。因此，教育主管部门必须采取有效措施进一步健全学校德育工作。

（1）加强政策引导，发挥主导作用。把加强和改进未成年人思想道德建设作为一项事关大局的战略任务纳入教育发展总体规划，规范各阶段学校的道德建设任务、措施，特别是幼儿园、小学阶段学生的思想还处于空白、朦胧的状态，我们要用正确的人生观、道德观来教育引领他们，让他们明辨是非，形成良好的思想导向和行为习惯，为提高其良好、自觉的社会公德观念奠定基础。

（2）发挥教材的引领作用，潜移默化地帮助学生形成正确的世界观。教材是最能影响学生思想的素材，是道德教育最有效的手段，教材编写部门要整

合各种德育资源，研究思想品德形成的规律和特点，改进思想品德、思想政治课，把爱国主义教育、革命传统教育、中华传统美德教育和民主法制教育有机统一于教材之中，在各阶段的教材中合理安排一定的素材作为学生学习的蓝本，努力构建适应时代需要的中小学德育课程体系。这样，让学生在学到知识技能的同时，也能端正自己的思想，是非分明，形成正确的人生观。

（3）健全机构，做好督促检查工作。各级教育主管部门要建立德育的常设机构，形成严谨的工作作风，根据实际，制定措施，履行职能，督促检查学校德育工作的开展情况，进一步完善学校的道德工作体系。

（4）教育主管部门要加强协调，借助政府、媒体的力量，加强公民社会公德和道德宣传，在社会中形成讲道德、讲文明的文化氛围，让社会成为进行道德建设的大课堂，让社会为未成年人的成长发挥积极的作用。

（5）发挥主管部门在政府中的职能作用，建立健全学校、家庭、社会“三位一体”的未成年人思想道德教育体系，使学校教育、家庭教育和社会教育相互配合，相互促进。

**2. 学校教育是道德教育的核心力量**

学校是对未成年人进行思想道德教育的主阵地、主渠道，学校教育是整合道德教育力量的核心。各级学校要充分认识教育的本真，从国家和民族的大局出发，把德育工作摆在学校教育工作的首要位置，并贯穿于教育教学的各个环节，把弘扬和培育民族精神、传统美德作为思想道德建设极为重要的任务，纳入学校教育的全过程。因此，学校必须贯彻党和国家的教育方针，明确正确的办学方向和育人导向。

（1）学校的教育对人的影响最深刻，作为国家的育人场所，学校要端正办学思想，明确育“人”的正确方向，把为国家培养合格的人才作为办学的主旨，摒弃急功近利的思想。把培养有道德、有理想、有信仰的社会建设者摆在重要的位置。不要因为升学等压力的影响，而忽视了对教育对象的道德教育。若我们学校培养的“人才”中出现了一些道德观念淡薄、是非不分的人，走上邪道，危害社会；出现了缺乏理想，缺乏国家观念和大局意识，急功近利，不能为国家和民族发展发挥应有的作用，浪费国家资源的人，那才是最可悲的。

（2）学校要正确认识道德教育与专业知识教育的辩证关系。道德教育和专业知识教育是教育工作的两个重要方面。道德教育的核心是提高人的思想境界，培育人的美好情感和情操，使人的精神等各个方面都得到和谐发展。知识教育的核心是把握知识，提高人的文化素质。知识教育是基础，思想道德教育是核心，二者相互联系，相互推动，辩证统一。中国传统文化强调理智和智慧的重要性，强调真理的追求和辩证的思考，有着浓重的思辨传统。在整个中国传统文化中，我们提倡崇尚伦理，自强不息，褒善贬恶，追求崇高的思想品德，向往理想的道德人格，涵养美好的情操。自强不息的精神可以说是中华民族的脊梁，是中华民族几千年来之所以能够不断发展壮大的一个重要的精神支柱。无数仁人志士和英雄豪杰前赴后继、英勇不屈，以至于牺牲自己的生命来保卫国家的领土，维护国家的尊严，是同这种自强不息的精神密不可分的。这说明加强学生的道德教育，培养学生自强不息的精神，能促进学校良好校风、学风的形成，能促进学校教育教学质量的提高。我校作为一所生源素质不是很好的农村学校，长期以来，教育教学质量稳步提高，其根本原因就在于重视学生的德育工作，端正学生的思想和学习态度，变学生被动的学习为主动的学习。

（3）适应社会发展，完善德育工作内容。学校要整合古今德育资源，研究思想品德形成的规律和特点，研究新时期的社会特点，根据不同阶段学生的心理特点，改进思想品德和道德教育方法，把爱国主义教育、革命传统教育、中华传统美德教育和民主法制教育注入时代气息，寓“知识性、趣味性、道德性、时代性”为一体，有机统一于学校的德育体系中。

（4）完善道德规范，养成良好的行为习惯。完善《学生守则》和日常行为规范，体现对学生的尊重与信任，反映时代和社会进步的要求，促进学生全面发展，引导学生自觉遵纪守法，养成良好习惯，加强爱祖国、爱劳动、爱科学等教育，培养学生良好的合作精神和人际关系，引导他们树立正确的理想信念和世界观、人生观、价值观。

**3. 加强师德教育，让教师成为学生的道德楷模**

“学高为师，身正为范。”教书育人，教书者必先学为人师，育人者必先行为世范。师德是教师最重要的素质，是教师之灵魂。教师是学生增长知识和思想进步的导师，教师队伍师德师风素质的高低，直接关系到青少年的健康成长，直接关系到祖国的未来。乌申斯基说：“教师的人格就是教育工作者的一切，只有健康的心灵才有健康的行为。”教师不仅是知识的传播者，智慧的启迪者，也是精神的熏陶者，人格的影响者。教师的一举一动、一言一行都将对学生产生直接而深远的影响。因此，教师优化自身形象，树立“以德立教、率先垂范、严于律己、无私奉献”的形象就显得尤为重要。“教育无小事，事事是教育；教育无小节，节节是楷模。”教师要以良好的师风师德感召和熏陶学生，真正负起“三寸粉笔，千斤重担”的为师之责。

因此，作为学生楷模的教师，首先要提高自己的道德修养，树立大局意识，端正工作态度，明确教育工作任重道远。教师的工作关系到整个国家和社会的发展大计，教师要不断提升自己的道德水平和业务修养，端正自己的行为，从我做起，用良好的敬业精神、高大的个人形象去感召学生；教师要端正自身的思想认识，以提高公民的道德素养和社会公德水平视为己任，将德育工作融入教育教学工作中，树立良好的教风，回归教育的本真，实现自己的人生价值和教育的真正价值。

总之，提高整个民族的道德素养，优化公民的社会公德，是一项长期、系统的工程，我们必须发挥学校对人思想形成的主体作用。学校也要遵循教育的规律，以国家、民族的利益为重，以人为本，帮助学生形成良好的人生观和世界观，同时通过“教育力量整合”，形成学校教育、家庭教育、社会教育“三位一体”的教育网络，发挥道德教育最大力量，取得最大教育效应。

（发表于《中国教育科学》2019年第3期）

**参考文献**

［1］中华人民共和国教育部. 普通高中课程方案（实验）［M］. 北京：人民教育出版社，2004.

［2］李苏. 谈传统文化对青少年道德教育的影响［J］. 大舞台，2010（8）.

# 适应未来，学校需要“立体育人”

2018年9月10日，在中共中央召开的全国教育大会上，习近平总书记指出，培养什么人，是教育的首要问题。我们的教育必须把培养德、智、体、美、劳全面发展的社会主义建设者和接班人作为根本任务。要努力构建德、智、体、美、劳全面培养的教育体系，形成更高水平的人才培养体系。要把立德树人融入思想道德教育、文化知识教育、社会实践教育各环节当中，贯穿基础教育、职业教育、高等教育各领域，学科体系、教学体系、教材体系、管理体系要围绕这个目标来设计，教师要围绕这个目标来教，学生要围绕这个目标来学。这是教育工作的根本任务，也是教育现代化的方向目标。他强调，在党的坚强领导下，全面贯彻党的教育方针，坚持马克思主义指导地位，坚持中国特色社会主义教育发展道路，坚持社会主义办学方向，立足基本国情，遵循教育规律，坚持改革创新，以凝聚人心、完善人格、开发人力、培育人才、造福人民为工作目标，培养德、智、体、美、劳全面发展的社会主义建设者和接班人，加快推进教育现代化、建设教育强国、办好人民满意的教育。

人类社会经历了从原始社会、农业社会、工业社会，到今天信息社会的发展过程，世界在震荡中持续转型，而我们教育的适应速度缓慢，没有满足转型带来的要求。工业革命时期先进的教育蓝图在今天已经斗转星移，今天的挑战和机会不仅异于工业革命时期，甚至和互联网诞生之前的二三十年前也大相径庭。当今的世界是完全相互关联的，这种全新的和电子化的联系催生了各类全新的潜在问题。

根据这一命题，结合习近平总书记对教育提出的要求，面向未来世界，为了让受教育者能够适应未知的社会，为未来社会创造财富，推进社会的发展，当今的学校必须紧跟时代的步伐，发挥教育作为生存的强大工具的功能，有预见性地开展教育改革，针对未来社会的人才需要，培养学生应有的品质与必备的能力，有效地培养学生应对未来挑战的素养。

正如经合组织PISA项目部主任安德里亚斯·施莱克尔所指出的，一个世纪以前，教师可以期待教给学生的东西足以让他们受用终身。今天，社会和经济发展日新月异，学校需要帮助学生做好准备，迎接还没有创造出来的工作，使用还没有发明出来的技术，解决我们尚一无所知的社会问题。

满足21世纪的要求，第一步是构建一个更加综合与一致的学习目标和素养框架。根据联合国教科文组织的研究："优质的教育体制必须使学习者持续改变素养，同时获得甚至发展新的素养。这些素养是多样化的，包括核心技能、内容知识、认知技能、软技能、操作技能等，使我们在特定情境中能够满足复杂的要求，成功和有效地完成复杂的活动或任务。素养的类型、取向与对其做出界定的实体——国家、组织和个体，一样多样化。"

任何国家的课程内容都反映了国家的价值观，反映了国家对未来一代的希望。根据新时代中国特色社会主义的思想及其核心价值观，结合我国社会发展历史及未来发展愿景，2016年9月13日，中国学生发展核心素养研究成果发布会在北京师范大学举行。中国学生发展核心素养以培养"全面发展的人"为核心，主要是指学生应具备的，能够适应终身发展和社会发展需要的必备品格和关键能力。核心素养是关于学生知识、技能、情感、态度、价值观等多方面的综合表现；是每一名学生获得成功生活、适应个人终身发展和社会发展都需要的、不可或缺的共同素养；分为文化基础、自主发展、社会参与三个方面，综合表现为人文底蕴、科学精神、学会学习、健康生活、责任担当、实践创新六大素养，具体细化为国家认同等十八个基本要点。这是一个持续终身的过程，可教可学，最初在家庭和学校中培养，随后在一生中不断完善。

由此可见，随着人类社会的不断发展和进步，特别是随着信息社会的到来，社会对人的素质要求和对人才的要求会变得更加全面，知识含量和技术含量会更高，社会的责任感会更强。基于现在的发展趋势所进行的预言不能完全用于敲定我们的教育目标、标准和课程。所以，我们要以"全面发展的人"为核心，以《中国学生发展核心素养》为框架，进一步创造灵活的指标，培养学生的多种能力，达到“立体育人”，无论不可预言的世界如何变化都能保证获得成功。

综合以上各个方面和个人对教育和社会的理解，概括起来学校的“立体育人”目标是，育有健康的身心、有道德情操和远大理想、有社会责任感和有家国情怀、有交流和合作能力、有创新精神和批判性思维、有信息素养和实践能力、有终身学习能力、有未来眼光和国际视野八个方面素质的人才。

围绕这八个方面的人才素质，我们学校要健全立德树人落实机制，扭转不科学的教育评价导向，坚决克服唯分数、唯升学、唯文凭、唯论文、唯帽子的顽瘴痼疾，从根本上解决教育评价指挥棒问题。创新学校的教育机制，为学生提供一个宽松的学习环境，激活学生的内驱力，发挥学生的潜力，提高学校的办学效果。具体到教育教学活动的开展上，提出以下几点建议。

**1. 坚持把立德树人作为教育的根本任务**

我们的教育目标之一是要培养人的良好习惯，而良好习惯需要良好的思想做支撑。一个人专业知识再扎实，技术水平再高明，如果没有高尚的道德情操和远大理想，路都走不远，甚至会做出一些危害社会的事情。所以，学校要始终把思想政治工作放在首位，帮助学生树立正确的人生观和世界观。习近平总书记指出，思想政治工作是学校各项工作的生命线，学校要把思想政治工作放在首位。要精心培养和组织一支会做思想政治工作的政工队伍，把思想政治工作做在日常、做到个人。

“教育无小事”，德育是情境化的教育，学校要将思想工作浸入教育的各个环节和各个教育情境中，要大张旗鼓地宣传国家取得的成就以及为国家的成就付出艰辛和生命的先进人物、英雄人物，从而树立学生的爱国精神、社会责任感，培养学生的高尚情操和远大理想，确立学生勇于、乐于为国家、为社会奉献的信仰，激发学生为国家和社会而努力学习的志向。同时，学校要有意识地让学生参与学校的劳动、社会实践活动，培养学生的担当精神，要通过感恩和爱国主义等系列教育和实践行动，培养学生的家国情怀。这是未来的公民所要具备的基本素质。

其实，学校要提高学生的学习成绩也好，要提高学校的教学质量也罢，不是靠教师强暴式的知识传授和技能培养，而是要把学习的主动权和自主权交给学生，而这一切都需要通过思想政治活动来助力思想未成熟的学生树立远大的理想和目标，让学生知道“我为什么要学习，学习为了什么”，从而端正学生的学习态度，培养学生的学习兴趣和激情，乃至使学生养成“终身学习的习惯”，这样的学习才是最有效果的，学校也才能取得良好的办学效果。

谈到思想政治工作，很多人包括部分教师都认为那是空洞的说教，从而放松、忽视了德育工作，把应试教育和素质教育割裂开来，以应试为中心，导致教育工作失去了重心，贻害了学生，践踏了教育，学校越办越失色。

关于思想政治教育的素材，生活处处是学问，发生在我们身边的事都是富有真情实感的教材，既有真实性，又有可操作性。

**2. 关注学生的身心健康**

要树立健康第一的教育理念，没有健康，什么都谈不上。要扭转不科学的教育评价导向，坚决克服唯分数、唯升学、唯文凭、唯论文、唯帽子的顽瘴痼疾，从根本上解决教育评价指挥棒的问题。要开齐、开足体育课，帮助学生在体育锻炼中享受乐趣、增强体质、健全人格、锤炼意志。要全面加强和改进学校美育，坚持以美育人、以文化人，提高学生审美素养和人文素养。

有健康才有幸福，才能发挥个人的才能，才能为社会创造更多的财富。好的教育能够培养更有能力和更具幸福感的学生，更加和平与可持续发展的社会——经济发达、社会公平，人们过着这种意义上的健康生活。

文化知识重要，但身心健康更为重要。校长要转变观念，让学生从应试教育的枷锁中解脱出来，学校不但要开足图、音、体、劳等课程，培养学生的人文素养，而且要为学生开设丰富多彩的文体活动和社团活动、沙龙活动，愉悦学生的身心，促进学生健康的思想交流，提高学生“交流与合作能力”和“社会适应能力”，同时通过校园活动为学生提供展示自我的平台，促进学生全面素质的养成。

为此，我们要想方设法开设各种文体、艺术活动和讲座来熏陶学生的情操。

**3. 养成学生的信息素养，以适应信息社会**

人类社会从原始社会到农业社会，到工业社会，发展到今天的信息社会，根据社会需求产生教育，教育的理念、方式处在不断变化中，学校从私塾到大班制的固定班级教学，逐步发展成走班形式的小班模式教学，最后发展为多元化、个性化、智能化的教育。

信息素养是当前国际广泛关注的21世纪综合素养的重要内容，更是未来人才必备的核心素养之一，信息技术已经成为世界科学技术发展进步的基础。学校再也不能因应试而舍弃了学生应有的发展素养的养成，要开好信息课课程、通用技术课程，让人工智能进入学校，让学生拥有信息技术方面的技能，有条件的学校要开设“创客”课程和人工智能课程，让有兴趣和特长的学生进一步拓展，让学生动手参与实践，培养学生的创新、创造能力。其次，要培养学生的信息技术才能，让学生在各项技能大赛中展示本领，这已经是高校“三位一体”招生中的一项指标，是新高考招生的一种方式。

与此同时，我们可以通过一些信息技术课或人工智能课来减弱学生对手机的依赖。

**4. 扩大学生视野，培养学生的决策能力和领导力**

如今社会正经历着互联网交互技术的巨大革命。这是一个真正全球性的、交互的、社会的交流媒体，它将世界上的大部分人口连接在一起。

信息技术的发展促进了科学技术的进步，让社会日新月异，使世界变成了“地球村”，行业的发展周期缩短。在这个世界中，学生需要与来自不同文化背景的人进行合作，欣赏不同的观点、视角和价值观；需要决定如何求同存异、相互信任、合作共赢；他们的生活将受到不同国家观念的影响。社会需要责任感更强的人才，需要人有包容的心态，加强与不同种族、不同行业的人们进行交流合作，共同去开拓新的文化和技术革命，共同去应对各种未知的挑战和难题。未来的人们要想在社会立足，不但要有更强的技术能力，还要有对未来的预判能力和宽阔的国际视野，如此才能准确地应对瞬息万变的世界变化。因此，学校要通过讲座、海报、信息、一周新闻等形式将新科技和世界的变化情况介绍给学生，让学生具有开阔的视野和深远的世界眼光，培养学生对问题的决策与判断力，具有引领世界的领导力。

**5. 组织学生参与社会实践，培养学生的实践能力和合作交流能力**

生命个体要从自然人走向社会人，很大程度上是通过交往与活动来实现的。在活动中，人的精神、心智、思想、毅力不断得到哺育，不断得到成长。研究表明，合作比个人或竞争性学习能更有效地获得学业成就。同时，面对日益复杂的世界，解决多面问题的最好方法是与拥有不同技能、背景和视角的人开展合作。所以，为适应未来人才的发展需要，要重视发展学生的情感、态度、价值观，培养学生的合作交流能力，提高学生的社会责任感。首先，课堂教学要加强合作学习的体验，从而培养学生交流与合作的习惯；其次，学校要为学生创造各种交流合作的机会，可以组织开展志愿者活动、各种服务团队或文体、艺术活动等，通过形式多样的社会实践活动，为学生提供各种展示机会，激发学生积极参与社会活动的热情，在活动中促进学生合作交流能力的提高，进一步帮助学生树立服务别人、服务社会、回报社会的责任意识。这是新高考综合素质评价的一项重要要求。

**6. 落实新课标理念，培养学生的创新精神**

面对变幻莫测的未来，学校需要转向，从传统知识在价值上快速衰落的旧世界，转向深度素养在能量上不断增长的新世界。我们必须心怀社会变化不可逆转的态度，重新设计课程，培养学生的适应能力和多样化才能。

经合组织PISA项目部主任安德里亚斯·施莱克尔指出，世界已经改变，它对你的回报不是因为你的所知——搜索引擎无所不知——而是你用所知做了什么，你的表现如何，以及你的适应性如何。当今世界的主要分化正在于此，为了弥合这种变化，教育正倾向于发展创造力、批判性思维、交流与合作，倾向于传授现代知识，包括辨别与利用新技术的潜在功能，倾向于培养性格品质等。

新课标理念要求我们的教学要实现“三维目标——知识与技能，过程与方法，情感态度与价值观”，课堂“以学生为主体，教师成为学习的组织者、指导者、参与者”，构建“自主、合作、探究”的课堂活动。新课标的理念符合中国学生发展素养的要求，也符合未来人才发展的基本要求。为提高学校的教育教学质量，让学校立于不败之地，办人民满意的教育，教师必须转变观念，将新课标理念落实到课堂中，真正让学生拥有课堂教学的主体地位，实施“自主、合作、探究”的课堂教学活动。教师要以创新为目标设计课堂活动，积极参与、指导课堂教学活动，让学生在探究的过程中获得创新思维和批判性思维，使其养成良好的科学研究态度和习惯，为学生的未来发展打下应有的基础。正如叶澜教授所说：“教育的魅力不只是要求好教师，而是每个教师都要坚信自己所从事的事业要求你去创造。教育的魅力是创造的魅力，是创造生命发展的魅力。”

未来社会不是用知识去就业，而是用技能去创造工作。所以，我们的学校必须贯彻新课标理念，通过课堂教学改革和评价方式的改变，注重让学生从对单一的学科知识的学习走向综合性和整体性的深度学习，着重关注批判理解、强调内容整合、促进知识建构、注意知识的迁移应用；评价上要以鼓励性、诱导性来保护学生的好奇心和探究的积极性，着力培养学生的创造性和创新能力、批判性思维和问题解决能力、交流能力和合作能力等21世纪应具备的最为关键的能力。

教育的终极目标是提高人的素质。教育要着力形成学生的发展素养，有知识、没能力、缺素养成为学校教学最突出、最致命的问题，而学科知识只是形成学科素养的载体，学科活动才是形成学科素养的渠道。因此，我们的教学必须在培养学生的能力，挖掘学生的潜力上下功夫，我们要真正地还课堂于学生，放手让学生自主学习、合作与探究学习，使学生学有所悟、学有所获，从而培养学生的学科核心能力。现在教育发达地区的课堂教学都体现了真正的“自主、合作、探究”。很多落后地区还处在“满堂灌”的状态，这些地区的教师为了逃避责任，总是有很多理由来拒绝课堂教学改革：①不是所有课堂都可以进行“探究”的。这是事实，但不能探究，能不能让学生自主、合作学习呢？②我们这些“烂”学生什么都不懂，哪会知道什么“自主、合作、探究”学习。其实，这都是为自己的不付出、免投入所找的借口。因为要真正地在课堂上让学生实现学习方式的改变，必先改变教师，教师要付出大量的时间和精力去研究教学、积累素材，才能在课堂上自如地去组织、指导、参与课堂上学生的学习，才能在课堂上使用各种有利于学生素养发展的评价方式。我们要真正适应时代要求，提高教育教学质量，适应新高考要求，就必须真正地进行课堂革命，按照新课标的要求去实施教学，否则，我们的教育将会不伦不类，我们的学校将无法立足。以语文科的教学为例，如果不能培养学生的阅读习惯和阅读能力，未来高考学生连阅读试卷的时间都会不够。

我们经常说，学困生在课堂上无法适应、无法学好、没兴趣读书，其原因就在于他们无法参与到课堂中，不是主动的学习。相反，如果真正让这些学困生在课堂上能动脑、动手，有讨论、有探究，有所悟，有所得，从而提起他们的兴趣，激发他们学习的热情，他们起码不会像现在这样什么都学不会。当然学困生也要参与到课堂中来，不是一蹴而就，而要靠教师多次去组织、去引导，才能逐步转化。

此外，目前全国有14个省市实行了新高考改革，高考改革的目的是要通过“选科、走班”来倒逼课堂教学改革。如果落后地区的学校仍用老套的教学去应对新高考，没有从传统的课堂教学中走出来，那么新高考的命题方式一改变，这些落后地区的学生别说是适应未来关键能力的培养，就连高考都适应不了。这样的教育是失败的，更是贻害了学生。所以，落后地区的校长和教师必须警醒，针对教育改革、课程改革、课堂教学改革、未来人才的培养，必须先改变自己的思想，从国家的根本利益出发，为学生的未来考虑，将新课标理念真正落实到行动中。

（本文获广东省督导学会2018年论文评选一等奖）

**参考文献**


[1] 查尔斯·菲德尔，玛雅·比亚利克，伯尼·特里林. 四个维度的教育[M]. 罗德红，译. 上海：华东师范大学出版社，2017.

[2] 郑钢. 美国如何培养核心素养[M]. 上海：华东师范大学出版社，2018.

[3] 魏书生. 学生核心素养教育. 教师指导读本[M]. 天津：天津教育出版社，2018.

[4] 叶澜. 做创造性的工作，才会让教师有尊严[N]. 中国教育智库，2019-04-29.

[5] 何海通. 新高考百问百答[M]. 太原：山西教育出版社，2018.

# 面上高中如何在教学质量上下功夫

## ——兼谈陆丰市甲子中学在教学管理上的做法

作为高中的学校，我校办学条件差，设备和师资缺乏，教师学历不达标，生源素质差并呈下降趋势，给学校的发展带来很大的挑战。我校高一入学新生在陆丰市中考成绩排名前150的人数，从1996年的25人，1997年的17人，1998年的15人，逐年减少，至近几年只有5～10人而已，学生素质明显下降，这直接影响了学校教学质量的提高，给学校的发展带来一定的消极因素。然而，教学质量是学校的生命线，因此学校要生存、要发展，必须面对现实，克服困难，努力创造条件，把好教学质量这一大关。十多年来，陆丰市甲子中学善于根据实际，创新教学管理和教学方法，想方设法摆脱生源差的负面影响，稳打稳扎，逐年提升办学质量，高考成绩一年上一个台阶，高考各批次的入围率均接近或超过汕尾市的重点中学，学校已经从面上中学上升为汕尾市的骨干中学。尔来十余载，我作为学校教学的领头人，主导了学校教学策略和措施的落实。下面结合我校做法，就这个问题阐述一些观点。

### 一、正确引导，发挥学生的潜能

学生素质差是摆在我们面前的事实，知难而上是面上高中的学校必须面对的现实。事物总是在发展变化，人随着环境的改变和思想认识的提高，会不断发展和进步。美国心理学家霍华德·加德纳（Howard Gardner）曾指出：每个人都具备多种智慧，其差异之一，仅仅是某人这几方面的智慧占优势，某人那几方面的智慧占优势；其差异之二，某些智慧已被人所显示（显能），某些智慧还没有被人所显示（潜能）；人人都具有多方面的智慧。因此，我们把每一位学生都视为可塑之才。通过调查摸底，发现相当部分分数层低的学生其实资质并不差，只是有的学习方法不佳，有的思想有些涣散或缺乏努力而已，无数经验告诉我们，这部分学生思想一转变，对学习产生兴趣，将精力投入到学习中来，成绩就会明显提高。据此，从高一开始便要抓好以下几个方面的工作：（1）加强对学生道德素养的培养，狠抓课堂纪律与学生道德素养，切实加强学生道德行为规范，引导学生养成艰苦朴素、刻苦耐劳的精神，以坚韧、顽强的意志，克服学习上、生活中可能面临的各种困难。从高一的入学教育开始，要抓好校史教育、革命传统教育和军训、军事教育，常规教育做到三年常抓不懈。（2）加强理想教育，开发学生的非智力因素。用现实的成功事例教育学生，培养学生的远大理想，用我校的成功经验和发生在我校的无数“笨鸟先飞”的事例，说明“学贵于勤、勤能补拙”的道理，增强学生的凝聚力，端正学生的学习态度，提高了学生学习的积极性和自觉性；班级科任教师要善于发现学生的闪光点，培养学生的自信心，充分发挥学生的潜能。（3）明确培养目标，提高学生的学习兴趣。我们规定“高一注重学习方法，高二着重巩固提高，高三注重能力培养”，层次分明，由浅入深，培养了学生正确的学习方法和学习能力，开发了学生的潜能。整个学习阶段都要注重基础，提高学生的整体素质，切不能搞“偏、难、怪”题，使学生失去学习兴趣。



## 二、抓点带面，建立竞争机制

我校在抓好少数重点生的同时，还注意以少数带动大多数，虽然我校的学生水平并不高，但我们还是将其分成了若干重点班和次重点班，这样增强了更多学生的成就感，进一步提高了学生的学习兴趣和积极性。每学期我们还根据学生的考试成绩对重点班进行重新调整，这使成绩好的学生产生了压力和危机意识，给后进生创造了动力和挑战的机会，增强了全体学生的竞争意识，从而形成了良好的学风。这种竞争机制的形成，能提高学生学习的积极性和自主性，大大提高了面上高中的竞争能力。近十年的高考成绩说明，我校在这方面所做的努力是有效的，这种竞争也是有着积极意义的。例如，1999届的李丹丹中考成绩在学校位列第69名，但高考成绩排全校第3名，被中山大学录取；1999

届的庄重获广东省历史学科高考状元；2000届洪瀛生中考成绩在学校位列第72名，高考成绩排全校第1名（740分）；2004届的李师耿中考成绩位列陆丰市第32名，高考成绩却列陆丰市第1名。近几年我校都不乏中考成绩滞后却在高考中冒尖的学生，挤进汕尾市和陆丰市高考成绩的前列。

学校全面铺开各学科知识与能力竞赛，各学科每学期进行一次，鼓励学生冒尖，即使各学科的尖子生脱颖而出，又提高学生的竞争意识，增强了学生学习的积极性和主动性。历年来，我校在作文、英语、数学、物理、化学、生物等学科的竞赛中均取得了优异成绩，特别是数学科连续八年获得汕尾市的最佳成绩。

## 三、精准管理，务实办学

三年规划，科学设计。

**1. 制订三年发展规划，分学段精准管理**

高中学习，重在积累，学生高考成绩的提高是一个循序渐进的过程，高一、高二、高三乃至整个基础教育阶段都非常重要。因此，三年规划，就得从高一新生入学那天开始，立足长远，每一年都要抓，每一年的工作都要围绕三年规划去展开，分阶段、打基础，明不同、促落实。

对于高一、高二、高三这三年，我们依据每一学年的学情，总结管理措施如下：一是高一要“严”，对高一新生要始终坚持严格要求、严格管理的原则，反映在具体的教育教学工作中就是，以严格的标准、严格的管理、严格的行为规范，引导学生养成自律、自主的行为习惯，培养良好的学习方法；着重抓教学常规，完善作业批改，夯实学生基础；二是高二要“活”，在学生养成自律、自主的行为习惯后，要以学生的兴趣、爱好、特长为导向，抓知识应用，逐步、适当、科学“增压”，根据学生学情，立足于能力的积累与培养，全面提高学生素质；三是高三要“紧”，高三阶段是升学的关键一年，也是收获阶段，这一年要着重培养学生的综合应用能力和发展能力，全面复习，完善知识构成，加强复习与练习，一步一步进步。

就生源素质而言，面上高中的学校应付出比重点中学多几倍的辛劳，苦练硬功，才能取得几分效果。因此，面上高中为了把握课程教学的主动权，应全面实施素质教育，提高学校的整体教学水平，高中三年必须在“早、紧、实”

上做文章。

“早”，从高一开始充分利用时间对学生进行素质教育辅导，一方面可以完善学生的知识体系，加强“双基”；另一方面可尽早完成高中阶段课程，充分培养学生的创新能力，及早强化高考意识，使其把握高考的主动权，为全面提高学生的素质教育水平提供足够的时间保障。

“紧”，面上高中的学生有一个共同点，那就是缺乏学习的自觉性和主动性，因此，学校应该给学生创设一个和谐而紧张的学习氛围。首先，通过比较分析，找出我们的差距和不足，使学生明确学习的紧迫性；并在一开始，就要让学生了解高中阶段时间布局的情况，为学生创设一个比较紧张的学习氛围。其次，在整个教学过程中，要做到减负不减压，适当的作业和测试要到位，要练好基本功。同时，要注重阶段性的总结，使学生明确自己的学习情况和努力方向，增强竞争意识。

“实”，面上高中的教学不能照搬重点中学的模式，要针对自己的特点，探索出一套适合学校发展的思路和方法。高中三年中各年都有不同的培养目标，在各阶段应采取不同的教学方法，既不能揠苗助长，又不能抑制学生的个性发展，做到稳打稳扎，提高教学效率。实实在在地落实每项工作和每个环节，如对每次考试，我们都严格监考，狠抓考纪考风，使每次考试成绩都能真实地反映学生对所学知识的掌握情况，使教师教学更有针对性，同时对每次考试情况进行分析跟踪，根据学生存在的问题进行有的放矢地巩固和提高，从而促进了良好学风的形成，教学质量得到稳步提高。

**2. 以成绩促进管理，以管理提升成绩**

我校近几年高考取得可喜的成绩，这是对我校管理工作的充分肯定，也让我校对科学管理的意义有了更深入的认识。为此，学校有了“以成绩促进管理，以管理提升成绩”这一共识，并以此为前提，明确了“全面管理、全员管理和全程管理”的新思想，确立了“三年一位”（由一位抓级领导从高一跟到高三）的管理模式，持续、深入地开展教育教学改革创新工作，责任到人、落实到位，以教育事业的责任感和使命感激励自己、提升自己、完善自己，最终促进成绩的提升。

**3. 攻坚阶段注重“面向全体，因材施教，分层推进”**

根据面上中学参差不齐的生源特点，在总目标上应力求大面积丰收为主，争取在点上有所突破。在关键阶段——高三的备考中，我们围绕着主攻方向和总体目标开展工作。始终坚持在教学常规中面向全体的原则，加强基础教学、严格基础训练，务求每一堂课精讲精练，有密度、有强度、有效度，向45分钟要质量，全面提升学生的各项能力。与此同时，坚持因材施教的原则。从实际出发，以各次考试成绩为依据，根据每一层次学生的学情，对其进行有针对的指导。对成绩较差的学生，多加鼓励，激励他们勇敢面对困难，多在学习方法上予以指导，帮助他们梳理知识点，多发掘他们的优点。对成绩中等的学生，则是以加强与巩固为主，注意对他们弱势科目的能力提升，力求完善他们的知识网络，达到能力与成绩的双提升。而对成绩优秀的学生，则是注意科学跟踪，安排经验丰富的教师继续加强“营养”，让他们的尖子学科更加拔尖。这样一来，各层次的学生均能获得关心、关注、关爱，也就做到了各层次的“升格”，达到了全面提升学生的效果，实现了分层推进的目标。

我校高考成绩一年上一个台阶，前三批入围人数从1999届的73人，发展到2009届的533人，其中本科的入围人数从1999届的56人，发展到2009届的268人。特别是2005届，参考人数688人，入围人数（含第四批）607人，入围率达88.23%，其中总分700分以上的12人，占陆丰市的一半，汕尾市总分800分以上的2人都在我校，最高分李冠培以881分并列广东省第十三名，单科800分的有7人次，总分和单科800分以上的人数占汕尾市的一半，总分、单科和体育类四科总分进入省百名内的有9人次。同时，参加全国、省、市各类竞赛的成绩均在汕尾市名列前茅，参加省数学竞赛连续5年从获奖名次到人数均在汕尾市排第一；2004年全国英语能力知识竞赛，我校两位学生获全国一等奖并分别为汕尾市第一、二名；2005年参加广东省物理、化学、作文竞赛皆获二等奖，均为各赛项中汕尾市的最好成绩。可以这么说，作为面上中学的陆丰市甲子中学的教学质量已经能与汕尾市的重点中学相媲美。2008届，本来是生源较差的一年，高考各项指标的超标率却均居陆丰市之首，入围前三A以上人数的增幅居汕尾市首位。2009届，我校高考成绩总分600分以上的人数为20人，超过了汕尾市的部分重点中学。

## 四、完善管理，优化师资队伍

优质的师资，优化的教风，是学校提高教学质量的一个重要保证。学校要完善各项管理制度，调动教师的积极性，发挥教师的主观能动作用，努力提高教师的教学水平。在教学管理上，加强教研组的建设，完善教研活动制度，各个年级、各学科设立备组，从而加强教师的联系与交流，给教师营造一个科研的气氛，为教师提供一个学习提高的机会。我校还制订了《教师听课及教案检查制度》《作业、测试奖罚办法》《各类考试、竞赛奖励办法》《教师论文发表奖励办法》《优秀教师的评选奖励办法》等，突出体现多劳多得，鼓励教师大胆探索和创新，勇于拔尖。同时，学校还对教师建立公正公平的评价体系，从学生、教师、科组、工作表现到教学效果全方位评价教师，对效果好、能适应教学需要的新教师敢于大胆起用，让其担当毕业班教学工作；对教学态度不端正的教师，要提出严肃的批评；对教学不得法或效果不明显的教师，通过听课给予指导和引导，促使他们早日掌握教学要领。这样，使安心乐教者得到锻炼和鼓励，给他们以精神上的鼓舞，促进了教师队伍的优化。近几年，我校每年都有计划让部分新教师走上高三毕业班教学岗位，有些是坐了“直通车”的，取得了一定效果，尤其在教师流动性较大的情况下，做到毕业班教师不断层；同时涌现出一批优秀教师，如新教师赖基贵，从高一跟到高三，在1999届中培养了广东省历史科状元庄重同学，还有语文科李子开、英语科林烈进、物理科林文旭等，都在高考中取得了不俗的成绩。尤其2005届，数学科的青年教师张水所带的学生在竞赛和高考中均取得了好成绩，高考有5位学生获800分以上，甚至可以与省内重点中学相媲美。

近几年，甲子中学在教学管埋上，努力做好以上几个方面的工作，并在教学实践中总结出一套适合我校实际的高考备考方法，因而在高考中取得了比较好的效果。

（发表于《教育艺术》2010年第4期）

**参考文献**

[1] 朱小蔓. 模式建构与理论反思 [M]. 南京：南京师范大学出版社，1999.
[2] 胡善通，等. 分层递进　提高学生素质 [J]. 上海教育，2000（7）.

# 谈新课标背景下高中化学学生质疑能力培养的有效策略

大凡新思想、新学说都萌芽于一个“疑”字。意大利诗人但丁指出：“我喜欢怀疑并不下于知识。”从人类的认识发展规律来看，任何科学发明与创造往往都是从质疑开始，从释疑入手，从有疑到无疑，再从解释到创新的。化学史上每一个阶段的进展几乎也是从质疑开始的。例如，英国物理学家瑞礼在研究氮气时，发现从空气中制得氮气在标准状况下的密度大于由含氮化合物制得的氮气密度，二者质量仅差几毫克，但瑞礼没有忽视这微小的差异，经过反复实验，最终于1894年发现了氩元素。这也就是在科学界中广泛传说的“第三位小数的胜利”。从这一事例可以看出质疑能力是多么重要。由此可见，在化学教学过程中，引导学生善于质疑，激发学生的创新意识，培养学生的创新能力，正是新课程改革的一个重要目标，是现行教学的一个重要任务，是新课标下高中化学教学的根本。

## 一、引导学生产生质疑，培养学生的质疑精神

华中科技大学校长、中国工程院院士李培根在2010级本科生开学典礼上16分钟的讲话中，要求学生学会质疑，哪怕是质疑学校、质疑校长。在他的2800余字讲稿中，“质疑”共出现82次，可见李校长对学生的质疑精神是何等重要。从他的讲话中分析，目前学生在“质疑”方面存在两方面的问题，一是没有质疑精神，二是不敢质疑，因此要求他们“学会质疑”。

学生有无强烈的质疑愿望，能不能、敢不敢提出质疑，取决于是否有一个和谐的教学氛围。教学过程中的师生关系是影响教学氛围的重要因素。在教学中，教师应树立正确的师生观和教学观，要为学生创设一种宽松、民主、平等、自主探究、畅所欲言的教学氛围。首先，教师要尊重学生，教师是教学的组织者、参与者、共同研究者，而不是权威者、裁判者、命令者，要让学生和教师平等相处，相互合作，在这样一个平等、民主、宽松的教学环境中，学生才敢自由质疑和问难。其次，教师要有意识地保护好学生质疑的积极性。当学生提出质疑时，教师要用信任和赞许的目光注视他；当学生提出的疑问存在不足和缺陷时，教师首先要给予积极的肯定，而后给予启发，引导质疑，树立质疑的自信心，让学生由被动质疑逐步转向主动质疑，进而形成质疑的良好习惯。改变传统的教学观念，树立以学生为主的教学观，教师要根据课堂容量的大小、内容的难易、学生认知水平的高低等因素，优化课堂设计，要少讲、精讲，给学生留下充足的时间，激发学生生疑问难的兴趣，久而久之就形成了宽松的质疑氛围，这是培养学生质疑的前提。

例如，教师在给学生上“混合物的分离和提纯”蒸馏时引导学生：“我们饮用的自来水是纯净的水吗？为什么自来水中有漂白粉味？”引发学生产生质疑。经过学生的讨论，产生质疑，而后教师可根据学生的讨论回答情况补充自来水厂自来水消毒的原理。我们饮用的自来水是用含氯的消毒剂消毒的，因此自来水中会含有氯离子。“那用什么方法可以检验出其中含有$Cl^-$？”教师再次提出疑问。学生经过讨论，教师进行适当补充，使学生复习巩固了$Cl^-$的检验方法。教师在宽松、充满问题的教学环境中完成对蒸馏的实验教学，使学生学会质疑、学会提问，久而久之，就培养了学生的质疑精神。

## 二、放开课堂让学生探究，培养学生的质疑能力

化学是以实验为基础的自然科学。课堂教学中的化学实验往往会因各种因素的变化使学生产生疑问、提出疑问，这是培养质疑能力的好机会。教师在进行钠和水反应的实验教学时，可让学生切开钠，观察钠断面的颜色，而颜色为什么会很快由银白色变暗？在做钠与水反应的演示实验时，为什么钠会浮在水面上？为什么钠会溶化成小球？闪亮的小球为什么会在水面上四处游动并发出轻微的嘶嘶声？反应后滴入酚酞试液，水溶液为什么会显红色？要求学生仔

细观察和积极思考，实事求是地记录实验现象并对实验结果和出现的问题加以讨论和分析，养成良好的科学态度。通过不断地引导观察，使学生获得感性材料。然后再问：实验室中应如何保存钠？能否将钠长期放置在空气中或保存在水中，为什么？这一连串的问题，不仅加深了学生对知识的理解，又激发了学生的思维。这种疑问会促使学生设法去搞懂。教师不必急着告诉学生答案，完全可由学生带着疑问到课后，他们就会主动去问同学或到图书馆或在网络上查找资料核实，摸索着去寻找合理的解释，然后带着自己的成果到下一堂化学课上交流和发言，教师必须落实学生的完成情况，使学生从被动学习自觉转化为主动学习，从而培养学生的自信心和学习兴趣，逐渐培养起学生的质疑能力。

## 三、培养学生的质疑习惯

通过以上的引导和训练，学生会不断养成爱思考、爱质疑的习惯，对日常生活中的化学问题会用心去观察、思考、产生质疑。如市场上出售的加氟牙膏为什么有防龋齿作用？加碘食盐中加的是碘单质还是碘的化合物？再如，在进行铝的性质教学时，引导学生发现并提出：铝比铁活泼，为何日常生活中的铁制品却比铝制品易生锈？铝在加热的条件下会与水反应，为何还用铝壶烧水？这些源自日常生活的问题，可激发学生的好奇心，使学生形成问题，再引导他们通过讨论、实验或查找资料等方法去解决问题。从而不断培养他们对生活现象认真观察与思考的能力，平时多做有心人，养成良好的质疑习惯，培养和提高质疑能力，激发学生学习化学的兴趣。

学生起初的质疑基本上可以从教师那儿或从资料中或网络中寻找到标准的答案，当学生产生的质疑从现有的资源中无法释疑时，就只能通过自己的思考和实践去解决了，也许永远找不到答案，让“质疑”成为“谜”，也许经过多年的努力找到了，那就是创造，那就是伟大的发明。

像一位小学教师所说的：“教学的成败不在于教师讲了多少东西，而在于学生提了多少问题，不在于学生从课堂上接受了多少知识，而在于学生质疑、评判了多少……只有将这个问题研究实、研究透，学生的质疑水平才能得到真正的提高，我们的课堂才能够真正成为智慧的课堂、学生思维放飞的课堂。”

（发表于《新课程》2011年11月上旬）

# 浅探学校德育管理模式

1994年高考，甲子中学取得陆丰市最佳成绩，当时陆丰前三批入围总人数为28人，其中甲子中学10人，市重点中学龙山中学、启恩中学各8人，碣石中学2人。可是，到了1995年高考时适逢改革，甲子中学当年的高考成绩很不理想，前三批入围人数只有6人，全校只有一个人入围第二批本科，而且分数不高，可以说这是甲子中学办学历史上的最差成绩。1996年下半年，学校的老班子全部退休，那时我被任命为学校教导处副主任，抓高一年级。

既然组织信任，学校又给了我一个展示的机会，我必须尽力尽责地把工作做好，不误人子弟，这或许是由我的性格决定的，也成了走上学校领导岗位二十多年来的信条。“有思考才有思路”，这是我的信仰。那时我首先思考两个问题：一是如何把我所抓的年级抓好，并在高考成绩有较大的突破；二是目前学校在教育教学管理上存在哪些问题，要使自已少走弯路。

当时，很多人在讨论1995年质量下滑问题时，总认为是几方面的客观问题，如学校条件较差，教师学历和水平不高，生源素质较差，被我市的两所重点中学挖走了好生源，还受“三甲”地区走私严重风潮的影响等。而我认为，以上几个方面虽然是困扰我们办学的因素，但绝非主要原因。道理很简单，就我校来说，同样的条件为什么就只有1995年突然变差？难道一个人口一百多万的陆丰市每年入围前三批的考生不到100人，这正常吗？因此，不管是甲子中学1995年的情况，还是那段时间整个陆丰市的高中教育质量问题，主要问题出在学校的管理机制、办学思路和备考理念上。

通过认真思考，了解学习先进学校的管理经验，发现我校存在的问题主要集中在以下几个方面，一是管理上出现松动，教师缺乏责任意识，教学常规工作不到位；二是学校在选拔、任用教师上不合理，导致绝大多数教师没有积极性；三是忽视对学生的常规管理，使其纪律涣散；四是缺乏对学生的正确引导，学生学习态度不端正，没有使学习变为学生的主动行为；五是学校的教学管理措施呆板、陈旧，高中三年课程链得不到紧密的衔接，不适应时代的发展。尽管如此，但归根结底还是要解决人的态度问题，也就是教师的师德和学生的道德规范问题，即学校的德育管理。

因此，从我做起，从我所抓的年级做起，着重加强学校的德育管理，为教师营造一个积极和谐的工作环境，为学生营造一个向上向善的学习氛围，调动教与学的积极性，为提高教育教学质量提供有力保障。

**1. 加强管理从我做起，树立表率作用**

散兵游勇绝对打不了胜战，因此严格的管理是学校提高教育教学质量的根本保障。我知道要树严格管理之风，不能靠几次会议、几句口号就解决问题，领导必须身先士卒，做群众的表率，我从接管这个年级后，便全身心地投入教育教学管理上，心系学生，身在年级。在学校，每天的早读风雨无阻，我总是走在班主任的前面。深入课堂，深入到群众中去，掌握管理的第一手材料。首先是加强巡堂，稳定课堂秩序。我认为领导巡堂最少有两个方面的功用：一是对教师起到一个表率作用，可以给那些经常迟到、早退甚至随意缺课的教师一种警示，使那些课堂上马虎的教师变得认真；二是对那些不守纪律的学生起到一种威慑的作用，虽然学生最怕班主任，但更怕被领导叫到办公室训话。所以，巡堂起到了“不战而屈人”的功效。同时，在群众中树立一个务实勤干的领导形象和领导作风，并起到表率作用。所以，只要有时间，我对自己所抓的年级都会做到每节必巡，这样做在管理上起到了很好的效果，整个年级的教风、学风发生了明显的好转。同时，课前课后与教师、学生交流，了解管理和教学上存在的问题，把握正确的办学导向。与学生交流，可以了解到教师教学的情况，听听学生的想法；与教师交流，既体现了领导关心群众的作风，给教师以心理上的安慰，又可了解学校管理与教学上的一些问题，听听教师的看法，同时也可与教师联络感情，因势利导地对教师进行引导，调动教师的积极性。作为领导，为了在教师中树立良好的形象，让教师信服，我对自己的教学做到一丝不苟，各项工作落实到位，发挥了身教和领头的作用。

务实的管理作风为教师良好职业道德的养成树立了敬业、勤勉的榜样，为学生树立了踏实负责、认真履职的示范，从而成为激活学生勤奋学习的驱动力。

**2. 加强德育管理，树立良好的校风、学风**

甲子中学作为面上学校，生源素质远不如重点中学，这是客观存在的事实，如何改造客观、超越自我、努力提高办学质量是我们要面对的首要问题。世界上任何事物都是在发展变化的，我们高一新生已经在两个方面发生了变化：一是环境发生了变化，从当地育人环境不好的初中学校来到办学较为规范的高中学校，学生已经感受到高中学校良好的办学氛围；二是思想发生了变化，有的学生后悔初中没读好书，有的埋怨初中学校不负责任，这说明学生的求学意识增强了，人随着环境的改变和思想认识的提高，会产生内驱力。因此，我们要做的事情就是，在尊重学生个性特点的基础上，创设适当的有利条件，促进学生在相应的智力优势领域内得到发展。要用辩证和发展的眼光看待学生，把每一位学生都视为可塑之才，做到重点班要抓活，普通班要抓紧。从我们多年的教学实践经验可知，大多数分数层低的学生其实资质并不差，只是在义务教育阶段没有养成良好的行为习惯和学习习惯。

据此，从高一入学开始便要对学生进行正确引导，激发学生的热情，发挥学生的潜能。正确引导，坚持以德育人，强化德育管理工作。我们有些教师因为对德育管理的理解有失偏颇，缺乏对学校德育内涵的深刻理解，错误地认为我们抓高考、抓教学质量、抓学生的学习，搞那么多空洞的道德说教没有什么作用，是在浪费教师和学生的时间，讲多了还会让学生反感。我却要大声疾呼，抓好学校的德育管理，强化学校的教育秩序，是提高教育教学质量的根本保证，德育管理必须持之以恒。道理很简单，外行的人都知道学校严格管理的重要性。高中生正处在身心发展和成熟的关键阶段，加上我们的生源素质差（我们这个地区的九年制义务教育阶段不单教学质量差，而且对德育工作的忽视状况，已经让社会所诟病——这是地区教育发展不均衡的具体体现），因此，对这些思想不规范甚至比较涣散的学生以正确的引导，使其树立正确的人生观，养成正确的行为规范是非常必要的。但必须注意的是，不能把说理的德育工作变成空洞的说教，为此，我们以当地经济发展的状况和农村学生家长那种勤劳俭朴、望子成龙的朴实目标，作为教育学生的德育载体，在以下几个层面进行，且层层推进。

第一，通过前途理想教育，引导学生确定奋斗目标。以我校校友和当地成功人士作为素材，介绍他们的成功经验和取得的成就，教育学生要像他们那样把握个人的前途命运，勇于创造自己的美好未来，激发学生的读书热情和学习兴趣，使其产生上进心，变被动的学习为主动的学习，从而开发学生的非智力因素。实践证明，学生有了向上、向善的思想和意志，其他一切问题，如信心、学习与纪律等问题就都可以迎刃而解了。

第二，做好学生的思想引导工作，树立学生的信心。一切成功的基础都来源于高度的自信。如果非常自信，就会将激情彻底唤起，就会进入一种特殊的境界，思维和精神力量的速度和数量都会大大增加，在这种状态下，人们会真正体会到灵感四溢、随心所欲的心理状态。无论在学习工作还是创业上，都要有信心，要使自己充满必胜的高度信心，因为信心是潜能的灵魂，没有信心就将一事无成。

用我校办学的成功经验和历届学生中的成功事迹特别是无数“笨鸟先飞”的事例为题材，来激励学生。我校历届学生中有很多这样的例子，近期高考成绩进入汕尾市、陆丰市前茅的学生，在高中的入学成绩无论在市、县、学校并不是那么突出，例如2005届的李冠培、李振恒中考成绩位列陆丰第二、第三名（在汕尾的排名是10名以外），高考取得汕尾市第一、第二名。这充分说明“学贵于勤、勤能补拙”的道理，从而培养了学生的自信心，也增强了他们的凝聚力，端正了学生的学习态度，提高了学生学习的积极性和自觉性。同时，要求班级科任教师要善于发现学生的闪光点，通过激励来增强学生的自信心，使学生认识到成功会给每个人同样的机会，从而激发学生潜在的学习动力。为适应高中的学习，防止半途而废，有了学习的兴趣和信心，还要培养学生的恒心和耐心。

第三，加强艰苦朴素的传统教育，培养学生刻苦耐劳的优良品质。我校从入学教育开始就抓好校史教育、革命传统教育，通过军训和军事教育培养学生不怕苦、不怕累和锲而不舍的良好心理素质，又将同年级中挖掘出的家境贫寒而学习勤奋、学习好的同学作为活教材，直接教育、感染学生，使学生养成了好学上进、勤学苦练和坚忍不拔的良好学习品质，使班级形成乐学、勤读的气氛。

第四，抓好纪律和道德教育，使学生养成良好的日常行为习惯。学生具备了以上几个方面的品质后，思想认识提高了，自觉性也变强了，这时我们的管理就显得轻松了，抓学生的日常管理和行为规范简直是顺水推舟，从早读课到课堂常规，抓出勤、抓纪律、抓落实、抓评比，促集体观念的形成，树爱班、爱校之风，使学生形成良好的行为规范，进一步强化道德教育，以感恩教育作为道德教育的切入点，从感恩同学、感恩教师、感恩父母、感恩帮助你的人说起，谈到感恩学校、感恩社会、感恩祖国，动之以情，晓之以理，使学生有了向上、向善的思想和意志品质，从而树立起了良好的校风和学风，为教育教学创造了一个有利条件。1996年以前，我校在教室中配备了灯管，却经常被学生破坏，1996年刚装上电风扇，就有2间教室的风扇被破坏了，自从学校按照这一德育体系对学生进行管理后，这种不良现象就再也没有发生过，更重要的是整个学校的教育秩序变得安定了，教学质量更是得到了快速提高。

第五，扩大学校的教育外延，奠定学生的道德素养。教育学生感恩父母，形成孝道；教育学生感恩社会，形成良好的社会公德观念，使学校的德育工作辐射到家庭和社会，并加强与家庭、社会的沟通，强化学生的德育意识，使学生的学习变成一种家庭与社会的行为，进一步调动其学习积极性，最大限度地发挥其非智力因素。

随着这种德育管理模式的深入开展，甲子中学的学生管理工作已经从被动变为主动，学生从他律变为自律，为稳定学校的教育教学秩序起到了极大的推动作用，为提高学校的教学质量奠定了基础。1995年以前，学校不时有学生打架甚至是打群架的现象，1996年以后，即便是少数无心向学的学生也不会惹是生非，学校消灭了打群架的现象，偶尔的学生碰撞再也不会引起过激的行为，都会在理智中平息，在理解中消除不快、建立友爱。

**参考文献**

[1] 冯建军. 重塑青少年信仰教育 [J]. 人民教育，2011（12）.

[2] 李苏. 谈传统文化对青少年道德教育的影响 [J]. 大舞台，2010（8）.

# 探索新时期学校分年级管理工作

近年来，为推进教育均衡化、个性化，办人民满意的教育，具有一定规模的学校都在探索学校的有效管理问题，实现扁平化管理。在年级的管理上，过去的教育教学通过学校的教务处、政教处统一实行线条管理的模式已无法适应当前现实，特别是大规模的学校。为了进一步落实精细化管理要求，创新体制、加强管理成为学校发展必须解决的现实问题。

传统的年级管理是在学校的统一管理、统一计划、统一安排下，由分管年级的领导（可能每年调换一人）对所抓年级的一些教育教学事务性的工作进行传达、协调和处理，这种管理是粗放型的，分管年级领导重传达轻效果，因主要责任在学校，效果如何由学校承担。随着学校规模的扩大，年级班数的增多，这种管理模式已经显现出很多弊端，学校管理也出现了很多漏洞。为了适应学校的发展，科学管理学校，必须探讨新的管理模式。在这个前提下，我们思考如何激活学校内部机制，调动各方面的积极性，落实责任，提高学校管理水平，激发办学的活力。陆丰市甲子中学自1996年起全方位改革校内管理体制，实行“三年一位”的管理模式（即由一位领导从高一抓到高三），逐步把管理权下放到年级，年级管理从教育教学事务性管理转化到教育教学相对独立型的管理，传统的年级组管理逐步过渡到“分校型”的年级管理，实行年级自主管理模式，强化年级部管理功能，实践证明，改革是非常成功的。下面结合实践，谈一谈新时期年级管理的一些操作模式和优点，以及应注意的几个问题。

## 一、传统年级组管理模式落后于时代的发展

在学校管理模式上，公办高中传统的做法多为实行“学校行政—教导处、政教处—年级组、班主任、教师”三级线条管理方式。那时的年级管理是在学校的统一框架下，多部门协作的管理模式，年级组只是协助学校有关部门做一些事务性的工作，主要是把工作传递到年级。应该说这种管理方式在20世纪80年代以前的学校管理上是可行的，因为那时学校规模小，年级班数少，且教育技术不发达，但到了90年代，各地的学校办学规模逐渐扩大，教育信息化逐渐引入学校以后，这种管理模式的弊端就逐渐显现，主要表现在：德育与教学分开实行双线管理，使教育教学容易脱节；管理层次多，从上到下、自下而上双向传递过程较缓慢，责任落实不到位，办事推诿，工作效率低，出现管理缺失的问题；决策层重心上移，容易脱离实际，影响科学决策，甚至造成工作失误；而校长层的精力往往会陷入烦琐的事务中去，学校工作出现避重就轻，甚至偏离教育教学主题的弊端。例如，校长室、教导处、政教处往往人浮于事，对学校情况的了解多数来自汇报，被动式地收集情况，难以掌握第一手材料，这些部门慢慢地懒政，而年级分管领导对学校工作的布置不扎实，年级管理变成了放羊式，久而久之，年级管理出现了真空，导致教育上的不良苗头和小事情在萌发状态未能及时发现并采取措施，延误教育管理的最佳时机，为以后的教育管理留下隐患；有些班主任往往不能对班级教育上出现的问题及时、如实地向上反映，或者不能得到上级部门的有效帮助，导致有些班出现了一些乱象，也形成了所谓的差班、乱班。而教导处也失去了教和导的功能，只在学期初把教学计划布置下去，学期末把各类总结收上来，教学管理在中间出现了很多空白，教学上的很多具体问题得不到解决，教师出现懒散现象，所以，到了后来的转型期部分学校适应不了时代发展而被淘汰。



## 二、新时期“分校型”的年级管理模式

### 1.“分校型”的年级管理特点

（1）所谓“分校型”的年级管理，是近年来在一些学校出现的直接向校长负责、直接面向学生的一种新型学校教育管理模式，其中年级的自主权扩大，从教育到教学管理上都有相对的独立性、统一性，教育工作的事务除了棘手的

问题外，基本上由年级自主而独立地完成；教学工作上学校教导处只是根据教学方向给出教学计划的框架，年级组可以根据本年级的特点及时间分配情况，进行适当调整，在单元、学段测试上，由年级自主统筹安排、主动实施，考务工作不再由教导处负责。让各学科的教学在不同年级的细化和落实成为一种文化自觉，如甲子中学高一备课组，从一开始就制订好三年教学总体计划，以听说训练为例，每一年进行具体安排，循序渐进。

（2）“三年一位”的管理模式，即从高一开始，学校就指定一位副校长或其他领导负责跟班三年，具体负责该年级的教育教学工作的规划、实施，落实责任制，在年级里由年级负责人组建年级领导小组，协助年级负责人分管德育、教学、教务、教研等各方面的工作。

（3）年级在经费的分配上有一定的独立性和支配权，经费用于教学、教研活动，激发教师的内驱力。当然，经费的来源是由学校统一调控安排的，但要符合财务管理制度。

**2.“分校型”的年级管理区别于学校内设机构的特点**

（1）年级组直接面向学生，办公地点往往在年级教学区内，可以直接了解学生的各种状况，有利于及时处理学生管理中暴露的问题。

（2）年级组参与直接挑选和任命任课教师和班主任的工作。年级组直接面对教师和学生，因此能更加准确地掌握各教师的教育教学情况。

（3）由于年级组直接向校长负责，责任感强，有担当精神，因此平时教育教学中碰到的各类问题几乎都能在年级组得到解决，即有更高的工作效率。

（4）年级组直接挑选备课组长，备课组主要负责年级的教研活动，组织协调年级教学进度和计划，同时年级备课组又与学校教研组互相渗透。

（5）在经费分配上的自主权，更能体现按劳付酬。可以形象地说，“分校型”的年级管理就是针对一个年级的全方位的教育管理部门，涵盖了教育、教学、教研、教务等全部功能。

甲子中学试行新型年级管理模式以来，基本形成了比较理想的年级部管理模式，按照“校长—年级—教师、学生”的体系运作，从而大大简化了管理层次，提高了管理效率，激活了年级领导的动力，牢固了教师的定力，唤醒了学生的活力。多年的实践充分显示了这种模式的极大优越性，我校教育质量大幅提升，学校基本上消灭了学生违纪、违法现象，高考成绩逐年攀升，高考三A

以上入围人数已经从1998年的28人增加到2017年的800余人，本科的入围人数从1998年的16人增加到现在的350多人，高分层人数更加喜人，出现过省单科状元，汕尾市和陆丰市的高考状元等。各学科竞赛成绩在汕尾市名列前茅，培育了汕尾市奥林匹克学科竞赛尖子生，受到当地党政和群众的一致好评。在生源素质相对较好的2005届，作为面上中学的甲子中学却取得了汕尾市高考的最好成绩，让市内的重点中学望尘莫及。

## 三、新时期“分校型”年级管理模式的优越性

### 1. 责任落实到人，工作落实到位

（1）对一个学校，特别是规模较大的学校的校长来说，我们既要统筹、调控学校的教育教学工作，把握正确的办学方向，又要适应新时期的形势要求，参与很多政治活动和社会工作，学校的工作不可能面面俱到，有时会出现工作脱节的情况。因此，“分校型”的年级管理模式不但解决了决策阶层的很多矛盾，而且为提高学校的管理水平和办学效率提供了保障。

（2）实行“三年一位”的管理模式。不但领导“三年一位”，从教师安排上也基本上逐渐实现了循环制，很多教师都是从高一跟到高三，年级教育教学效果的好坏，高考成绩高低都是年级领导、教师的付出和能力的体现，增强了领导和教师的责任感与压力，使其形成一种不服输的拼劲，能最大限度地激发他们的潜能。

### 2. 根据实际，灵活运作，提高管理效果，培养了一批能干善管的学校管理人才

在这种体制下，管理层次简化，学校计划和总体安排为宏观调控，使领导重心下移，管理更直接，更针对，更有效；在具体运作上，结合实际，有的放矢。在“分校型”的年级管理模式中，年级领导及其管理成员是教育教学第一线的指挥员和战斗员，他们最了解教师和学生的实际，能根据年级的教育教学情况，及时调整策略和方法，更加有效地指导工作，及时地解决问题，最大限度地发挥领导、教师的能动性，取得了良好的效果。例如，在高考备考中，我们会跟踪学生从高一开始的每次考试情况，进行深入的分析，采取灵活的复习方法；在教育指导和学生心理辅导上，更具有实操性，效果更佳。因此，实行了“分校型”的年级管理模式后，管理工作的各个环节，如计划、实施、检

查、总结和反思等都由年级组独立完成，非常有利于年级管理者在实践中增长才干、积累实际经验，为学校可持续发展培养优秀管理人才，提供管理经验。

**3. 深入课堂、熟悉学生，有效地指导教育教学工作**

年级组要直接参与班级管理，全面地了解学生的思想动态和学习情况，促使教育教学管理精细化，提高教育管理服务水平。另外，年级组是以同一年级学生为基础，由同任一个年级的教师及班主任组成的集合体；年级组教师同在一个办公室办公，每天上课和同学们见面；他们生活在学生群体中，最了解学生，有利于在各科教学中贯彻教书育人方针。具体体现在：①把常规教育管理落到实处，便于及时抓、抓及时。本年级教师对学生的纪律、安全、学习、卫生、行为礼貌等各项常规教育情况了如指掌，可实施有效管理。②师生关系融洽，教师熟悉学生情况，在教学的指导上会更精准，有利于个性化、精细化的指导，以提高教学效果。③教师在年级办公室，能及时地为学生答疑解惑，既帮助了学生，又提高了教师教学的针对性。④充分发挥年级教师的整体教育功能。年级办公室是教师提高教育教学能力的一个平台，在办公室里解决学生出现的问题能发挥全体教师的集体作用，在教学上如遇到困难，同一个年级教师可以及时讨论、探索，从而共同提高教师的教育教学能力和水平。

**4. 有利于调动教师的积极性，使学校形成积极向上的竞争局面**

学校管理重心下移，较多的领导深入到年级，参与一线管理，缩短了与群众的距离，有助于改善干群关系，调动教师积极性；在不同年级之间，年级组管理各显其能，相互促进，形成了积极向上的竞争局面，取长补短，有助于提升学校整体管理水平和竞争力。

**5. 发挥了年级组的协调作用，使其积极主动地开展工作**

在新型的年级管理模式中，年级组作为承上启下的桥梁，上传下达的纽带，其协调功能更加直接和有效。与旧的模式相比，新的模式大大减少了管理上的繁文缛节，对协调好本年级与全校各处室之间的关系、协调好班级与班级之间的关系、协调好班主任与学生的关系、协调好学生与科任教师的关系、协调好学科与学科之间的关系上，显得更加灵活和有效，尤其到了高三复习阶段，协调好学科之间的关系及学科的课程安排很重要，每个教师的责任心都很强，都认为自己所教的学科很重要，都争着要利用课余时间加班辅导，后阶段各学科都想多布置些练习和测试题，如果协调不好，就会出现各学科争抢地盘的情况，这种情况要是靠学校或某个部门是很难解决的，而年级组内部解决起来就驾轻就熟，使所有学科的安排井然有序。教与学的问题也比较复杂，在协调教与学的问题上，由于年级组熟悉年级的情况，他们就会把问题处理妥当。

**6. 发挥备课组作用，有利于青年教师成长**

年级组直接指导各学科备课组，目标意识、整体意识和协作意识得到加强；年级组直接参与备课组建设，同一年级有共同的研究目标，非常有利于教研、教改工作的推进，同时青年教师的培养工作也得到加强，更有助于加强与充分发挥备课组的职能作用；年级组能够具体地依靠骨干教师，把培养青年教师的工作做得更好，着重对青年教师进行“传、帮、带”。青年教师们刚走出校门不久，对教育教学不适应，会出现很多困难，“分校型”的年级管理模式比传统年级组有更多的优势，具体表现为：年级组领导给每位青年教师配备了本年级教学指导教师及德育指导教师，由于在同一个年级教学，老教师便责无旁贷地承担起了这一任务，实行了“一对一”的帮扶，从而缩短了青年教师的成长期，我校在这方面取得了良好的效果和经验。近几年，我校每年都计划让部分新教师走上高三毕业班的教学岗位，有些还是坐了“直通车”的，取得了令人满意的效果，尤其在教师流动性较大的情况下，做到毕业班教师不断层，同时涌现出一批优秀教师。如新教师赖基贵，从高一跟到高三，在1999届中培养了广东省历史单科状元庄重同学，还有语文科李子开、英语科林烈进、物理科林文旭等同学，他们都在高考中取得了不俗的成绩。2005届高三任教数学科的青年教师张水所带的学生在竞赛和高考中均取得了好成绩，高考有5位学生数学单科获800分以上，这甚至可以与省内重点中学相媲美。

## 四、新时期“分校型”的年级管理操作模式包括以下几个方面

新时期“分校型”的年级管理操作模式，概括起来包括如下几个方面：

（1）“分校型”的年级管理模式实际是视年级组为“分校”的管理模式，成立年级领导小组，1名副校长任组长，1名中层干部任副组长，1名级长，根据规模大小可增设1名中层干部和1名教师协助工作。校长代表学校作为年级具体负责人，保证学校的各项工作既在年级得到落实，又不能偏离国家的教育方针和学校的办学方向。中层干部作为学校教育教学工作的具体执行者，要确保学校的教育教学措施在年级中得到实施。级长包括其他管理成员，协助组长做好

年级的各项工作，分工合作。

（2）年级管理实行年级领导小组负责制，上对校长负责，下对本年级师生负责。

（3）同年级执教的其他行政人员，除做好正常事务性本职工作外，应积极参与到同年级的常规管理中来，加强合作，发挥集体智慧，强化“年级条线管理”。

（4）在用人方面，校长下放部分权力，每学年以教导处和年级合作聘任教师，学校给予协调，平时由年级领导小组对教师进行管理与考评。

（5）在管理方面，重心下移，年级领导小组全面负责本年级的教育教学工作，完成学校下达给年级的教育教学目标和管理任务，同时负责本年级教师的课务安排、思想教育、业务培养等工作，发现问题及时纠正。

## 五、新时期“分校型”的年级管理模式需要注意几个问题

### 1. 协调好学校各部门与年级组之间的关系，做到权力和分工合理

我们认为新时期年级组是学校基层管理的核心，而学校内设的各处室则处在宏观指导、统筹调控、服务保障的位置，研究、协调、指导、检查各年级工作，同时提供必要的职能服务，从而形成年级和处室之间相互理解、彼此尊重、互相配合的良好关系，有效地促进学校整体办学效益的提高。但要防止各处室产生“大权旁落”的感觉，所以做好相关的思想工作，在利益分配上就要做到统筹兼顾，引导全体中层领导以教育教学工作为重心，尽力尽责，抓实事、出实绩。而对深入到年级部基层的干部，因其重任与职责不断加大，应与其他中层处室一样为其提供平等的地位和待遇，将年级组列入学校中层管理部门。

### 2. 提高年级领导的素质，树立全局观念，建立和谐学校

在“分校型”的年级管理过程中，在规模比较大的学校，年级几乎发挥着“校中校”的作用，年级主管领导需要能够独当一面，对其素质要求自然要高，不仅要能统筹、组织、协调驾驭全局，还要能脚踏实地地指导教育教学工作，率领全年级师生完成学校交给的教育教学和其他各项任务等。但必须注意，作为年级领头人的年级领导应该胸怀全局，一切思路都要从学校的大局出发，登高望远，打破本位观念，消灭一切以年级为中心的本位主义，防止“分校型”的年级管理模式变成名副其实的分校，让年级成为独立于学校的一个实

体，甚至破坏学校团结的大局。据我了解，有些学校实施了这种年级管理制度后，年级里的教师听从年级领导管理，忘记了学校大局的存在，学校的一些事务很难在年级中得到落实，特别是一些政治任务更是在年级中悬空。这种情况的出现主要责任在年级领导，原因是年级领导缺乏全局观念，本位思想严重，有另立“中央”的倾向，其次是缺乏对年级教师的引导。这是在“分校型”的年级管理模式中应该特别注意的一种倾向。

**3. 处理好各年级组之间的关系**

各年级管理部门之间既有横向关系，又有纵向关系。横向关系指作为学校要统筹兼顾，注意它们之间的协调工作，避免年级管理之间的碰撞和摩擦。纵向关系指不同年级从时序上有一个前后承续的关系。例如，上一年级的高考复习经验和教训需要传递给下个年级，或者下一年级学科新课改的做法、体会和经验很有必要向上一年级传递信息等。对年级之间的协调和联系，学校要给予足够的重视，这样各年级组既有较大的独立性，又能保持高度的协调性、连续性，从而确保学校工作的整体可持续发展。要做到这一点，校长应该保持清醒的头脑，树立一盘棋的思想，要真正发挥学校各部门的作用，特别要发挥教导处这个业务处室的功能作用，一定要让教导处参与教学宏观调控，把控各年级教学工作落实到位；每学期至少开办一次学生座谈会，了解各年级教师的教育教学情况，建立教师教学实施情况档案和成绩跟踪等档案，掌握和指导教师完善教学工作，提高教育教学能力。

**4. 注意学校管理重心倾向问题**

实行“分校型”的年级管理模式之后，年级管理组在学校中的地位与作用不断彰显，学校教育管理的工作“重心”不断倾斜到年级组。在这种新形势下，为了发挥全员育人的教育合力，教导处、政教处、团委、总务处等其他中层处室遇到了前所未有的角色转换、职能更新等新的考验。学校各方面要统一思想，让年级组的管理工作“扁平化”，这样才能使年级组管理模式发挥更大的优势、创造更多的价值。在这种情况下，学校也应该将各处室的中层干部统一调配到各年级中去，加强年级的精细化管理，发挥学校全体工作人员的主观性和能动性。

进入信息爆炸的时代，教育的大数据、智能时代已经到来，新一轮的教育改革浪潮将会推动学校管理的变革，新的学校管理方式将在不断探索中完善和创新。“有效的‘团队’总是由追求挑战以期完美业绩的行为催生。”

# 在元素及其化合物教学中，落实“三维目标”，培养学生能力

《普通高中化学课程标准》明确指出，“构建‘知识与技能’‘过程与方法’‘情感态度与价值观’相融合的高中化学课程目标体系”。既要注意科学的核心概念与化学知识体系的关系，又要注重在化学知识的获得应用过程中体现科学思想、科学方法和科学价值观，三维目标相互融合，才能促进学生的成长发展，培养学生的科学素养。

“三维目标”的内涵如下，“知识与技能”目标要求是：了解化学科学发展的主要规律，理解基本的化学概念和原理，认识化学现象和本质，理解化学变化的基本规律，形成有关化学科学的基本概念；学生通过化学实验中的现象观察，理解物质的性质，获得有关化学实验的基础知识和基本技能，建立生活世界与科学世界的意义关联；能综合运用有关的知识、技能与方法分析和解决一些化学问题。“过程与方法”目标要求是：经历对化学物质及其变化进行探究的过程，学习科学探究的基本方法；具有较强的问题意识，能发现和提出有探究价值的化学问题；学会运用观察、实验、查阅资料等多种手段获取信息，并运用比较分类、归纳、概括等方法对信息进行加工等。“情感态度与价值观”目标要求是：能阐述包括“发展学习化学的兴趣，乐于探究物质变化的奥秘，体验科学探究的艰辛和喜悦，感受化学世界的奇妙与和谐等”科学品质的具体要求。可见，三维教学目标是学生科学素养养成的具体要求。

在中学化学的教学内容中，“元素及其化学物”是教师教学中难以处理

的一部分，它的特点是内容繁杂、头绪多，学生似乎容易听懂，但难记难用。这是由于传统教学方式忽视了学生的主体作用，只要求学生被动地感知和机械地储存知识，而忽视了对学生逻辑思维能力的培养和个性发展，因而教学效果差。目前中学化学知识结构和高考化学试题中都相应提高了“元素及其化学物”的分量，这是正确的导向。化学理论总是建立在“元素及其化合物”基础上的，并能利用其深入地解释元素及其化合物知识。因此，落实新课程理念，改进教学方法，处理好记忆、理解和培养思维能力的关系，努力提高“元素及化合物知识”的教学效果，对发展学生的能力是极其重要的。下面将我在教学中总结的方法及做法做如下归纳。

## 一、注重过程与方法，建立联系和规律

《普通高中化学课程标准》指出，高中化学课程应有助于学生主动构建自身发展所需的化学基础知识和基本技能，进一步了解化学学科的特点，加深对物质世界的认识，有利于学生体验科学探究的过程，学习科学研究的基本方法，加深对科学本质的认识，增强创新精神和实践能力；有利于学生形成科学的自然观和严谨求实的科学态度，更深刻地认识科学、技术和社会之间的相互关系，逐步树立可持续发展的思想。因此，新知识增加不应仅是单纯的积累，更应该是对旧知识的联系和发展，而对所学的知识的记忆过程则应是对有组织、有联系的、理解了的知识进行“检索”，而不应该是对杂乱条文的“储存”，要着重养成学生的探究习惯和创新意识。教学过程中要突出学生的主体地位，注重“知识与技能”，引导学生理解知识，而不仅是记忆知识，要注重“过程与方法”，用推理证明的方法来获取知识，而不是机械地、直觉地感知知识。同时，注重“情感态度与价值观”，激发学生的学习兴趣和学习主动性。这样，学生掌握知识的过程就是发展智力、培养能力的过程，会为学生现在和将来的发展奠定坚实的基础。

教材是学生学习的载体，教师的教学要从授人以鱼（知识与技能）变成授人以渔（过程与方法），虽然元素及其化合物知识的特点是多而杂，但知识点之间并不彼此孤立，而是存在着规律性的联系。这就要求教师在教学过程中，要引导学生把有关的知识通过概括、归纳、对比，将学到的各部分知识有机贯穿起来，形成一个完整而系统的知识体系，巩固记忆，促进学生的智力发展，

发展学生的创新思维。在元素及其化合物的教学中，可帮助学生将重点内容按其特点归纳成以下可供接受的结构模式：

（1）各族元素的原子结构特点及其递变规律。

（2）各族元素中代表元素的单质或化合物的物理性质、化学性质。化学性质难记，但可从以下几个方面来考察某物质的化学性质：①能否与金属或非金属单质反应；②能否与水反应；③能否与碱性氧化物或酸性氧化物反应；④能否与酸碱反应；⑤其他特殊性质。

（3）代表元素单质或化合物的制法（包括反应原理、反应装置及注意事项、气体收集和检验方法三个方面）。

（4）同族元素的其他单质或同类物质的性质递变及比较。不管你学到哪一族元素的哪一单质或化合物，均可根据以上模式去探索你所掌握的知识，使原来零碎、繁杂的知识转变为有规律易记忆、便于复习的知识板块，从而激发学习兴趣和积极性。例如，当学习卤素中的氯气、氯化氢时，使用此模式不仅能记住所要掌握的知识，而且可类推地了解到$F_2$、$Br_2$、$I_2$和HBr、HI的性质及同类物质的性质比较。在我多年的教学中得到证明，采取此法教学，学生学习兴趣大增，乐于探究物质变化的规律，教学效果良好。同时，在教学中还应注意挖掘不同族物质间的联系，并进行比较、推理，贯穿新旧知识，使元素化合物知识由“点”连成“网”，使学生在理解的基础上系统地掌握和记住知识，也能形成分析比较的思维方法，有利于对学生思维能力的培养。

## 二、加强探究性教学，力求全面、系统的理解

新课改的根本目的是促进学生的发展，课堂教学中我们应突出学生的主体地位，尊重学生已有的知识经验，在学生已有的认知水平基础上进行教学，最大限度地促进学生的发展。加强理论知识在元素化合物教学中的指导作用，使学生在理解的基础上掌握知识，是改进元素化合物教学的重要一环。

一般人都认为，掌握元素化合物知识非死记硬背不可。当然，任何知识的掌握都离不开记忆，即使是建立在逻辑推理上的几何学的知识，也得记住其定义、定理等。但多数学生认为化学这一学科的知识记忆太烦琐，这主要是因为他们对化学知识缺乏深刻理解。理解是记忆的钥匙，也是运用的基础，没有理解的知识便很难形成深刻的印象，即使勉强记住，也是短暂而不会运用的。

化学教学设计中“三维目标”的确定与实施，应注意化学知识、概念、技能形成的阶段性和发展性；注意不同学习阶段学生所具有的知识和技能水平的差异性；注意学生科学探究能力发展的阶段性及不同学生情感态度价值观发展的不均衡性和差异性。在教学中如果注意理论知识的应用，加强探究教学，引导学生思考、探究，因势利导，做到整个化学知识以元素化合物知识为基础，以理论知识为指导；将元素化合物知识从罗列的、机械的描述，转变为理解推理的描述方法，化呆板为灵活；化烦琐为集中，就能收到更好的教学效果，重要的是能培养学生科学研究的兴趣。我们知道，用原子结构理论来理解化合物和物质性质，用电离理论来理解复分解反应，用化学反应规律来推导物质制法等，都能取得事半功倍的效果，且能发挥学生的主观能动性，发展学生的逻辑思维和自学能力。下面举些例子加以说明。

例如，在比较有关气体的密度时，不应死记其数据大小，而应从气体的摩尔体积和相对分子质量大小上去比较。像化学反应条件是繁杂难记的问题，若能运用分子结构等知识去理解就不难了，如$N_2$与$O_2$或$H_2$等反应要在一定条件下进行，这是因为氮分子中有3个共价键，要破坏三键必须在一定条件下（高温或催化剂、放电）进行。同时我们也能知道，氮气沸点比氧气低的原因。可用氧化还原反应的理论及化合价变化来理解和推知硫单质及化合物应具有的氧化性、还原性及其强弱，使理解成为掌握知识的主要手段。因此，运用有关理论去分析、探究问题，进行推理，得出结论，才能真正使学生有效掌握所学知识，从而培养发展学生的思维能力。

在课堂教学过程中，通过探究，能满足学生的好奇心，使他们获得巨大的满足感、兴奋感和自信心；通过探究，能使学生经历一个自主构建知识的过程，使他们获得真正属于自己的知识；通过探究，能使学生的思维受到最好的锻炼，是培养能力和科学方法，提高科学素养的最佳途径；通过探究，学生经历了挫折与失败、成功与兴奋，其中的许多感受和体验能促进学生对科学本质的认识，感悟到科学精神、科学态度的意义和价值，学会合作与交流，提高合作能力，提升情感、态度与价值观方面的素养。



### 三、注意知识迁移，培养学生的创新精神

《普通高中课程方案（实验）》中的课程目标：“立足学生适应现代生活

和未来发展，着眼于提高21世纪公民的科学素养，体现了时代性、基础性和选择性，兼顾学生志趣和潜能的差异和发展的需要。”既有知识与技能，又有过程与方法，情感态度与价值观相互融合的高中课程目标体系。这就要求教师在进行化学课程课堂教学时，必须变革陈旧落后的教学观念及模式，必须以全新的教育理念去实施课堂教学，逐步实现新课标下课堂教学的改革与创新，为国家和社会培养高素质的创新型人才。因此，培养具有独立性、创造性，且能有效解决问题的能力型学生，是中学化学教学的重要目标。为此，在中学化学教学中重视知识迁移，尤其在元素及其化合物的教学中显得更为重要，因为它能使繁杂而枯燥的元素化合物知识转化为推理性较强的知识，对培养学生的学习兴趣和良好的思维习惯、发展能力，提高教学效果，会起到不可低估的作用。要加强知识迁移教学，就必须熟悉教材，厘清脉络，达到熟能生巧的程度。所谓知识迁移，是指在不超过中学化学课本范围的条件下，对所学知识的延伸和应用。它是检验学生创造能力的最佳方法。下面举例加以说明。例如，在熟悉了卤素知识后，从$Cl_2$具有氧化性，可与NaI、NaBr反应的事实中，可将其迁移到$Cl_2$（或新制氯水）与还原性强的物质或离子，如HI、HBr、$H_2S$、$SO_2$（$H_2SO_3$、亚硫酸盐）、$Fe^{2+}$等反应，并能解释有关实验现象，从而也推知了HI、HBr、$H_2S$、$SO_2$、$H_2SO_3$以及含有$I^-$、$S^{2-}$、$Fe^{2+}$等的溶液能使具有强氧化性的酸性$KMnO_4$溶液褪色的事实，从而起到举一反三的作用。在学习氧族元素时，从$H_2S$的强还原性上应注意两方面知识迁移：一是$H_2S$可与强氧化性物质如卤素单质、$KMnO_4$、$H_2O_2$、$FeCl_3$等产生氧化性酸反应，因而不能用浓$H_2SO_4$干燥$H_2S$等；二是可溶性硫化物也具有还原性，如$Na_2S$可被$CL_2$等强氧化性物质氧化。

在综合复习中，还应将有机知识和无机知识结合起来，扩大知识外延。如图1所示：

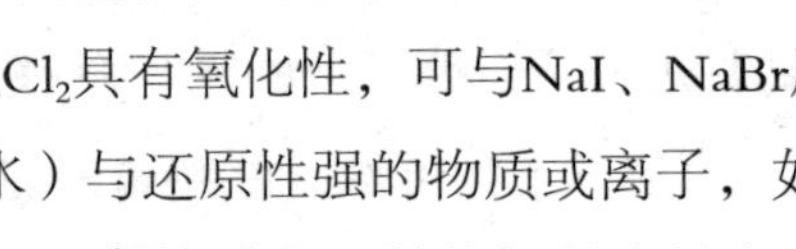

图1　化合物A的结构简式

［习题］稀土是我国的丰产元素，17种稀土元素性质十分相似。用有机萃取剂来分离稀土元素是一种重要技术。化合物A是其中一种萃取剂，A的结构式如图2所示：

（1）所属的化合类型叫什么？（2）通过什么类型的化学反应可以合成有机物A？写出反应物的化学式（有机物用结构式表示）。对于这样的问题，若教师在教学过程中注意将酯化反应中的羧酸迁移到无机酸上，就不难看出A是一种酯，也可以看出反应物是$H_3PO_4$和季戊四醇。

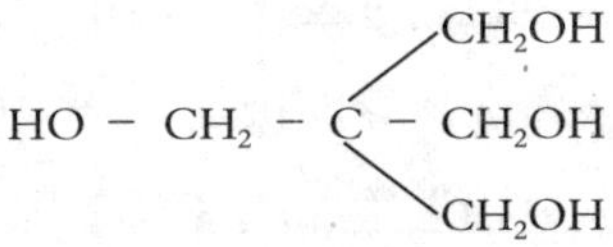

图2　季戊四醇的结构简式

类似问题乍看起来似乎超出课本范围，其实是运用所学的知识去灵活解决问题而已，因此利用知识迁移可将知识系统化、网络化，进一步提高教学效果，这在本人的教学实践得到了充分证明。

## 四、加强化学实验的目的性、计划性，做到有的放矢

《普通高中课程方案（实验）》指出，以化学实验为基础是化学学科的重要特征之一。化学实验对全面提高学生的科学素养有着极为重要的作用。化学实验有助于激发学生学习化学的兴趣，创设生动活泼的教学情境，帮助学生理解和掌握化学知识和技能，启迪学生的科学思维，训练学生的科学方法，培养学生的科学态度和价值观。化学实验对促进学习方式的改变、培养学生的创新精神和实践能力都有重要意义。而实验过程的精心组织和计划，对培养学生的观察能力和思维能力也会起到重要作用。对于课堂演示实验，很多教师往往只注意现象清楚、实验成功等方面，但只注意这些是不够的。实验是教学过程中引导学生提高认识的一个重要环节，教师必须注意恰当安排，使实验确实成为课堂教学的有机组成部分，做到在实验前学生已明确目的，实验过程能集中注意力，实验后能获得深刻印象和正确结论，并在整个实验过程中保持活跃的思维活动。例如演示$Cl_2$的漂白实验， 般是安排在$Cl_2$性质这一部分中，通过实验讲述结论。如果教师从$Cl_2$跟$H_2O$反应生成盐酸和氯酸入手，提出如何检验$Cl_2$中含有这两种酸。然后先用蓝色石蕊试纸检验氯水，出现现象是试纸变红色又褪色，这就与“酸使指示剂变色”矛盾，让学生思考，从矛盾中分析问题，从而得出氯水具有漂白作用，再引导学生分析氯水中所含四种物质中是哪一种物质起漂白作用，思考到底是$Cl_2$还是HClO起作用。这时再进行$Cl_2$通过干燥和潮湿

的两种红色布条的实验，让学生得出结论，从而改变其消极接受实验结果的习惯。由于实验目的明确，获得的知识生动直观，加深了学生的印象和理解，从而培养了学生探索问题、解决问题的能力。

总之，教师要领会新课程理念，全面落实好三维课程目标。若想提高元素及其化合物的教学效果，就要改变过去那种用单纯描述的方法把知识“灌”给学生的做法。要让学生发展思维，养成推理、探究的习惯。这就要求教学过程中要突出学生的主体地位，引导学生养成注意运用理论、规律推理、探索知识的习惯；引导学生注意运用理论、规律推导出结论，将方法教给学生，让学生自己去积极地探索、学习，并把实验融合到整个认识过程中去，使它成为提出问题或检查结论的依据。

**参阅文献**

[1] 中华人民共和国教育部. 普通高中化学课程标准（实验）[M]. 北京：人民教育出版社，2003.

[2] 蒋敦杰，杨四耕. 高中新课程理念与实施[M]. 海口：海南出版社，2006.

[3] 解读高中新课程丛书. 解读高中新课程[M]. 北京：中国轻工业出版社，2006.

[4] 宋心琦. 普通高中课程标准实验教科书·化学1、化学2、选修4. 北京人教版[M]. 北京：人民教育出版社，2007.

# 浅谈教师创新能力的培养思路

教师是一个国家教育发展的脊梁。一个国家的教师质量从根本上决定着教育的质量，进而决定着人才的质量、科技的质量和国家的发展速度与潜力。所以，人们常说“有什么样的校长就有什么样的学校，有什么样的教师就有什么样的学生”。可见，一个学校对教师的培养，以及促进教师成长是何等重要。

《国家中长期教育改革和发展规划纲要》指出：“建立以提高教育质量为导向的管理制度和工作机制，把教育资源配置和学校工作重点集中到强化教学环节、提高教育质量上来。”随着时代的变化和发展，校长对学校管理尤其是教师管理，要有前瞻性，要创新管理思路，优化教师队伍建设，不断提高学校教育教学质量，促进学校可持续发展。

从教育管理学的角度看，一般教师的成长过程都要经过准备期、5～6年打基础的“适应期”，8～10年的“爬坡期”、10～15年的“成熟期”。我认为，这已失去其时代性，不合时宜了，尤其对我们这些农村的面上中学来说，师资力量缺乏，不可能有丰富的教师储备，可能还没等到成熟期大多数教师都已“远走高飞”了，学校的骨干教师就很难出现，另外，这么长的成熟期不符合现代青年教师的心理活动特点。

从教育管理思想发展史上来看，我们感受到了管理观的变革——我们现在需要真心实意地、实实在在地去关注、思考教育管理活动中的个体需要等方面的问题。特别是各方面条件相对较差的农村面上学校必须创新管理思路，关键是要树立教师的良好师德，端正教师的工作态度，根据现代教师的心理特点，想方设法地缩短教师的成熟期，尽快促成教师的成长，弥补学校的不足，提高学校的教育教学质量，这也是办好学校的必要条件。

这十多年来，陆丰市甲子中学在师资力量不足、教师学历不达标的情况下，面对现实，因地制宜地培养了一批优秀教师，打造了一支思想进步、乐于创新、师德观念强、爱岗敬业的教师队伍，使学校的教师结构趋向合理，教育教学质量稳步提高，使学校得到了长足的发展。陆丰市甲子中学被教育主管部门誉为“教师的成长基地”，被当地初中学校誉为“教师的锻造工厂”。下面谈谈我校在优秀教师培养方面的体会与做法。

## 一、培养高尚的师德，强化使命意识、责任意识

现代教育理论指出，教师专业化的核心是专业精神，即服务社会，把服务对象及社会利益放在首位。

从教育的本真看，“教”——无“孝”不成“教”，“教”是先“孝”后“文”，因此，要求教育者先有“孝”（即德和爱，师德和爱心），还要有“文”（即知识水平、业务能力），才能成“教”。因此，抓好教师的管理，抓好教师的师德是一所学校教育教学管理的关键。

学校的环境有利于教师发展，教师有了一定的价值取向后，必须进一步树立教师的专业思想，形成坚定的信念。职业道德观念强的教师就会在自己的工作岗位上最大限度地实现人生的价值，使自己从被领导的角色变成学校的主人。我们相信，任何人都有自尊、自爱的需求，都想把自己的工作做好，关键在于引领者如何引导。以我校那些师德观念强，为事业作出贡献，深受学生和社会好评与敬重的教师为典型，引导教师向上、向善。又把社会和家长对不负责任的教师的评价反馈给教师，让这些教师明白不做好工作就会“内外不是人”，迫使这些教师不得不按一个教师的起码要求做好工作，逐步养成热爱事业、热爱学生的道德观念，进一步形成其对事业执着追求的人生理念和高尚人格。教师有了高尚的师德，其理想信念、道德情操、人格魅力就会直接影响学生思想素质、道德品质和道德行为习惯的养成，也会对加强学校的教育教学管理起到很大的促进作用。

学校管理既是科学管理，又是情感管理。所以，抓教师的思想和道德教育必须讲究策略和方法，不能讲空话，不能脱离实际，而要以教师的心理特点作为切入点，结合实际，以事实打动教师，以理服人。总结起来，我校师德教育

的特点就是三句话：一是做好工作、学好本领，为自己负责；二是努力工作为家乡，做一个受人尊重的人；三是将心比心，认真做事为学生。

（1）在当时全国经济迅猛发展、当地走私活动比较狂热的条件下，教师的待遇低、经济收入悬殊，教师内心浮躁，心态不平衡。我们提出了第一句话"为自己负责，做好工作，练就本领"。我说，目前我们教师的收入与当地比，与发达地区比确实存在太大差距，但我们不能这样等待下去，要为自己负责，你如果有门路就去找一个收入高的单位或换个工作环境，过上好生活，不要虚度人生。如果暂时走不了，就不要自暴自弃，建议大家以学校作为锻炼自己的场所，学好本领，练就功夫，为将来远走高飞、过上美满的生活做准备。这种"消极式劝离"的导引，在多数教师中引起共鸣，他们觉得有道理，甚至部分教师经过讨论，确定还是不要再消磨时光，耽误自己的前程，而是先安下心来做好工作，待时机成熟再说。教师投入到工作中去，就减少了胡思乱想的时间，不再去空比较，心情变好了，也热爱工作了，工作态度逐步端正，慢慢地在学校中形成一种安心工作、做好工作的氛围。事实上，教师在工作中取得了成绩以后，受到学生的爱戴，得到领导的表彰和社会的肯定，既有了成就感和快乐感，又有了一定的回报（例如，学生的爱戴和家长的感激），有的成为学科教学的骨干，工作的积极性得到真正提高，教育教学的效果也随之提高。后进的教师暗中以这些教师为榜样，逐渐跟进，促进整个学校良好教风的形成，树立起正气，加快了学校的良性发展，学校的社会效应变得更好，从而使学校的各方面条件得到改善，教师的生活水平有了提高，进一步为教师创设了一个良好的工作氛围，教师自然而然地从原来暂时的安心转变为安教、勤教、乐教，一大批教师得到成长，每年都有4～5位教师被评为县、市、省优秀教师和骨干教师，很多教师获得了丰厚的高考奖金，更重要的是很多教师的人生价值得到了体现，这时那些想走的教师还会三思。因此，在当地环境相对较差、待遇相对较低的情况下，反而减少了很多教师的流失，使学校的教师队伍保持了相对的稳定性，使学校的教育教学质量保持了稳步提高的势头。当然，偶尔有教师的正常流动，这或许会给教师心理造成冲击，给学校带来一定影响，但我们认为这是正常现象，只进不出，教师队伍就会缺乏活力。所以我们应以正常心态看待教师的流动，并以这些优秀的流动教师作为活教材，告诫教师们，他们今天之所以有更大的发展空间，是因为有了昨天的努力。这样，既安定了教师的情绪，又激发了教师努力工作的驱动力。

接下来的工作，学校以取得了成绩又安心工作的优秀教师为榜样，肯定他们为学校和事业所做出的贡献，大力宣传他们所获得的教学荣誉和社会声誉的价值，用他们深受学生和群众尊重的人格魅力感染其他教师，促使全校教师安心工作，为当地的教育事业做出努力和贡献，同时实现自己的人生价值。

（2）针对我校教师大多是当地人的特点，我提出了第二句话，“我们作为当地人要有起码的家乡观念，要为当地父老尽点力、做点实事，希望大家要做一个受乡亲们尊重的人，不被家乡人所唾骂”，又以个别缺乏良知的教师在社会、学生中留下骂名、败坏形象的反面例子来教育教师。绝大多数的知识分子是爱自尊、爱名声的，经过如此引导，勾起了教师的良知意识，提醒他们做好工作为事业、为自己的前途，更要珍惜自己的名声和形象，进一步端正教师的教学态度，迫使教师更加自觉地履行自己的职责。

（3）在工作要求上，我又提出了第三句话，“今天作为教师的我们，该如何做好工作？大家要想一想，昨天作为学生的我们是如何要求教师的，我们就要以那种要求做好自己的工作”，这就要求教师站在学生的角度来思考问题，唤起当年那种希望自己成才的迫切要求去理解学生，以学生的前途为重，做到不误人子弟，又提出了“我们要以输送一个大学生，使一个家庭脱贫，改善家乡的经济落后面貌为己任”，从而强化教师的职业道德观念和使命感，使教师明确工作目标，不断地提高自己的教育教学能力，为事业、为家乡做出最大的贡献。

这些措施的落实，加强了我校教师的师德观念，端正了教师的工作态度，使教师爱岗敬业，努力提高自己的专业能力和教学水平，从而培养了一支师德观念强、功底扎实、业务精熟、能上能下、乐于奉献的教师队伍。

目前，我校形成了团结合作，乐于交流与探讨的良好局面，他们课前课后讨论最多的话题就是教育教学工作。当地有些初中教师对我说：“我到甲子中学老师家中，发现他们在家中所谈的还是工作，难怪有些原来在初中思想表现一般的老师，调到甲子中学以后变了一个样，真是了不得。”更为欣慰的是，在教师中也形成了一个自觉遵守师德、互相监督、共同提高的育人环境，在工作中出现个别不认真的教师，教师们都会互相劝说，做个别教师的工作。可见甲子中学已经形成了一个勤教、乐教、肯干的治教氛围。

## 二、挖掘校本培训途径，提高教师业务能力

我认为，要提高学校的教学质量，决定因素在学生，而关键因素在教师。而教师的教学态度是关键，课堂教学能力是根本。对我们面上高中来说，由于师资力量不平衡，提高教师的课堂教学能力和水平，立足课堂，向45分钟要质量，显得非常重要。围绕这个中心，着重开展以下几个方面的工作。

（1）重视新教师培训，发挥老教师的作用，落实“传、帮、带”。我校每年由教导处组织对新调入的教师进行师德、教学理念和教学方法的培训。同时，各个学科选派经验丰富、教学能力强的老教师，对新教师进行帮扶，通过“师徒结对”活动，指导新教师备课，处理好教材，把握重难点，拓展教材，把握教学的要领。通过相互听课、评课等，使新教师掌握课堂教学的基本方法，提升课堂教学能力，进一步优化课堂教学，提高课堂效率。

（2）依托教研组活动，实现两个目标。一是通过教研组组织专题讲座、公开课、示范课，进行互相听课、评课活动，为教师提供听课学习和交流，取长补短、共同提高，使每位教师的教学能力都得到提高和完善。二是通过教研组的活动，促进教师明确目标，加强课堂密度，提高课堂效度。在课堂教学中，教学目标具有很强的导向作用。要立足课堂，向课堂要效益，教师必须首先明确每章、每节及每堂课的素质教育目标。教师在备课活动中，要考虑好每一堂课要达到什么目标和要求，要备教材、备学生、备教学方法、备能力目标，根据目标备合适的练习。有了目标的引领，教师就会根据目标设计好教学方案、改进教学方法，提高课堂效果。

（3）通过教学反思，提炼教师思想。我校所有教师都要写教学小札，把个人教学的亮点和弱点以小札的形式呈现出来，收集成册进行出版，鼓励全体教师加强反思，锤炼教学基本功，进一步优化课堂教学水平，优化课堂教学环节，提炼学科教学思想方法，培养学生良好的思维品质。我校数学科组在长期的教学实践中，总结了一套“突破重、难点，强化训练，培养思维，提升思想”的教学模式，从而提高了课堂教学效率，使我校数学科成绩在汕尾市处于领先地位。

## 三、大胆起用新教师，发挥教师能动性

选拔好教师是提高教学质量的一个先决条件。学校完善合理的管理制度，可调动教师的积极性，这是事实。但更重要的是，学校要让教师看到希望，让教师有发展和成长的机会，如此一来教师就会产生一种动力和激情，为实现自己的目标而努力工作，发挥自己的主观能动作用，想方设法地提高自己的教育教学水平。在走上领导岗位之前，我就发现学校在教师管理上存在一些弊端，“长期稳住高三的老教师老调重弹，缺乏创造性，产生惰性，新教师看不到出头的希望，出勤不出力，低年级的教学常规得不到应有落实，导致高一、高二的基础教学与高三脱节，影响了高三的冲刺”。这些弊端的产生是源于领导对青年教师缺乏了解和信任，不敢起用思想好、业务能力强的新教师，重者则阻碍了新教师的成长，导致教师队伍出现两个极端，造成教师青黄不接；轻者导致教师队伍搭配不合理，无法实现新老互动、互补、共促进，这些都会制约学校教育教学质量的提高。我从1996年开始负责学校教导处工作，针对存在的问题，提出甲子中学未来要发展必须培养和使用青年教师的主张，把有计划培养、大胆起用青年教师列入教导处的计划，从而扭转被动的局面，解决教师青黄不接的现象。

（1）有计划地培养新教师，构建结构合理的教师团队。我们提出了新教师的培养成长计划，在条件许可的前提下，在各学科中有计划地选拔安排1/3左右素质好的新教师跟上，逐步优选跟到高三。这样，既实现新老搭配、以老带新、取长补短，优化各年级教师队伍，又有效地培养了教师，给一些老教师一定的挑战与压力，从而大大地调动了全体教师的积极性，使其努力愿意提高自己的教学能力和教学效果。事实上，老教师富有经验，而新教师有冲劲、有创新精神，只有合理搭配，才能发挥教师团队的最佳优势。

在新教师的选拔上，要从态度、业务能力、教学水平、教学效果、教师和学生评价等方面进行综合考量。我们第一次实施教师培养计划的1999届，通过观察和考量，选用了1/3以上的新手跟上高三，有些还是坐了“初高中直通车”，都取得了良好效果。例如，英语教师林烈进从初中一直跟到高三，由于各方面的评价好，起用他任教重点班英语课，把原来的老教师换到普通班的位置上，结果他所教的重点班的英语成绩刷新了学校英语科历史。历史教师赖基

贵从高一直接跟到高三，一炮打响，培养了广东省的历史单科状元庄重同学。由于结构搭配合理，新老互动，取长补短，促进了老教师更加完美的发展。例如，有着多年高三教学经验的语文教师朱文页，在那一年中他所教的两位学生语文科成绩达到800分以上，进入全省单科前100名。学校大胆起用新教师以后，对青年教师鼓舞非常大，对老教师也产生了一定的促进作用，学校的整个教学氛围得到改观，形成了认真拼搏的治教气氛，高中三年课程教学得到了有机的联系和衔接，高一、高二的教学为高三的冲刺打下了良好基础，促进了学校教学质量的提高。那一届高三也取得了令人满意的结果，入围前三批的人数从1998年的28人增加到73人，超过陆丰市下达的指标27人，第一批入围人数达34人。

有一点要说明的是，不一定所有被起用的新教师都能适合高三重点班的教学，新教师也不一定都能一气呵成地出成绩。不能因个别新教师达不到预想目标就否定新教师的培养计划，这是不明智的。学校要善于发现、重点培养，让他们逐步成熟，面上学校更应该如此。我认为，在新教师选拔上，对于“可上可不上的教师”要让他上，不适合教重点班就让其在普通班锻炼。一方面，可为学校储备更多能上高三的教师，做到有备无患。例如，2001年9月，我校共调出了8位高三教师，如果不是已经培养锻炼了部分能上高三的教师，真的会面临无法解决的问题，当时，连当地的群众都说，甲子中学麻烦大了，调走了很多好教师。可是，我们顶住了压力、克服了困难，2002届高考我校第一次突破了前三批入围100人的大关，超过陆丰下达的指标46人，有7人总分达到700分以上。我们之所以能在面临严重困难的时候教学质量稳步提高，就是因为我们落实了教师的培养计划，使高三毕业班的教师不断层。另一方面，让更多的教师上高三，就是使更多的教师熟悉或完整地了解整个高中的教学体系，教师熟悉了高中的教学体系后，就是不需要教高三，让其再次教高一、高二，这时他们的教学也会发生质的变化。由于这样的坚持，我校十多年来，起码在高三安排上没有出现过教师断层的现象，基本上保证每个年级、各个学科都有学科带头人。

（2）给好苗子压担子，鼓励创新、冒尖。在新教师选拔上，大家都会选拔教学态度好、工作积极、素质好、学生评价好的教师，但不是所有好教师都是能力强、教学效率显著的，因此，在新教师的培养和使用上，要讲究策略，做到分批分类培养，因材施用。重点对象要重点栽培和使用，做到两点：一是要压担子，促成长；二是培养要有计划性，不一定要“搭直通车”，也不一定要“来回循环”。

确定重点对象的关键是如何选出好苗子。我认为，好苗子的充分条件是必须具备好教师的基本素质，必要条件是专业功底要扎实、潜力要大。要探明教师的功底是一件比较复杂的事情，必须要查阅教师的档案、简历，并从教研组、教师和学生中加以了解，但有一种简单的表现形式，功底扎实的理科教师具有敏捷的思维和解题能力，功底扎实的文科教师具有宽广的知识面、文思敏捷，加上感情丰富，语文教师应具备锋利的纹路。由于我校很多教师原来是本校的高中毕业生，就连他们高中阶段的情况我们都比较了解，所以，我们对教师的评判、使用相对比较自如。例如，我当过他班主任的数学教师张水荣，其高中阶段的数、理、化成绩特别好，但文科较差，当初是分配到当地的一所初中，两年后调到甲子中学，他一来，我就鼓励他努力工作，希望他能在数学教学中有所突破，当然也把他列为重点对象来培养。1998年、1999年连续两年让他任教高一，各方面的综合评价都很不错，就直接升到2002届的高三，到了高三以后让他任教化学专业重点班的数学课，当时，我们学校的有些老领导坚决反对，说我把事业当儿戏，新上任十几天的校长也不放心，要调整张水荣的工作，但我心里明白，选用张水荣绝对没错，所以我没有支持校长的“调整决定”。最后的事实证明，我选对了，2002届全校数学800分以上的一个人就是他所教的学生。2002—2005年他开始了第二个循环教学，2005届他所教的学生中有5人的数学成绩达到800分以上，这样的成绩可以跟名牌学校相媲美。生物教师刘娜君是我校1986届的高中毕业生，高中时她的基础都不错，从初中调来后任教两年高二，第三年就升上高三，当时她再三推辞，但我们认定后觉得应该给她压担子，结果2003年她所教的高考生物科取得很好的成绩，有一位学生成绩达到831分。

对好苗子不要急着马上就来回循环，要让他们在高三多待1～2年，熟悉毕业班的教学和高考知识点、考点，强化高考备考的方法和能力，使他们更加成熟，促进他们成长，把他们打造成骨干和学科带头人。

（3）是非分明，公正选拔教师，树立正气。在教师选拔上，做到公正、公平，是良好教师队伍建设的根本保障。领导者的公正、公平，是教师职业道德的风范之一，可取信于教师群众，在教师中树立起学校管理的权威，在学校中树立起正气，促进良好教风的形成。反之，则不但会败坏风气，而且不利于教师队伍建设，严重地还会影响学校教育教学质量的提高。

我自主持教导处直到全校教学业务工作以来，本着培养教师、成长教师，有效提高学校教育教学质量的原则，仔细考量，严格把关，在教师的选用上，基本达到让群众满意的程度。要做到这样，必须做好两方面的工作：一是必须为人民的事业负责，敢于顶住压力，克服感情用事。因为任教高三毕业班是绝大多数教师的目标，也是教师生涯的最高境界，加上高三教师的待遇相对好些，这样导致很多教师都想挤进高三，因此也出现了少数教师托关系、打招呼等不正之风。作为学校的管理者，尤其是教师安排的策划者，我们要头脑清醒，敢于面对问题，不要昧着良心，还教育净土以安宁。这些年来，不管是来自上级领导还是来自亲戚朋友的招呼，都干扰不了我校教师安排工作，大家顶住压力，理直气壮做事，当然，事后再做一些解释、修复工作也是必要的，因为教师要求上高三，说明思想上要求上进，我们不能打击，要予以保护，做到使教师心服口服，让其安心地强化自己的本领。还要注意不能以感情代替原则，保证教师的安排选用更加合理。二是是非分明，对教学态度不端正的教师，要提出严肃的批评；对教学不得法或效果不明显的教师，通过听课给予指导和引导，帮助他们提高，促使他们早日掌握教学要领。

十多年来，陆丰市甲子中学在新教师培养方面是卓有成效的，很多教师脱颖而出，成功地培养了 大批优秀教师，有朱义页、郑昌、李子悦、林文旭、林烈进、薛明志、郑国贤等20多位教师，他们在陆丰、汕尾市都有一定影响。同时，也为汕尾、陆丰的重点中学和珠三角的学校输送了42名优秀教师。目前，我们学校有一大批青年教师正在这个教师的摇篮中发展、成长。

## 四、完善教师评价机制，促进新教师的成长

选好教师、用好教师是教育教学质量提高的关键，而合理评价教师是选拔好教师前提。对教师的评价，要充分发挥教育评价的导向、激励、改进功能。通过评价过程的反馈、调控等作用，促使每个教师不断总结、不断改进自己的工作，调动广大教师工作的积极性和创造性，最终达到全面提高学校教育教学质量的目的。

那么，什么样的教师才算好老师呢？哪些教师能适应高年级的教学，能担纲高三课程呢？这是学校领导必须慎重考虑的问题，我认为要解决好这个问题，首先要解决好对教师的评价问题。下面就我校在教师评价方面的做法做介绍，我校采用定性和定量相结合的评价方式，启动了领导、科组、教师、学生、家长、学业测试等多级评价机制，做到合理公正评价，促进教师提高与成长。

（1）领导看态度、察能力。领导通过巡堂，从教师上下班和上课的准备情况，可以看出其工作态度是否端正；通过查作业、测试的布置和评讲情况，可看出教师的用力、用功程度；通过随机听课，可看出教师的教学能力、水平和教学效果。

（2）领导查履历、刨根问底，了解教师的专业水平和功底。功底扎实的教师有潜力，具备一个好教师的潜质，是教师专业发展的基础。中学、大学成绩好的教师，其专业基础扎实，有利于教学的深入与拓展。理科教师具有敏捷的思维和解题能力，功底扎实的文科教师具有宽广的知识面、文思敏捷，加上感情丰富。这些是教师专业水平和功底的一种表现形式，领导可通过各个侧面去了解。

（3）通过科组的评价，可更为详尽地掌握教师的专业水平、学科潜力与功底。因为科组对问题的讨论，听课、评课等活动，最能体现教师的能力，暴露教师的潜力和弱点，还可了解教师的课堂教学水平和教学效率。

（4）通过走访教师，由教师评价教师也是一条评价途径。领导对教师的了解远比不上教师之间的相互了解，因为教师之间的心理活动是不为领导所知的，这种评价是细微的，当然要排除某些感情因素。

（5）通过深入了解学生，从学生座谈会中反馈教师的教学情况，可以掌握教师比较长期的工作表现和课堂教学水平。

（6）通过家长会和走访家长，了解教师的师德和某个侧面，也可以了解教师的一些社会表现和社会评价。

（7）通过学业测试情况进行比较、分析和评估，可以对教师的教学效果进行量化评价。

因此，学校采取了相应的手段：一是把领导的巡堂作为一种常规管理制度；二是把领导的随机听课作为一种教学检查制度；三是规定每学期分两次对教师的教案、作业、测试情况进行检查、登记；四是规定每学期召开两次学生代表会，了解教师的教学情况，并做记录；五是每学年召开一次家长会。

评价不是目的，而是促进教师成长的一种手段。学校会将来自各方面的评价意见及时反馈给教师，让教师心服口服，使教师意识到自己存在的问题，改进教师的工作态度和教学方法，提高教师的教育教学水平，从而促进教师的成长。这种评价机制的形成，给新老教师产生了一定的压力和动力，从而调动了全体教师的积极性，教学常规工作得到实实在在的落实，也发挥了教师的主观能动性和创造性，教学效果得到明显提高，加速了一批优秀教师的成长。

优秀教师的培养是一个系统工作，方法和途径是多元的，不同地区、不同学校的实际与要求不一样，其目标与效果也不尽相同，以上所述是我校在教师培养上的某些侧面及做法。

（发表于《素质教育》2017年12月）

参考文献

[1] 朱旭东. 我国现代教育制度建构 [J]. 北京师范大学学报（社科版），2007（4）.

[2] 陈孝彬. 教育管理学（修订版）[M]. 北京：北京师范大学出版社，1998.

[3] 肖川. 办好学校的策略 [M]. 南京：南京师范大学出版社，2005.

[4] 广东教育学院. 现代教育理论热点透视 [M]. 广州：中山大学出版社，2005.

# 陆丰教育的出路在哪?

陆丰市是汕尾市代管的县级市，地处粤东沿海，人口有180多万，属经济欠发达地区。2000年前后，教育水平还处在广东省的中等水平，随着教育和课程的不断改革，由于体制不适应变革的需要，教育出现了严重的滑坡，至2020年，全市高考优投线仍达不到400人，中考合格率低于30%，在推进教育均衡化的今天，陆丰教育已经成为人民群众的一个痛点，为老百姓所诟病。

习近平总书记强调，“教育决定着人类的今天，也决定着人类的未来”。在信息技术普及的今天，教育的地位和作用越发凸显，人们意识到知识的重要性，教育成了重要的民生工程，人民群众已经把子女的培养当作头等大事。可是，在陆丰的教育不堪信任的今天，为了子女的成才，家长使劲儿把孩子往城镇、中心城区、外县区、外市送，这给陆丰的老百姓造成了严重的经济负担和精神压力，有时候还事与愿违，由于外送的孩子生活与学习不适应，往往让家长失望。

随着经济的稳步发展，人民群众对优质教育资源的期盼越来越高，国家对教育越发重视，政府增加了对教育的投入，各地学校的办学条件明显改善。而当其他地区的教育均呈现投入与效果成正比的时候，为什么陆丰教育却出现了如此大的滑坡现象，问题到底出在哪里?

在2020年9月25日的“北师大助力汕尾基础教育质量提升”项目阶段总结会上，北京师范大学未来教育高精尖创新中心执行主任余胜泉教授一针见血地指出，“一个地方的中考合格率低于30%，这不是学生的问题，也不是老师的问题，而是结构性出现了问题”。我作为一个在陆丰从教30多年的教师，对陆丰教育的问题也进行了相关反思。

## 一、教育谁来管，管什么，怎么管

“百年大计，教育为本”，习近平总书记指出，“党的十九大从新时代坚持和发展中国特色社会主义的战略高度，作出了优先发展教育事业、加快教育现代化、建设教育强国的重大部署。教育是民族振兴、社会进步的重要基石，是功在当代、利在千秋的德政工程，对提高人民综合素质、促进人的全面发展、增强中华民族创新创造活力、实现中华民族伟大复兴具有决定性意义。教育是国之大计、党之大计”。教育也已成为人民群众最为关注的民生工程之一。因此，地方党委、政府应该把教育放在重要的位置，像抓经济一样抓好教育，要在党委、政府层面形成重视教育的风气。就陆丰目前的情况来讲，党委、政府要做好以下几个方面的工作。

**1. 明确党政管理职责，分级落实**

教育应该是地方党政的共同责任，教育发展的主要推手是党委、政府，因此党委、政府要研究教育、管理教育，要根据国家教育法和相关政策，制定教育行政性法规，推出教育行政条例，明确教育方针、教育体制等基本问题，为教育发展营造良好的社会环境，为教育发展竖起坚实后盾；既不乱作为、乱插手，也要加强监管。

教育行政部门是在党委、政府的领导下，对教育实行必要管理的职能部门，具体的职责是实施教育法令、制定教育规章、编制教育计划和教育发展（改革）规划、审核教育经费、任用教育行政人员、视导和检查所属单位的工作、协调教育与其他部门等方面的关系。

办学应是学校、主管部门、党政共同的责任和目标。党委、政府要负起主要责任，教育的分管领导是党委、政府的代言人，重在于管，而不在于理；教育主管部门要向党委、政府负责，要在遵循党的教育方针和尊重教育规律的前提下，代表党委、政府对教育进行管理和引领；学校是教育实施基本单位，要负起教育的直接责任。明确各级职责，压实责任，切忌顶层失管、乱管，不能让教育成为分管领导和教育主管部门或学校的私人地盘而乱作为，党委、政府要把好教育方向。

**2. 明晰教育行政部门定位，管好人和事**

教育局是职能部门，其职能是管理、协调、服务。但关键是要管好人和事，为学校的办学提供保障。人的管理分为两个方面：一是选好校长及领导干部。学校是技术部门，校长及学校领导干部应该选拔有浓厚的教育情怀、师德高尚、教育教学能力强的人担任。党委、政府要定好调，加强监管。制定合理的选拔机制，原则上由基层推荐，多方了解，深入考察，严格把好选人用人关，要让有正气、有贡献、愿干事、会干事的人走上前台。改变过去那种提拔一名干部、打击一群教师积极性的乱象。二是把好教师的调配和调动关口。教育主管部门要根据学校的需要及学校教师结构适时调整好编制，及时调配教师，确保学校教师结构合理可行，教师不足的要及时补充，补充的教师必须具备相应学段的教师资格及资历，学校学科教师不足的应限制调出，确保学校教育工作能正常运转；要保证全市一盘棋，学校中学科有多余教师的要调配到其他学校，做到真正的均衡发展，改变过去盲目调配教师的乱作为现象。

事的管理分为两个方面：一是要求各学校按照党的教育方针开足课程，按新时期新课标理念落实教育教学任务。这方面也是陆丰的短板。二是制定教师的纪律要求，严肃师德师风。“教育大计，教师为本”，教师是学校发展的关键。现在陆丰部分教师工作态度不端正，没有把精力投入到教育教学工作中，把教学当作是流水式工作，应付任务，缺乏对学生、教材、教法、新课程理念的研究，甚至连上班都不正常。主管部门要加强监管，制定相关的纪律措施，整风肃纪，把害群之马清理出队伍，起到杀鸡儆猴的作用。党委、政府层面也需出台相关管理文件。

**3. 清楚党委、政府要为教育做什么、怎么做**

一是党委、政府要加强对教育行政部门的监管，明确教育主管部门的职能——管理、服务、协调，改进机关作风，让教育主管部门助力学校办学，学校绝不是办学的主体责任单位，主管部门应为学校办学提供人力、物力保障，帮助学校协调好上级和社会的关系，减轻学校的负担。二是要检查教育主管部门或学校是否存在违背教育规律的情况。党委、政府要责成教育主管部门对学校进行督察，对乱作为、不作为、违法违纪、违背师德师风的人进行严肃处理，还教育一片净土。三是党委、政府要为学校保驾护航。校长要干一番事业，就需要有一个宽松的环境。一方面是经济受限，另一方面是现在内部和外部环境对学校的束缚太多，所以党委、政府要从政治、经济上给学校、给校长以支持，为学校创造一个创业、创新、干事的环境，为学校的发展保驾护航，让校长安心治理学校。

## 二、振兴陆丰教育，关键在义务教育

义务教育尤其是小学教育是地方教育的基础，然而陆丰的义务教育特别是农村的义务教育满目疮痍，令人心痛，有的小学毕业生、初中生会写的字不到100个，有的连一张请假条的格式都不知道，有的虽然考上了高中，但连分式的计算还不会，每年陆丰中考的合格率不足25%等。这一切都说明，要改变陆丰教育的面貌，关键在义务教育，尤其是农村义务教育。

**1. 要重视农村义务教育，配足教育资源**

农村小学教育资源的突出问题是师资不足，大多数教师是由原来代课教师转正的（相对好点儿的教师留不住），这些教师一般教学水平不高，容易放松对学生的管理，进取心不强，不会学习，理念陈旧。因此，需要配备科班出身的教师来充实农村教师队伍，同时让专业水平高的教师来带动老教师的改变。

**2. 农村教师应从农村实际出发，把农村孩子的基础打好**

所谓因材施教，即教育一定要从教育对象的实际出发，他们欠缺什么，我们就要教什么，如农村的孩子不会写字，我们就要先教会他们识字、写字，再逐步推进，并按照国家的相关要求严格管理好农村孩子的学习。如果常规教学都没落实好，如何去谈缩小城乡教育差距，如何去谈教育均衡？同时，要着重培养孩子的学习兴趣和学习积极性，可借助农村现有条件，引导孩子对植物、动物的认识，培养农村孩子热爱科学的兴趣，激起孩子的学习热情，养成良好的学习习惯。

**3. 重新设立镇政府教育办公室或管理小组**

现在形成了一个共识，那就是2003年撤销镇教办后，陆丰教育质量出现了断崖式下滑。首先是教育局对镇上学校的人事、教师等不了解，对提拔的领导不合适，不仅造成负面影响，也不利于教育资源优化。其次，教育局的人力、精力是有限的，无法对镇上初中和小学的业务进行管理、指导、协调。所以，应设立镇教育办公室管理义务教育阶段学校的人事和业务，让乡镇教育有人管，让乡镇教育的业务得到应有的指导和引领。

## 三、整顿教育局作风，克服官僚主义

教育局的功能是管理、指导、协调、服务，所以，教育局的职能要从管理转向指导、协调、服务。时代在进步，要克服官本位的思想，发挥职能部门的功用，使其做学校发展的参谋和推进器，深入学校，重检查、善纠正、重业务指导，改进教育教学方法，促进教学提升。

## 四、整合资源，调整布局

目前不管是小学、初中还是高中，都有些不合理的分布，为更好地优化教育资源，需要进一步调整布局，以减少资源浪费。可考虑集团化办学的思路，盘活区域资源。

## 五、给高中学校一些自主权，鼓励与外地名校合作办学

现在的财务管理制度把学校限制得很死，教师要交流、外出学习，学校订一些高考备考材料等，都受到报账中心的限制。高中教育尤其是高考备考阶段，外地有许多先进的做法值得我们学习借鉴，甚至我们可以引进这些名校的先进做法或与他们进行联合办学，但这些都需要政策的扶持，需要给学校一定的自主权。

# 第六篇 6

# 硕果飘香

# 把爱洒在落后的家乡

## ——陆丰市东海新龙中学张洪舜校长的主要事迹

张洪舜，1963年12月出生，广东省名校长工作室主持人，正高级教师，广东省中学特级教师，广东省中小学校长培训中心和嘉应学院兼职教授，现任陆丰市东海新龙中学党总支书记、校长。

张洪舜1985年7月大学毕业后，怀着对教育和家乡的热爱，来到陆丰市甲子中学任教，一干就是32年，历任甲子中学副教导主任、主任、业务副校长，从1999年开始主抓全校教学工作；“为爱坚守，育才一方”是他教育人生的写照，为了家乡教育的发展，为了给家乡培育更多的人才，他把青春献给了父老乡亲，始终如一地潜心教育教学及管理研究，探索出了适合学校发展的办学思想，促进甲子中学教育质量逐年攀升，高考成绩显著。他亲自抓的7届高三，届届都取得了优异成绩，培育了广东省高考历史单科状元、汕尾市高考总分状元和单科状元、学科奥林匹克竞赛尖子生等，创造了高考闪光点，在汕尾市产生了轰动效应。他的名字及其敬业精神可谓家喻户晓，为学校的发展带来了良好的社会效应。曾被评为汕尾市优秀教育工作者和优秀校长、广东省中学特级教师，2016年被评为高中化学正高级教师。

陆丰是革命老区，是广东省几个经济不发达的贫困县之一，而甲子镇是一个距离县城53千米的偏僻乡镇，这里教学环境比较落后，教师待遇也比较低，历来就留不住人才。20世纪80年代，张老师初入教坛之时正是商品经济浪潮四处冲击之初，陆丰教育也不能幸免，处在风雨飘摇之中。同事们有的出走珠三角，有的“跳”至新行业，另谋高就。其后，学校教师中又有一股流向县城的热潮，有点名气且尚能在这里坚守的已是凤毛麟角。2000年后，有上调汕尾市教育局教研室的机会，深圳市华侨城中学已为他办好了调动接收手续，但被他拒绝了，他依然把自己最美好的岁月献给了家乡，把智慧奉献给了家乡的教育。

张洪舜师德高尚，是一位学生爱戴、家长称赞、同事尊重，在当地享有很高威望的名师和教育教学专家。正如陆丰市教育局原局长余友送在2005年的高考总结会上说的：“今年甲子中学创造了面上中学高考的奇迹，本届教育教学设计师、引领者张洪舜功不可没。”当年，《汕尾日报》、汕尾电视台采访他，报道他的事迹。陆丰市教育局原教研室主任张木枝多次在高考备考会上说：“张洪舜校长是高考备考的智多星。”多年来，他受邀到海丰、陆丰等地的学校开设教育教学讲座并对学校进行诊断。

## 一、真情投入，以生为本

张洪舜对“教育”的本质有自己独到的见解，以“感恩教育”统领整个教育过程。要求教育者具有“对教育的热诚，对学生的热爱”，要求受教育者拥有“感恩”的心态，感恩是礼、德。他坚持把德育放在首位，在他眼里永远没有下层生，他善于把握各类学生的心理特点，抓住下层生的症结所在，对症下药，真诚投入，教之以诚。他认为，对下层生要给予足够的关怀，要千方百计地从他们身上找到“闪光点”，及时给予表扬，让其懂得孰可为孰不可为。因此，他所带的班级凝聚力强，年年被评为学校的先进班集体。

1995届高三（2）班，多数学生无心向学、班风差，学校拿他们没办法，到了学期第十一周，学校领导只能请张老师接替班主任。接任后他与学生促膝谈心，对关键学生进行家访，用真诚感化学生，一个月后取得了明显效果，在全校性的广播操比赛中，该班获得第二名，学生和领导都很高兴。当年高考，该班也取得了令人满意的成绩。

1999届学生黄若炯，进入高中后思想发生了微妙变化，到高二时学习成绩从入学时班上第十名跌到倒数第六名，家长、班主任拿他没办法。张洪舜拿出他的“杀手锏”，他亲近黄若炯，与黄若炯谈人生、谈学习，消除其消极的思想因素。一年后，黄若炯变好了，最后以优异的成绩考上了上海海关专科学校。

2002届贫困学生李俊超，想辍学回去帮助家庭。张洪舜发现后多次安慰和鼓励他，同时为他争取到学校的支持，每学期为他减免一定的学费，张洪舜也从微薄的工资中给他一点儿资助，坚持下来的李俊超学习更加刻苦，最后考上了中山大学。

走上领导岗位的张洪舜主抓一个年级，他用心良苦，仍从细微处入手，深入课堂，掌握各层次学生的情况，课后常与学生谈心，每次统考后他都要对各班学生的情况进行分析，为学生指明努力的方向。

在甲子中学的那些年，张洪舜以其高尚的师德和崇高的人格魅力、宽广的胸怀和长者的慈爱，熏陶、关怀、激励着一届届学生；以其刚柔并济、无言之教的教育艺术，滋润着荒芜的心灵，收获着人才的成长。他为流失的学生四处奔走，为困难学生排忧解难。一个个下层生在他的帮助下，春风桃李分外香，他用青春、智慧、爱心和汗水织就了一条绚丽的彩练，学生们都把张洪舜视为自己信赖的朋友、尊敬的师长，即使是调皮的学生，也都对张洪舜充满无限感激，家长们更是从心底里感激他。他在家长和学生中留下了很好的口碑。张洪舜有8篇教育论文在汕尾、陆丰的德育工作会议上交流、宣读，在各种杂志上发表，其中论文《优化德育管理模式，提高教育教学质量》发表于《现代校长与管理艺术》。

## 二、孜孜以求，严谨治教

张洪舜职业道德观念强，以陶行知的“为师须尽责，不可误人子弟”作为座右铭。他甘于寂寞，走上了一条不断充实自我、超越自我、永攀高峰的自强之路；他孜孜不倦，精益求精，广博学习，深入探索，把全部心血用在教书育人的事业上；他广泛学习现代教学理论，自觉转变教学观念，刻苦钻研化学教学，坚持不懈地探索提高化学教学效率的途径，成效显著；他长期担任高中毕业班的教育教学工作，具有扎实的化学功底和良好的教学艺术，对高中化学的知识体系十分熟悉。同时，在学生学习心理、考试心理、思维能力培养方面都有较深入的研究，在课堂教学、学习方法、解题方法的指导上形成了自己的特色；他还积极进行教学改革，紧紧围绕培养学生的化学素质，提高学生的思维、实验能力精心进行教学设计，开展教学活动。由于张洪舜的潜心苦钻，他的学术水平和教学水平都达到了一定的高度，他对中学化学的教学体系和能力要求有全面而深入的了解，对化学教学的规律有独到的体会。张洪舜的教学内容安排科学合理，富有启发性，课堂生动有趣，知识迁移恰到好处，能力训练落到实处，形成了集知识性、思辨性、趣味性、系统性为一体的教学特色，深受同行好评。他探索化学复习新方法，提高备考质量，带领备课组大胆进行教学改革，摸索出一套扎实有效的化学科备考方法。他提出了备考复习重在能力，重在教会学生提高学习能力、探索问题能力的教学理念，根据多年备考的经验，总结出化学复习课“思—议—练—评—导—探—结”、讲评课“问题反思—自主探究—师生共研”的课堂教学模式，取得良好效果。

由于教学水平高、成绩显著，在20年的高三化学教学中，高考成绩年年居全市20多所面上中学之首，尤其是1988、1992、1994、2002、2005、2011这几届，他所教学生平均分超过市重点中学；1992届学生蔡进团高考化学成绩758分，获全市第二名；1994届学生许燕灏高考化学成绩787分，获全市第一名；2001届学生陈墅炽高考化学成绩763分，获全市第二名；2005届高三（4）班的高考化学平均分509分，高出市平均分（479.6分）30分，高出学校平均分（466.4分）43分；2008届，他主导和任教的文、理基础高考平均分分别为96.4分和101.3分，高于汕尾平均分的92.1分和99.6分，远高于陆丰平均分的89.7分和97.4分，创下了我校文、理基础平均分的最高纪录。他所带的多位学生在化学科竞赛中获奖。1997年，肖俊强、李楚生获全国高中学生化学竞赛汕尾市一等奖；余汉光、蔡钳分别获得1998年、1999年全国高中学生化学竞赛汕尾市一等奖；2002年，陈墅炽、陈扬扬分别获得全国高中学生化学竞赛广东省三等奖和汕尾市二等奖；2004年，刘锡填、李振恒、吴有青分别获全国高中学生化学竞赛汕尾市一、二、三等奖。



### 三、潜心教研，精益求精

张洪舜立志做一个研究型的优秀化学教师，力求站在更高的角度审视化学教学，解决教学中的疑难问题，为中学化学教学贡献自己的聪明才智。为此，他刻苦学习教育教学理论，深入研究学习心理、考试心理和教育教学规律，开拓前进，笔耕不辍，并把教学和教研紧密结合起来，以问题为导向深入开展教研。他先后有20多篇教学论文发表在各种刊物或在汕尾市、陆丰市教研会、高考备课会上交流、宣读。如“高效记忆法在高中化学中的科学运用”“在元素化合物教学中落实‘三维目标’　培养学生能力”等论文发表于《学园》杂志、“如何挖掘高中化学教材开篇章节内容的引领作用”发表于《佳木斯教育学院学报》、“抽象化学概念的教学情境设计分析”发表于《中小学教育》、“以《高中化学必修一（人教版）》第一章的教学为引领，培养学生的探究能力”发表于《中学化学教学参考》。2007年、2009年、2010年分别参与高考复习丛书《名家指路》《高考直通车》《百家讲堂》（化学卷）等的编写工作。与学校教师合作编制了《初高中教材衔接教材》《兴趣化学实验》《身边化学》等校本教材，有效地提高了学校化学学科的教学效果。定期为新教师开讲座，如“新课程理念解读”“高考方案解读”“教师成长捷径”“如何提高课堂教学有效性系列讲座”“怎样培养学生的创新精神”“如何做好班主任工作系列讲座”，等等。

张洪舜主持国家教师科研基金“十一五”课题“提高课堂教学实效性的教学策略研究”和“十二五”课题“提高学生学习兴趣与教学质量研究”，并任科研组组长。他探索出一种能够最大限度地激发学生潜能、培养学生创新意识和创新能力的新型教学方式，提高课堂效率，确立以“自主学习—合作探究—创造发展”为主的课堂教学模式。已有一批青年教师在改变教学观念，转换教师角色，确立了学生学习的主体作用，使课堂教学呈现出勃勃生机，促进学校高考成绩的提高。

张洪舜作为学校教学的主导者，以身作则，开展教育教学科研，给教师们起到了良好的示范作用。他精心组织教育教学研究活动，使学校教研组和年级备课组的工作开展得有声有色，教研组和年级备课组成为一个凝聚力强、战斗力强的集体和青年教师成长的平台。近年来，学校培养的一批批青年教师成为汕尾市、陆丰市的骨干教师和优秀班主任，推进了学校教学质量的提高。

当上教育局兼职教研员后，他更是不遗余力地把我校教研工作推向一个新的发展阶段，主动承担组织“三甲”地区10所初中的教研活动，深入学校与教师交流、探讨教学方法及初高中教材的衔接，为推动陆丰教育发展作出贡献。

## 四、无私奉献，教师楷模

张洪舜三十二年如一日地扎根于较偏僻的甲子中学。经济发达地区丰厚的待遇没能打动他，因为他深知经济发达地区的孩子需要好的教育，经济落后地区的孩子更需要好的教育，家乡更需要自己。从教30多年来，他献身教育、乐于奉献，已将一种朴素的感情升华为一种坚定的信念——为爱坚守，育才一方。

1987年的第一学期期中，高二年级有一位物理教师病倒了，学校再也挤不出物理老师来了，这意味着这一学期两个理科班的物理课将无法再上。张老师看在眼里、痛在心里，第二周作为化学教师的他自觉地捧起了物理课本按照课程表的安排上起了物理课，一切为了学生，不向学校索取任何报酬。

张洪舜长期担任高中化学教师，无论工作量多大、事务多繁忙，他都坚持一丝不苟地做好各项工作，从不怠慢教学，不管哪一年哪个年级，他都认真地备好每一节课，常备课至深夜。他认为只有这样，才能时教时新、时备时新，才能不落后于时代的发展。为了教学及学校的工作与发展，他常连家庭都无暇顾及，妻儿对他多有怨言。有一次，儿子不小心摔断了胳膊，护理、理疗、取药等诸多工作需要他这个做父亲的去打理。可正值毕业复习之时，张老师对妻子说："学校工作正忙，儿子就交给你护理了。"正如他儿子在作文"我的爸爸"中所写的："爸爸几乎每天都拖着疲惫的身躯回到家里，我想此时应该是爸爸好好休息陪陪我的时候，可是在家里他还是工作，整理资料、备课、批改作业，晚上常伏案到深夜。"年老的母亲病重，躺在病床上两个多月，多么希望儿子能多一点儿照顾和陪护。白天，张洪舜与往常一样忙碌在学生中间，于是只能夜晚陪伴母亲，一大早又含着泪离开垂危的老人，回到学生身边。他深感亏欠家庭太多，而又难以补偿，真可谓自古忠孝难两全。25年来，张洪舜从未为家中的事耽误学生一节课，就连结婚时他也未曾休假。

张洪舜乐于助人，关心、帮助青年教师的成长。作为新教师的业务导师，他毫无保留地把他的教育教学经验传授给他们，主动承担起培养新教师的任务，与他们共同探讨教学的各个环节，使新教师尽快掌握教学要领，"扶上马，送一程"。他常对青年教师说："对工作要尽力尽职，要做点儿学问，才能对得起自己的良心，教学才能'厚积而薄发'。"在他的熏陶和指导下，甲子中学近年来涌现出一批又一批的优秀教师、优秀班主任，从而使甲子中学这所农村中学的教育教学质量稳步提高，同时也为汕尾市的重点中学和珠三角地区输送了像赖基贵、张水荣等的30多位骨干教师。

张洪舜一心扑在教学管理上，扎扎实实地致力于教与导的工作，早出晚归，忘我工作，人们在学校的各个地方经常能看见他忙碌的身影。他深入到学生、教师中去，掌握管理教学的第一手资料，当好校长的助手，随时服务师生。

他视校如家，视教学质量如生命，全身心地投入到教育教学管理中去，身上长期带着一本全校各班学生花名册和各年级课程表，为完善学校倾注了无私的爱。

长期超负荷工作，使张洪舜患上椎间盘突出症，甚至到了动弹不得的程度。他到医院住了一天，打了一针封闭，第二天他把药带回家里吃，来到学校带着凳子坚持上课。领导、同事劝他休息，他戏谑地说："天将降大任于斯人也，必先苦其心志，劳其筋骨。"忍受着病痛的他仍认真上好每一节课，详尽地解答学生提出的每一个问题，认真地批改作业。

正因为有着如此高度的责任心和自强不息、积极进取的人生态度，除了他强烈的事业心，表现在日常教育教学及生活过程中的则是其崇高的师德。同事们都把张洪舜看作师德的榜样，历届学生和家长无不佩服张洪舜的敬业精神，他赢得了学生家长的高度钦佩和社会的广泛认可。学校教师和社会都这样认为，作为一所农村面上中学，高考成绩连年显著，当然是师生们汗水的结晶，但更离不开学校教学工作主导者张洪舜所付出的心血。

## 五、不断进取，勇于创新

1996年，张洪舜负责教导处工作，他不满足于现状，认为甲子中学大有潜力可挖，要向重点中学发起挑战。倡导学校实行"三年一轮回"年级管理制，自己主抓高一年级，面对管理工作，探索、改革和创新是他工作的主旋律，他独领一种思路，用发展的眼光看问题。他把本来生源素质比较差的甲子中学的每一位学生都视为可塑之才，但保证德育先行。凭着他对教育的深刻理解，以"感恩教育"作为主线，对高一学生进行引导，使其养成良好的行为习惯，加强理想教育，创设良好的学习氛围，激发学生的非智力因素。同时加强教师师德教育，使教学工作变成教师主动、有责任的工作。

张洪舜不断深入调查研究、思考，通过学习研究外地的先进经验，总结出抓"早、紧、实"的经验，并提出了"高一注重基础，重视学法指导；高二着重巩固提高；高三注重能力培养"的教学目标管理方法；并调整教学管理方法：①设立各学科备课组，挑选有教学经验的教师担任备课组长，统筹资源。②改变了过去高三一味地使用老教师的做法，采用新老结合、重用老将、培养新手的新思路，从学校的实际出发，用敏锐的眼光洞察到甲子中学要发展必须培养和使用青年教师，因此他把有计划地培养、大胆地起用青年教师当作学校教学工作的重要策略，也将其作为自己义不容辞的责任。他认为老教师富有经验，而新教师有冲劲儿、有创新精神，新老结合最为恰当。因此，每年安排高三年级科任教师时，都坚持新老结合，对素质好、学生反响好的新教师委以重任。通过听课、跟踪，从师生中了解到李子开等几位新教师教学认真、功底好、有潜力，于是冲破阻力，在1999届高三起用一批新教师，并改变新教师只能负责普通班的老规矩，重用英语教师林烈进、数学教师李子悦担任重点班教学。高考放榜，他们所任教的班级和学科都取得了意想不到的好成绩。他从几年的观察中发现青年数学教师张水荣是一株好苗子，但他性格高傲，不善于处理同事关系，张洪舜果断起用他任教2002届化学专业班中重点班的数学课，最终高考成绩有力地说明他任教班的数学成绩很好，其中陈扬扬同学数学成绩获831分。张水荣所任教的2005届的某班高考数学成绩有5人获800分以上，这在汕尾市高考单科成绩上是一次重大突破。这一举措，在稳定学校教师队伍、推进学校教学质量稳步上升的工作上，发挥了重大作用。虽然前些年甲子中学教师的流动性比较大，但是学校依然稳定，教师的整体水平仍然得到了发展和提高。有多位青年教师在自己的岗位上施展了自己的才华，取得了显著的成绩。这一切，都少不了张洪舜所付出的汗水，也离不开他的先见之明。

张洪舜工作雷厉风行，构思完美，处事果断。1999—2001届，每届高三的教学班不分专业班，而是按学生成绩层次编为重点班和普通班，上专业课时进行走班制。他觉得这样不利于管理和教学，更影响了教学效果。于是，2002年他顶住压力，对高三年级第一次按专业分班。实践证明他的决定是对的，2002届高考入围前三批的共144人，这是学校首次突破100人大关；总分700分以上的有5人，冯晓灿语文833分，陈扬扬数学831分，分别进入全省单科前列。

他善于挖潜力，注重教改教研，优化教学过程。通过系列措施的推广与落实，高考成绩连年硕果累累，高考入围三A的人数已经从1998年的28人增加到2014年的730人。尤其是张洪舜主抓的7届高三，每届都刷新了学校的纪录；1999届的庄重同学历史单科成绩871分，并列广东省第一名；2005届，汕尾市总分800分以上的2人均在我校，李冠培高考总分881分，并列省第13名，总分和单科800分以上我校有9人，占汕尾市的一半，700分以上的有12人，约占陆丰市的一半；2008届，二A和三A的入围率均与陆丰市重点中学相当，与上一年相比，增加幅度居汕尾市各校之首，郭益光同学以总分651分排汕尾市理科第四名；

2011届，高考超过市下达任务160人，为陆丰市各校之最，本科入围344人，比上一年增加75人。一本入围41人，各批次的入围人数及入围率超过汕尾市部分重点中学；2014届，三A以上入围人数超过市下达任务，为陆丰市各校之首（全市只有2所学校超任务）。一本入围52人，超过市下达任务23人，为陆丰市各校之最，入围人数超过汕尾市多所重点中学，创我校一本入围人数的最高纪录；2017届，一本和二本入围人数均大大超过市下达指标，陈贤宇、林楚昂在高考中总分都进入全省1000名以内。

各级各类学科竞赛成绩突出，特别是连续15年数学竞赛从最高分到获奖人数均取得汕尾市最好成绩；2002年，全国英语知识竞赛，陆丰市第一、第二名都在我校，前10名我校就占了5名；2005年，广东省中学生物理竞赛我校李冠培代表汕尾市参加省复赛，并获得省二等奖，是该科汕尾市建市以来取得的最好成绩；2005年，广东省中学生化学竞赛，蔡思远是汕尾市唯一获得省二等奖的同学；2009年，张济川参加广东省中学生现场作文竞赛，获三等奖；2017年，我校陈贤宇、林楚昂均为汕尾市唯一获得省奥林匹克物理和化学竞赛二等奖的同学。教育主管部门对张洪舜的教育教学管理经验给予充分的肯定和高度的赞赏。他多次在陆丰、汕尾市的教学及高考研讨会上介绍经验，教学管理论文《面上高中如何在教学质量上下功夫》发表于《汕尾教育》和《教育艺术》，《优化德育管理模式　提高教育教学质量》发表于《现代校长与管理艺术》，受到同行好评。

在2017届之前，甲子中学高考成绩显著。学校教学工作的设计师、智多星——张洪舜，确实向当地父老交出了一份比较满意的答卷。张老师在教育、教学、科研等方面的突出成绩，赢得了很高的社会声望。“为爱坚守，育才一方”的人生意义和价值在他身上得到了体现。对于“先进”，他当之无愧，然而，多少年来他总是把荣誉让给他人，他常说，“荣誉是教师的”。

张洪舜老师在家乡这块教育热土上洒下了无限的爱。他是一个爱岗敬业、乐于奉献、师德高尚、教学水平高、教研能力强、教育教学管理水平高、成绩显著、贡献突出的优秀教师。

以上是张洪舜老师奉献养育他成长的家乡教育——甲子中学的真实写照。

## 六、角色转换，砥砺前行

2017年，在陆丰市校长新一届聘期中，甲子中学副校长张洪舜轮岗到陆丰市东海新龙中学任校长。他带着“更有机会实现自己教育理想”的愿望来到新的学校，本着“以丰富经验和先进理念”促进弱校发展的宗旨，保持为教育奋斗的本色，孜孜以求，寻找新龙中学发展的突破口，努力把新龙中学办成人民群众向往的学校。

**1. 率先垂范，立德树人**

一个好校长就是一所好学校。一所出色的学校总跟一个出色的校长分不开。张洪舜严以律已，以自身为旗帜，树德为魂，以自己的形象和人格所产生的吸引力、凝聚力、亲和力影响着师生的一举一动。他把师德、师风建设放在首位，以自身的实际行动，走在教师的前面，做教师的榜样。每学期他都为教师开设师德教育讲座，引领教师做“四有”好老师。

他坚持每天7时30分前到校，一到校就开始工作，安排值日、处理上级文件、下课堂检查……从不间断；始终站在管理第一线，既当指挥员，又当战斗员。经常关心师生的学习生活和工作，发现教师情绪低落，及时关心、过问，耐心开导，热情地鼓励他们，使教师在校工作有温暖的感觉，对学生违规，吵架、师生矛盾等现象，他亲自到场，逐一处理，从不厌烦。视校如家，放弃周末、假日时间，每天从早忙到晚，忘我地工作，模范地执行学校的各项规章制度，敢于负责，善于管理，从不揽功诿过。

勤干和班子成员、教师进行思想沟通。每学期，主持召开教师座谈会2次，沟通人数占全校教职工的90%以上。他相信“兼听则明”，集思广益更有利于促进学校各项工作的开展。张洪舜力争做到事必躬亲，听课、培训师生、写材料、技能训练等均身体力行，每学期深入课堂听取不少于40次公开课、示范课及随堂课，并对课堂效果提出点评意见，指导教师认真备课、授课。坚持阅读教育著作，撰写有关学校管理工作及师德教育的文章。他高尚的师德感染了每一位教师，工作业绩有目共睹。

**2. 科学管理，注重特色**

校长是学校的组织者和决策者，一个富有特色的学校必须拥有一位很有特色的校长。他带领班子成员做好学校中长期规划，拓宽办学思路。发挥校长为班长的带头、引领、协调作用，学校班子成员在工作中分工明确、相互信任、和谐相处。着力突出并完成以下几个方面的工作：一是进一步明确学校“以音、体、美、传媒等为特色，全面育人”的特色办学方向和“立足自身，提升质量”的发展思路；二是进一步规范部门的职责，发挥部门的最大效用；三是加强制度建设，让学校的各项工作有章可循、有规可依；四是加强财务和后勤管理，让教职工心中有本明白账。合理实施绩效分配方案，财务管理依法依规，做到公示、公开、透明，规范财物购入、使用制度，使财务和后勤管理有序开展。坚持开源节流，把资金用在学校发展上；五是加强全体教职工在思想意识方面特别是师德教育的意识，强化责任意识、大局意识、管理意识、服务意识、团结意识；六是继续加强队伍建设。为全体教师提供学习培训的机会，带领教师走出去，开阔视野，拓宽思路，请专家来校讲学，给教师充电；七是丰富教育教学活动，促进师生全面发展。提高教师的业务水平，根据学校生源实际，广泛开展各类社团活动，让学生演绎好自己的角色，找到自我、自信，明确学习目标；八是着力改善环境和办学条件，营造良好的育人环境。既想方设法地改善教师办公环境，设置年级办公室，也以学生为中心，投入一定的物力、财力改善教室及办学条件，打造富有内涵的校园文化，给学生创造一个舒适的学习环境。在张洪舜的带领下，勇于开拓、科学管理，学校彰显出创新意识和特色意识，办学效果取得了显著成效。三年时间内，学校学生数从2017年的1600多人增加到2400多人，高考成绩逐年提高，学校在社会上形成良好的口碑，也得到了上级主管部门的认可。

**3. 创造条件，铸就未来**

2018年，张洪舜被选拔为广东省名校长工作室主持人，借助广东省名校长工作室的条件和影响力，潜心研究学校管理及教育教学管理，积极参与先进学校的交流学习，把握教育新形态，在新一轮的教育改革与创新中下了不少功夫，形成先进的办学理念和创新的思想体系。他以浓烈的教育情怀，心系学校、心系陆丰教育，尽最大的努力争取得到上级领导的支持，解决校内的历史遗留问题，扩建教室和多功能综合楼，建设室内体育场馆，完善运动场，将利用三年时间把新龙中学打造为城区内一所以艺体为特色的优质高级中学，争取在2023年使其高考入围本科人数突破三位数，为推进陆丰教育发展贡献新龙的力量。

老骥伏枥，壮心不已，35年风雨沧桑，他依然心性不变。张洪舜一直默默地辛勤耕作着，把自己的每一个角色演绎得淋漓尽致，用他的一颗爱心和高尚的师德谱写出一曲事业之歌、奉献之歌。

# 倾情投入，把爱献给乡村的孩子

## ——陆丰市甲子中学张洪舜育人工作总结



自1985年从韩山师专毕业分配到陆丰市甲子中学以来，我就把教育当作终生奋斗的事业，立志为家乡的教育事业竭尽所能。我从农村中来到农村中去，对农村、对农村的孩子有一种深厚的情感，我多希望能通过提升农村孩子的教育水平来改变农村的落后面貌，“为教一处，育人一方”是我的坚定信念。

### 一、找到支点，撑起一片爱的天空

源于对家乡孩子的热爱，我倾情投入，不断探求，勇于创新，对“教育”有独特的、本质的见解。我认为，无“孝”不成“教”。教育者应先有“孝”（对教育的忠诚，对学生的热爱），再有“文”（即知识水平、业务能力），才能成“教”；“教”就是要使学生先懂得“孝”（即感恩，感恩父母、亲人、老师、学校、同学、社会、国家），感恩是礼、是德；“育”同“毓”，甲骨文字形象地表现妇女生孩子，指出母爱无疆。《说文》指出，育，养子使作善也。“育”就要付出爱（没有善为、没有爱，就没有教育）；要使学生“善”，其师必先有“善”——道德高尚、作风正派、学识深厚、积极进取的行为规范，作为学生的表率，才能培养出有社会责任感和公德心、有同情心、有怜悯之心的学生。围绕教育的本质，我本着对教育的无限忠诚，坚持把德育放在首位，以“感恩”教育作为切入点，用爱去浇灌每一个学生，使学生知恩识礼，教会学生做人，注重学生日常行为习惯的养成，使学生自然地形成了守纪、守法、热爱生命的好习惯，并提高其安全意识。辅以人生观和理想教育，从而使学生形成有理想、爱学习的好品质。其实，没有什么下层生，只要从多个角度去看待学生，善于把握各类学生的心理特点，从不同的角度挖掘学生身上的“闪光点”，扬其所长，找到其身上的正能量，树立其自信心，使其当下懂得孰可为孰不可为，做到晓之以理、爱之以切、教之以诚，让所谓的下层生及时转化即可。如1991届的李文桂同学，他是一位择校生，基础差，在我的教育引导下，他最后考上了警校。我所带的班级凝聚力强，年年被评为学校的先进班集体；我主抓（兼年级组长）的7届高三校风、学风都非常好，因而每一届高考成绩的超标率均在汕尾名列前茅，创造了汕尾市面上中学高考的奇迹。

## 二、用发展的眼光看待学生，挖掘潜力

在教师的岗位上，我不断思考，寻求教育的规律和关键，尤其走上领导岗位后，探索、改革和创新成为我工作的主旋律，独领一种思路，独创一种辉煌，用发展的眼光看问题。我发现，我校学生的入学分数比较低，是当地义务教育造成的，但学生潜在素质并不差。如果引导得法，大有潜力可挖。关键是如何端正学生的学习态度。首先，把这些未能考上重点中学的学生都视为可塑之才，德育先行，以感恩教育作为切入点，对高一学生进行鼓励、引导，促使学生良好行为习惯的养成，形成有理想、乐学、勤学的学习氛围，挖掘学生的非智力因素。同时，端正教师工作态度，让教育教学成为教师的主动行为，形成良好的教育教学氛围。

善于挖潜力，坚持“教研兴校，改革活校，质量强校”的办学思路，全面推进素质教育，优化教育教学过程，使学校办学质量大幅度提高。通过系列措施的推广与落实，学校的教育教学质量稳步提高，尽管学生的入学成绩偏低，但并未出现违法犯罪的学生，而且校风、学风在当地享有很好的口碑。高考入围三A人数已经从1998年的28人增加到2011年的715人。尤其是我主抓的7届高三，每一届都有新的突破，每一届都刷新了学校的纪录，尤其是1999届的庄重同学高考历史单科成绩871分，并列广东省第一名；2005届，汕尾市高考总分800分以上的2人均在我校，李冠培高考总分881分，并列省总分第十三位，总分

和单科800分以上的我校有9人，在汕尾引起轰动。

## 三、为爱坚守，爱生如子

教育中的一切成就都源于教师对学生的爱，没有爱就没有教育。作为班主任，我关注、爱护每个学生，走上领导岗位后主抓一个年级（兼年级组长），变成了“大班主任”，教学及管理工作繁忙，但仍从细微入手，详尽地掌握年级各类学生情况，经常对学生进行分类谈话，倍受学生爱戴。每次统考后到各班对学生的情况进行分析，指出每个学生的弱点及其存在的问题，为学生指明方向，使其口服心服。

2002届学生李俊超，因家庭贫困，面临辍学。我三年不间断地关心、资助他，“你要感恩父母就必须读好书，通过你的努力来改变家庭的命运，报答父母”。当他接到中山大学的录取通知书时激动地对我说：“张老师，如果没有你，我就没有今天！”

2005届学生李泽虎，学习不专心，经常逃课，是班上的“钉子生”。在班里经常制造麻烦，曾与两位教师在课堂上发生冲突，家长拿他没办法，于是找到我。就凭着他对我的信任，我对他循循善诱。一个学期后，李泽虎同学有所转变，成绩也上来了，最后考上了广东省警官学院。

30多年来，在我的耐心培育下，无数所谓的下层生转化为上层生，给自己、给家人交上了满意的答卷。

我每年都为高一新生开设“如何适应高中学习生活”的讲座，为高三毕业班的学生开设“如何在高三紧张的学习中脱颖而出”和“考前心理辅导”讲座，均取得了很好的效果。有8篇教育论文在汕尾、陆丰的德育工作会议上交流、宣读，其中论文《优化德育管理模式，提高教育教学质量》发表于《现代校长与管理艺术》；论文《遵循教育规律，提高公民的道德素养》发表于《师道》。

30多年来，我以高尚的师德和崇高的人格魅力，感染、熏陶着学生们；以宽广的胸怀和长者的慈爱，关怀学生、关注学生的学习、思想动态和生活，为流失的学生四处奔走，为困难学生慷慨解囊，为病重的学生募捐钱款。一个个下层生在我的帮助下，春风桃李分外香；用青春、智慧、爱心和汗水织就了一条绚丽的彩练，照亮了孩子们的心灵，赢得了学生真诚的爱戴，学生们都把我视为自己信赖的朋友、尊敬的师长，正如学生对我的评价，“不是父亲胜父爱，无私关怀暖我心”。经我教育、关心、细心呵护的又何止一个班、一个年级！一批批人才的成长，体现了我的人生价值。

# 我对新课改下高中化学教学的反思

## 一、全面、深入地理解课程改革的新理念，转变教学方式



2004年，我参加新课标课程管理者的学习，理论上对新课改有了一定的了解。但真正在2005秋季任教高一接触新课标的教学时，要转变观念和角色却非常困难，甚至产生抵触情绪，认为自己还是适合以前甲种本的编排体系，因为教师可操作性强，有利于学生自学。所以，在课堂教学上还是"新瓶装老酒"，这时又发现现在的教材已经不是老教材，无法"重操旧业"，而按老的教学方法，效果打了折扣。这说明我的想法是错的，改革势在必行。因此，必须再次学习新课程理论，领会新课标理念。

通过学习，我体会到旧的课程环境，教师的工作定位于"传道、授业、解惑"，教师的作用被局限在教学计划、教学大纲、教材修筑的围城里，因此教师只有"照本宣科"，被动的、接受式的学习使学生脱离现实生活，难以使学生有所创新。而新课程注入了新的教学理念，批判和创新是本次基础教育课程改革的灵魂，探究教学和自主学习是改革的重点。强调学生在学习中的主体作用，学生由原来忠实的听众变为主动参与、乐于探究、交流的合作者。对教师评价的侧重点更趋向于教师怎样有效地引导学生，促进学生学有所为。课程资源由学校、书本扩大到社会实践活动。学习过程中更重视对"过程与方法、态度情感与价值观"的落实。

新课标、新理念要求教师的教学理念必须转变，教学方式必须改变。我自觉进行课堂教学改革，课堂教学采用分组讨论、小组探究、教师主导等形式，

我在课堂上提出问题后让学生进行思考、讨论，把归纳、结论留给学生，活跃了课堂气氛，效果好。如在讲解“物质的量及其单位”时，以往都是由我滔滔不绝地讲，学生却无法理解。现在，根据新课标的指导思想，我让学生联系生活讨论质量单位“千克”、数量单位“打”等的定义与其应用意义。再从初中所学的化学反应：$H_2+O_2 = 2H_2O$中，讨论1个、2个分子如何取用；在实际实验中如何取用一定“量”来操作。课堂上学生进行激烈的讨论、探究，最后确定“物质的量”及其单位“摩尔”的意义，实现知识与技能、过程和方法、情感态度与价值观三位一体的课堂教学，取得良好的课堂效果。

## 二、领会教材编排意图，培养学生的探究能力

课改的目的是构建具有现代教育理念的课程结构，全面推进素质教育，满足学生终身发展的需求，着重培养学生的探究能力。这些均在新教材中有所体现。我第一次使用新教材，觉得没什么特别，领会不到其精神实质，只能按教材顺序来实施，觉得课堂很平淡，效果一般。2008年，我第二次使用教材时才恍然大悟，教材开篇章节的编写意图为整部教材的编写提供了教学的方向性和引领作用。以《高中化学必修一（人教版）》第一章第一节“粗盐提纯”为例，教材第一步安排了“过滤和蒸发”这两个实验，第二步安排了“如何检验粗盐中存在的$SO_4^{2-}$”的实验，实际上是要让学生掌握硫酸根的除去方法，第三步通过“思考与交流”安排了“$CaCl_2$、$MgCl_2$和硫酸盐的除去方法”的讨论，最后让学生总结出“粗盐提纯”的方法，而旧教材是直接把“粗盐提纯”的方法告诉学生，学生学过后如过眼风云。本实验的安排很恰当，既是实验过程也是探究过程，让学生在已有的知识基础上，由浅入深地进行探究学习，掌握完整的实验方法和科学研究的过程与方法。同时，将化学与生活结合在一块，让学生熟悉有关盐的知识：①海水中存在哪些成分？②从海水晒制的粗盐中含有哪些物质？如何将粗盐进行精制？体现了教材编排的核心价值。本节教材安排非常合理，为探究学习活动设置了合理的梯度，符合循序渐进的学习规律，既为下一课时液体混合物的分离、第二章“物质分类”中“混合物的分离和提纯方法”的分类等的学习打下了良好的基础，也对整个高中化学体系的学习有一定的指导和引领作用。这就要求教师结合新课程理念进一步挖掘和总结，在教学中培养学生的探究能力和创新精神。

## 三、活用教材，不拘泥于教材

在讲授《电化学基础》中的“电解池”时，结合经验，先从金属活动性表开始，进行探究金属单质（包括非金属的碳）、阳离子、阴离子的放电规律，对学生理解电解质溶液的电解过程有很大的帮助。

根据学生实际，把握难度。针对面上中学学生素质较低的情况，我们在新课讲授上，依据教材把握好度。例如，在氧化还原反应中，很多学校补充了配平部分的内容，而我们学校暂不落实，待高三复习时再做补充。

## 四、优化教学方法，提高学生的学习兴趣

没有兴趣就没有探究的动力，兴趣是最好的老师，兴趣是学习最大的基础。要提高学生学习化学的兴趣，只有学生对化学科学有着强烈的探索欲望，明白化学知识及规律应用于日常生活造福人类的动机，才可能激发创新潜能。教师要挖掘教材，现行教材与旧教材相比较，增加了很多与社会生活、现代科技有关的内容，包括链接部分。教师要重视引导、引用这些“编外”内容来提高学生的学习兴趣，为提高学生的探究能力打下扎实的知识基础，激发学生的创新潜能。如在讲《化学与生活》中的“爱护水资源”时，我引入了更多典型的环境污染事件，展现给学生生动的事例和客观的数据，激发学生为人民的健康发奋学习的社会性动机。另外，在教学方法上，我将传统与现代教育技术相结合，直观地引导学生进行探求。将知识的形成过程与实验制作以动画的形式进行展示，效果更好。例如，在讲到原子结构时可以用不同颜色、不同大小的球分别代表原子核和核外的电子，然后制成动画，模拟原子核外电子的运动，展现电子云的特征。在比较取代反应和加成反应这两个概念时，动画模拟甲烷和氯气如何断键，氯原子与碳原子形成新键；乙烯中碳碳双键断裂，两个氯原子分别接到两个碳原子上，通过动画形象直观地展示了两个不同的反应机理。苯与液溴在铁粉作催化剂的条件下发生取代反应，由于液溴取用过程中会有溴蒸气挥发出来，可采用录像的形式进行演示，使学生不仅能理解“为什么这样操作”，更能体验正确的操作。

以上是我在教学过程中，对新课程教学的些许反思。

# 践行初心，潜心育人

## ——张洪舜的教育故事

1999—2017年，我在陆丰市面上高中——甲子中学主抓全校教学工作，结合学校实际，大胆探索，创新出一套符合学校实际的办学思想和高考备考策略，使甲子中学高考成绩连年稳步提高，也培养了多位广东省学科奥林匹克竞赛尖子生，让一所农村面上高中成为汕尾教育的一个亮点。

在学校“三年一位”的循环教学管理中，自己主抓的7届高三，高考成绩均十分突出，每一届均大幅度超额完成市里下达的任务，每次都刷新了学校的纪录，曾培育了历史单科状元、汕尾市理科状元和多个学科的单科状元。特别是2005届，汕尾市高考总分800分以上的2人均在我校，李冠培以总分881分并列省第十三名，创汕尾市高考最高纪录；总分和单科800分以上的我校有9人，占汕尾市的一半，在汕尾市引起了轰动。2017届有两位学生分别获得了省奥林匹克物理和化学竞赛二等奖，均为汕尾市的唯一，在高考中总分都进入全省1000名以内，分别被上海交通大学和浙江大学录取。

本人参加工作已经30多年，回想起来，才发现这是一段非常珍贵的时光，酸、甜、苦、乐均有。这段时光记录着我的人生历程，更承载着我作为一名教育工作者的美好回忆。今天我可以无比自豪且问心无愧地说：“做一名教育工作者，我不后悔”。

我从教育的本真思考如何把教育做好。无“孝”不成“教”。这里的“孝”指的是，教育者要忠诚于国家的教育方针、热爱教育事业、爱岗敬业，要有无私奉献的高尚师德，对学生要有高度的责任感；同时要求教育者有扎实的专业知识和渊博的知识面，以及精湛的教学技艺。对受教育者来说，要有尊师重道之诚意，带着感恩之心来接受教育。育，养子使作善也。“育”就要付出爱；要使学生“善”，其师必先有“善”行，作学生的表率，言传身教。实践证明，学生有了向上、向善的思想和意志，其行为、纪律等问题就自然会向好，最终能把学习当作自己的主动行为。

因此，在教学管理上，着重加强对教师和学生的管理。在教师管理上，着力培养教师的自觉行为。一要坚持立德树人，强化使命意识、责任意识。让教师自觉地实现自己人生的价值，并从被领导的角色变成学校的主人。我认为，最朴素的师德教育就是三句话，即教师的工作与其说是为了事业、为了学校、为了学生，倒不如说是为了自己的成长；教师工作要以你学生时代如何要求你的老师的心态，来应对你今天的工作；教师工作要以你如何要求你自己孩子的学校和老师的心态，来做好你应做的工作。学校要借助教师大会，将那些师德观念强，为事业作出贡献，深受学生和社会好评与敬重的教师作为典型，大力表彰和宣传，公正评价，引导教师向上、向善。二要创造公平的教师成长环境，打造一支结构合理、团结向上的教师队伍。学校在工作安排、晋升、评优评先和待遇上，要做到公开、公平，把真正优秀的教师推上去，让公道植入人心，自然就会在教师中形成勤教、肯教、乐教的氛围。

在学生管理上，我认为，抓好学校的德育管理，稳定学校的教育秩序，才是提高教育教学质量的根本保证。而德育在有机融入坚持和发展中国特色社会主义、培育和践行社会主义核心价值观的基本内容和要求的同时，还要继承和弘扬中华优秀传统文化、革命文化，发展社会主义先进文化，加强法治意识、国家安全、民族团结、生态文明和海洋权益等方面的教育，培养学生良好的政治素质、道德品质和健全人格，引导学生形成正确的世界观、人生观、价值观。

“把普通的学生教好，才体现教师真正的水平。”教育者要把每一位学生都视为可塑之才，学优生要抓，学困生更要抓。从我多年的教学实践经验来看，相当一部分分数层较低的学生其实资质并不差，只是思想有些涣散或缺乏努力而已，当思想一转变，对学习产生兴趣，将精力投入到学习中来，成绩就会明显提高，甚至超出我们的想象。我们常常要想：要做哪些教育工作？我们的教育打动学生了吗？这也考验着教师的善心、爱心、耐心。

随着德育管理的深入开展，我们还要想办法激起学生的学习热情和读书兴趣。在措施上，可以开展有励志作用的主题班会，增强学生的荣誉感和获得感，提高学生的自律性。比如，开展以“创新”“励志”“成长”“感恩”等为主题的班会，去鼓舞、激励学生。同时，建立激励机制，创设挑战的机会，给上层生一定的压力和危机意识，给下层生创造动力和挑战的机会，增强学生的竞争意识。另外，要树立流动红旗班级榜样，加强班级管理，以点带面，形成学习大氛围。

面对经济、科技的迅猛发展和社会生活的深刻变化，面对新时代对提高全体国民素质和人才培养质量的新要求，我们教育行业也应响应党的号召，跟上时代的步伐，落实立德树人的根本任务，为社会主义建设培养德智体美劳全面发展的建设者和接班人。